普通高等学校"十四五"规划数字营销创新创业人才培养新形态精品教材

网络营销与策划：基础、策略、训练

主　编　◎李　林
副主编　◎陈俞飞　张　婵　杜彩兰
　　　　　江　璐　张武梅　阁文峰
　　　　　王　旋　梅秀花　宋　焱
编　者　◎潘　文　张晓燕　杜民帅
　　　　　胡柳波

中国·武汉

内 容 提 要

本书坚持立德树人根本任务,力求对接高素质应用型人才培养目标,关注本土网络营销理论新发展及本土优秀企业网络营销新实践,推动思政课程与课程思政同向同行协同育人。全书在结构体系上仍然以成熟的、规范的网络营销研究范式为基础,即按照"理解网络营销—开展网络市场研究—制定网络营销策略—设计并执行网络营销策略"的逻辑顺序,系统介绍网络营销的基本理论及应用。教材引入了较多的新案例,嵌入了较多的知识链接、微阅读、小案例,设计了类型多样的课后习题,鼓励并支持学生自主性学习,勤思考多讨论,以拓展学生的知识视野。教材力求满足学生爱读和易懂的需要,理论深度适中,兼顾内容全面、结构合理,为学生系统地学习后续专业课程奠定较为扎实的基础。

本书可作为普通高等院校市场营销、电子商务、数字经济等专业的教材和参考用书,也可以作为市场营销、电子商务等从业人员学习及培训的参考书。

图书在版编目(CIP)数据

网络营销与策划:基础、策略、训练/李林主编.—武汉:华中科技大学出版社,2023.8(2025.7重印)
ISBN 978-7-5680-9542-6

Ⅰ.①网… Ⅱ.①李… Ⅲ.①网络营销-营销策划 Ⅳ.①F713.365.2

中国国家版本馆 CIP 数据核字(2023)第 154430 号

网络营销与策划:基础、策略、训练　　　　　　　　　　　李林　主编
Wangluo Yingxiao yu Cehua:Jichu、Celüe、Xunlian

策划编辑:周晓方　陈培斌　宋　焱	
责任编辑:张汇娟　宋　焱	
封面设计:廖亚萍	
版式设计:赵慧萍	
责任监印:周治超	
出版发行:华中科技大学出版社(中国•武汉)	电话:(027)81321913
武汉市东湖新技术开发区华工科技园	邮编:430223
录　　排:华中科技大学出版社美编室	
印　　刷:武汉市洪林印务有限公司	
开　　本:787mm×1092mm　1/16	
印　　张:17	
字　　数:395千字	
版　　次:2025年7月第1版第2次印刷	
定　　价:49.80元	

本书若有印装质量问题,请向出版社营销中心调换
全国免费服务热线:400-6679-118　　竭诚为您服务
版权所有　侵权必究

普通高等学校"十四五"规划数字营销创新创业人才培养新形态精品教材

编写委员会

总主编

李　林（武昌首义学院）

委　员

（以姓氏拼音为序）

蔡世刚（三峡大学科技学院）	祁　峰（武汉设计工程学院）
陈　鹏（湖北科技学院）	孙　伟（武汉科技大学）
程艳霞（武汉理工大学）	汪晓斌（汉口学院）
杜金涛（武汉工商学院）	王　艳（武汉华夏理工学院）
杜民帅（西南财经大学天府学院）	王一涵（云南经济管理学院）
杜　鹏（中南财经政法大学）	阎文峰（广州城市理工学院）
冯小亮（广东财经大学）	项群娟（南宁学院）
龚　峰（湖北大学知行学院）	肖　鹏（安徽大学）
郭功星（汕头大学）	徐　刚（湖北商贸学院）
侯俊东（中国地质大学·武汉）	叶　敏（湖北经济学院）
胡柳波（武汉东湖学院）	袁秋菊（汉口学院）
李亚林（宿迁学院）	詹羲洲（三峡大学科技学院）
李祖兰（武汉学院）	张晓燕（云南经济管理学院）
刘汉霞（武汉纺织大学外经贸学院）	赵建彬（东华理工大学）
潘　文（武汉恒诺市场研究有限公司）	郑鸣皋（汉口学院）
彭　哨（昆明城市学院）	周　明（湖北大学）

普通高等学校"十四五"规划数字营销创新创业人才培养新形态精品教材

出版指导委员会

主任委员

田志龙（教育部高等学校工商管理类专业教学指导委员会副主任委员、华中科技大学教授）

委　员

（以姓氏拼音为序）

陈章旺（教育部高等学校工商管理类专业教学指导委员会委员、福州大学教授）

戴　鑫（华中科技大学教授）

高　核（教育部高等学校工商管理类专业教学指导委员会委员、云南大学教授）

葛　京（教育部高等学校工商管理类专业教学指导委员会委员、西安交通大学教授）

李崇光（华中农业大学教授）

刘明菲（武汉理工大学教授）

隋广军（教育部高等学校工商管理类专业教学指导委员会委员、广东外语外贸大学教授）

孙芳城（教育部高等学校工商管理类专业教学指导委员会委员、重庆工商大学教授）

唐宁玉（教育部高等学校工商管理类专业教学指导委员会委员、上海交通大学教授）

王　红（湖北经济学院教授）

虞晓芬（教育部高等学校工商管理类专业教学指导委员会委员、浙江工业大学教授）

作者简介

李 林

男，中共党员，武昌首义学院教授，硕导，省级一流本科专业带头人，省级教学团队带头人，省级一流本科课程负责人，省级精品资源共享课程负责人。中国高等院校市场学研究会常务理事，湖北省市场营销学会常务理事。指导的4篇本科毕业论文被评为湖北省优秀学士学位论文，指导学生参加各类学科竞赛获得国赛二等奖1项、省赛一等奖5项、省赛二等奖7项。主持完成15项纵向项目及委托项目，主编出版教材3部，发表论文31篇，其中9篇论文被SSCI、CSSCI、中文核心期刊、CPCI-SSH收录或检索。

总 序
Preamble

党的二十大报告指出："教育是国之大计、党之大计。培养什么人、怎样培养人、为谁培养人是教育的根本问题。育人的根本在于立德。全面贯彻党的教育方针，落实立德树人根本任务，培养德智体美劳全面发展的社会主义建设者和接班人"，要加强教材建设和管理，用社会主义核心价值观铸魂育人，完善思想政治工作体系，推进大中小学思想政治教育一体化建设，"加快发展数字经济，促进数字经济和实体经济深度融合，打造具有国际竞争力的数字产业集群"。

应用型本科高校是服务地方经济和社会发展，以培养面向生产、经营、管理一线的高素质应用型人才为主要目标的新型本科高校。截至2022年底，全国应用型本科高校数目占本科高校总数的52%以上，已成为我国本科教育的重要组成部分。提高应用型本科高校的教育质量，是提高我国本科教育整体发展水平、建设高质量高等教育体系的重要一环。深化应用型本科教育改革，要充分发挥课程教学在人才培养中的作用，而适应时代特点和经济发展要求的高质量教材建设是开展课程教学的重要支撑。

2022年10月，在湖北省市场营销学会、华中科技大学出版社及各应用型兄弟高校的大力支持下，由武昌首义学院牵头、省内外十余所应用型本科高校参与的普通高等学校"十四五"规划数字营销创新创业人才培养新形态精品教材编写工作正式启动。呈现在读者面前的第一批教材由《数字经济概论》《数字营销》《商务数据分析》《网络营销与策划：基础、策略、训练》《数字化客户关系管理》《市场营销理论与应用》等六本教材组成。教材第一主编均由教学经验丰富、教研教改成果突出的具有高级职称的教师担任。教材力求满足学生爱读和易懂的需要，理论深度适中，兼顾内容全面，结构合理，为学生系统地学习后续专业课程奠定较为扎实的基础。教材编写的主要特点如下：

（1）结合数字经济、数字营销、网络营销、商务数据分析等最新发展动态，引入了较多的新案例，以凸显教材的实际指导性；

（2）嵌入了较多的知识链接、微阅读、小案例，鼓励并支持学生开展自主性学习，勤思考、多讨论，以拓展学生的知识视野；

（3）全书的章后习题统一按照单选、多选、判断、简答、论述及案例分析的形式编写，以便与学生的知识巩固训练无缝对接；

（4）提供了教学大纲、教学日历、教学课件、课程思政方案、习题参考答案、模拟试卷、策划实例等丰富的教学资料，便于读者开展学习。

这套丛书的出版得到了"湖北省一流本科专业建设点""湖北高校省级教学团队""湖北高校优秀基层教学组织"等质量工程项目的支持。我们希望本套丛书的出版能够为市场营销、电子商务、数字经济等专业的相关课程教学提供具有数字经济时代性的参考资料，能够启发应用型本科高校本科生对专业前沿知识的学习和对现实具体问题的思考，提高学生运用理论知识解决现实问题的能力，进而将学生培养成为具有一定学术素养、掌握一定前沿理论的高素质应用型人才。

在编写本套丛书的过程中，我们虽力求完善，但难免存在不足，恳请广大同行和读者批评指正。

丛书编委会
2023 年 4 月

前 言
Preface

  党的二十大报告指出:"培养什么人、怎样培养人、为谁培养人是教育的根本问题。育人的根本在于立德。全面贯彻党的教育方针,落实立德树人根本任务,培养德智体美劳全面发展的社会主义建设者和接班人。"要加强教材建设和管理,用社会主义核心价值观铸魂育人,完善思想政治工作体系,推进大中小学思想政治教育一体化建设。要加快发展数字经济,促进数字经济和实体经济深度融合,打造具有国际竞争力的数字产业集群。

  呈现在读者面前的《网络营销与策划:基础、策略、训练》是在湖北省市场营销学会、华中科技大学出版社大力支持下,由武昌首义学院、云南经济管理学院、南宁学院、广州应用科技学院等高校的一线教师编写的应用型本科高校"十四五"规划数字营销创新创业人才培养新形态精品教材。编写小组结合多年教学和研究的成果,坚持立德树人根本任务,力求对接高素质应用型人才培养目标,关注本土网络营销理论新发展及本土优秀企业网络营销新实践,推动思政课程与课程思政同向同行协同育人。教材在结构体系上仍然以成熟的、规范的网络营销研究范式为基础,即按照"理解网络营销—开展网络市场研究—制定网络营销策略—设计并执行网络营销策略"的逻辑顺序,系统介绍网络营销的基本理论及应用。教材力求满足学生爱读和易懂的需要,理论深度适中,兼顾内容全面、结构合理,为学生系统地学习后续专业课程奠定较为扎实的基础。教材编写的主要特点如下:

  (1)引入新数据和新案例,以突显教材的实际指导性。结合网络营销最新发展动态及中国互联网发展情况,引入了较多的新案例。

  (2)嵌入了较多的知识链接、微阅读、小案例。鼓励并支持学生自主性学习,勤思考多讨论,以拓展学生的知识视野。

  (3)全书的章后习题统一按照单选、多选、判断、简答、论述及案例分析的形式编写,以便与学生的知识巩固训练无缝对接。

  (4)配套丰富的教学资料。编写小组提供教学大纲、教学日历、教学课件、课程思政方案、习题参考答案、模拟试卷、策划实例等配套教学资料。

本教材是省级一流本科专业建设点（市场营销专业）、省级教学团队（融合型市场营销系列课程）、省级优秀基层教学组织（市场营销系）全面推进本科教学改革的成果之一。本教材由李林教授主编，陈俞飞、张婵、江璐、杜彩兰、王琼、张武梅、宋焱参加了编写工作。全书由李林负责教材大纲的拟定、总纂和定稿。本书在内容安排上共有十章，编写分工如下：李林，第三章；陈俞飞，第一章；张婵，第五、七章；江璐，第八、九章；杜彩兰，第四、六章；王琼，第二章；张武梅，第十章。

本教材在编写过程中，得到了湖北省市场营销学会、华中科技大学出版社的支持。本书参考和引用了雷蒙德·弗罗斯特、朱迪·斯特劳斯、戴夫·查菲、黄敏学、李东进等专家学者的著作，在此，编写组向各位尊敬的专家学者表示感谢！同时也向支持教材出版工作的各级领导及有关工作人员致以诚挚的谢意。

欢迎广大读者批评指正，以便本教材再版时修订。可联系的电子邮箱是：marketinglee@126.com。

《网络营销与策划：基础、策略、训练》教材编写组
2023 年 4 月于武汉

第一章 网络营销概述 ······ 001
- 第一节 网络营销的内涵 ······ 003
- 第二节 网络营销的内容与流程 ······ 010
- 第三节 网络营销的基础 ······ 013
- 第四节 网络营销伦理 ······ 019

第二章 网络营销环境及网络市场发展 ······ 026
- 第一节 网络营销环境 ······ 028
- 第二节 网络市场的形成与发展 ······ 038

第三章 网络消费者购买行为分析 ······ 052
- 第一节 网络消费者概述 ······ 054
- 第二节 影响网络消费者购买行为的因素 ······ 062
- 第三节 网络消费者购买决策过程 ······ 072

第四章 网络市场调研 ······ 080
- 第一节 网络市场调研的概述 ······ 082
- 第二节 网络商务信息 ······ 088
- 第三节 网络市场调研的流程与方法 ······ 091

第五章 网络营销产品策略 ······ 100
- 第一节 网络营销产品概述 ······ 102
- 第二节 网络营销新产品策略 ······ 111
- 第三节 网络营销品牌策略 ······ 116

第六章 网络营销价格策略	129
第一节 网络营销定价概述	131
第二节 网络营销定价策略	137

第七章 网络营销渠道策略	148
第一节 网络营销渠道概述	150
第二节 互联网时代的企业营销渠道演变	153
第三节 网络营销渠道管理	164

第八章 网络营销促销策略	177
第一节 网络促销概述	179
第二节 网络广告	181
第三节 网络销售促进	187
第四节 网络公共关系	190

第九章 网络营销工具	204
第一节 网络营销工具概述	206
第二节 搜索类网络营销工具	209
第三节 信息流类网络营销工具	212
第四节 社交类网络营销工具	216
第五节 电商类网络营销工具	222
第六节 其他类网络营销工具	225

第十章 网络营销策划的基本流程	234
第一节 网络营销策划概述	236
第二节 网络营销策划的一般步骤	243

参考文献	255

网络营销概述

主要知识结构图

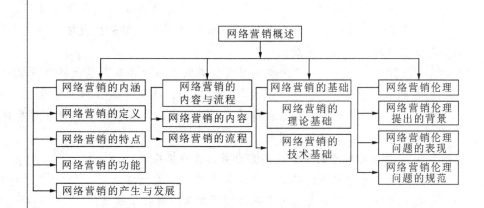

教学目标

• 帮助学生理解网络营销的概念与内涵，理解并掌握网络营销的内容与一般流程。

• 帮助学生了解网络营销的特点、功能、理论基础与技术基础等知识。

• 通过梳理国内外网络营销的发展历程，帮助学生把握学科前沿发展动态，彰显中国网络营销成就，坚定文化自信。

• 通过介绍网络营销伦理问题的表现与规范，倡导学生自觉遵守伦理道德规范，树立诚信经营的理念，树立正确的人生观与价值观。

开篇案例

一串烧烤带火一座城！淄博烧烤出圈背后的网络营销密码

最近，淄博烧烤彻底火了，连续登上抖音、微博、B站等各大平台热搜榜。在短视频平台热榜搜索量高达525.3万；#淄博烧烤永远的神#微博阅读量更是高达2.3亿。原本就能1天卖1万串的烧烤城，销量更是翻了3倍，1天能翻台500桌。不少人都很纳闷，锦州、徐州、东北烧烤都不错，为什么火的就是淄博呢？

1. 淄博烧烤出圈，源于对流量的精准把握

其实，早在几年前淄博烧烤在央视的《和为淄味》、山东卫视的《至味山东》、B站的《人生一串》中频繁露脸，加上流量明星的推广、网红博主的助力更是为淄博烧烤的爆火添了一把柴。此外，无论是引进麦田音乐节、淄博青岛啤酒节，还是打造水晶街、扶持唐库文创园，都是把握住"烧烤"这个流量密码做了一系列延展。

2023年3月8日，"大学生组团坐高铁去淄博撸串"登上抖音同城热搜。在这背后流传着一个故事——去年疫情期间，有上万名省内大学生在淄博隔离，当地政府安排了舒适的食宿环境。临别之际，双方约定再来淄博吃烧烤，于是便有了大学生组团重返的一幕。

2. 推动热度不断攀升，多方力量助推稳抓机遇

以大学生为代表的普通年轻游客带动第一波热度之后，"B太""特别乌啦啦"等抖音千万粉美食博主也陆续发布了淄博打卡视频。

4月8日，"B太"在一条测评淄博数十家美食摊位是否存在缺斤少两的视频中，展现出当地人好客实在的形象，将淄博烧烤推向更高的热度，截至目前，该条视频获得了323万抖音点赞，并在之后被人民日报抖音官方账号转载。抖音旗下巨量算数显示，4月9日，"淄博烧烤"关键词的搜索指数达到首个小高峰。

据淄博文旅局发布的数据，3月首周，连续两天淄博站到达旅客都在2.1万人次以上，周日到发旅客更是到达了4.8万人次，直接创下了3年来的最高纪录。因为烧烤成为热门打卡地后，整个淄博都玩起了以烧烤为主题的新游戏。淄博政府趁热打铁，专门召开了发布会，隆重宣布五一要搞一次淄博烧烤节、淄博烧烤季；推出了烧烤高铁专列、公交专线等交通工具；免费开放A级景点，以及成立相关的烧烤协会，发布烧烤地图，誓把"流量"变"留量"。在热度事件的不断加推下，淄博烧烤逐步成为淄博热门旅游消费重点，相关企业更是不断攀升，为整个品类的爆发打下深厚的基础。

3. 聚焦客户消费新场景，营造沉浸式体验氛围

淄博火了之后，带动的不仅是线上内容流量，更重要的是线下旅游客群。对于渴望在本地生活领域大展拳脚的互联网社交平台而言，淄博是联动线上线下的绝佳机会。

如今越来越多的消费者愿意为情绪价值买单，不仅是用钱购买商品本身的价值，他们更乐意花额外的价钱换取商品附加价值的体验感、仪式感，并从中获得快乐。淄博烧烤正好符合这个模式，食物是其次，这种行为带来的情绪价值才是消费者们真正追求的，因此，在这样的消费趋势下，不断孕育更多的个性化、多样化的新消费场景，才是企业营销的切入点。

资料来源：《霸榜热搜超1个月，淄博烧烤为什么能频频上分？》，新榜，2023-04-21，略有编辑整理。

《一支串带火一座城！揭秘淄博烧烤出圈背后的营销"算盘"》，捷畅通，2023-04-14，略有编辑整理。

第一节　网络营销的内涵

一、网络营销的定义

关于网络营销的理论和方法，国内外已经出版了一些著作，专业报刊上发表的文章也不少，更多资料出现在互联网相关的网站上。为了理解网络营销的全貌，有必要为网络营销下一个比较合理的定义。

广义上来讲，企业利用一切网络（包括社会网络、计算机网络等）进行的营销活动都可以被称为网络营销。狭义地说，凡是以国际互联网为主要营销手段，为达到一定营销目标而开展的营销活动，称为网络营销。本书认为：网络营销是基于互联网及社会关系网络连接企业、用户及公众，向用户及公众传递有价值的信息和服务，为实现顾客价值及企业营销目标所进行的规划、实施及运营管理活动。

对于网络营销定义的理解，我们要注意以下几点：

（一）网络营销不是网上销售

网上销售是网络营销发展到一定阶段产生的结果，网络营销是为实现网上销售目的而进行的一项基本活动，但网络营销本身并不等于网上销售。这可以从两个方面来说明：

（1）因为网络营销的效果可能表现在多个方面，例如企业品牌价值的提升，加强与客户之间的沟通。作为一种对外发布信息的工具，网络营销活动并不一定能实现网上直接销售的目的，但是很可能有利于增加总的销售。

(2) 网上销售的推广手段也不仅仅靠网络营销，往往还要采取许多传统的方式，如传统媒体广告、发布新闻、印发宣传册等。

（二）网络营销不是孤立存在的

网络营销是企业整体营销战略的一个组成部分，网络营销活动不可能脱离一般营销环境而独立存在，它是建立在互联网基础之上，借助于互联网来更有效地满足顾客的需求和欲望，从而实现企业营销目标的一种手段。

（三）网络营销建立在传统营销理论基础之上

传统营销理论包括市场研究、市场细分、目标市场选择、产品定位、品牌建设、定价策略、渠道管理、促销策略等，这些理论都是网络营销的基础。网络营销本质上是一种营销方式，它利用互联网技术和工具，通过数据分析、社交媒体营销、搜索引擎营销、电子邮件营销、内容营销等方式来扩大品牌影响力，提高销售额和客户满意度。

因此，网络营销是建立在传统营销理论基础之上的，网络营销理论是传统营销理论在互联网环境中的应用和发展。

❓小思考

网络营销会取代传统营销吗？

有人说，网络营销是在传统营销基础上发展起来的，是传统营销的2.0版。网络营销既具备了传统营销的基本功能，又能超越时空的限制，具有很多传统营销不具备的优点。因此，有人认为传统营销没有存在的必要，网络营销将会取代传统营销。对此观点，你怎么看？

想一想：网络营销与传统营销的关系。网络营销会取代传统营销吗？

二、网络营销的特点

随着互联网技术发展的成熟以及联网成本的低廉，互联网像一种"万能胶"将政府、企业以及个人跨时空联结在一起。市场营销中最重要最本质的是企业和个人之间进行信息传播和交换，如果没有信息交换，交易也就是无水之源。网络营销符合数字化潮流，是对营销方式的重组和创新。正因为如此，互联网也使得网络营销具备了以下特性。

（一）跨时空与交互性

跨越时间和空间，没有传统营销模式上的时间性、地域性的限制，企业突破了营业场所大小、地域、距离、营业时间和国别的限制，可以用低廉的价格开展全球营销。消费者也突破了地域和距离的制约，拥有了更多的灵活性、更多的选择时间和空间。

互联网通过展示商品图像、商品信息资料库提供的有关查询等来实现供需互动与双向沟通；企业通过网络向顾客发布丰富生动的、即时的产品信息和相关资料，进行市场调查、产品设计调查、产品测试与消费者满意调查、售后服务等营销活动；同时，消费者还可以通过网站、搜索引擎、E-mail、社交App或其他软件工具，极为便利地了解和比较所需信息，理智地选择，甚至可以提出自己对商品从设计到服务的要求。

微阅读

网上的一条信息给一家乡镇企业带来了意外惊喜

互联网没有门面之分、没有地域之分。西门子公司80周年庆典，需要几百棵圣诞树，于是在网上发布需求信息。泉州一家乡镇企业在互联网上看到这则消息，通过网络联系，6天就提供了其所需的圣诞树。现在西门子公司每年的圣诞树都从泉州这家企业订购。如果没有互联网，泉州这家乡镇企业要想和西门子直接做生意，这种可能性是极小的。

（二）富媒体与个性化

互联网被设计成可以传输多种媒体的信息，如文字、视频、图像、动画等信息，使得为达成交易进行的信息交换可以通过多种形式存在和交换，亦可以充分发挥营销人员的创造性和能动性。

在生产中，可以小批量采购和生产，甚至可以按照每一个顾客的订单生产。在销售前，营销者通过网络向消费者提供丰富的产品信息和便利的查询比较工具，以利于消费者做出购买决策。在销售中，营销者提供个性化的购物环境和支付手段，以及各种个性化的奖励手段，并采取送货上门的方法。在销售后，营销者提供随时与厂家联系的渠道，顾客可以方便地得到及时的服务和技术支持。同时，可以利用网络的各种信息机制，为顾客提供更为个性化的关怀和周到的服务。

（三）拟人化与成长性

互联网上的促销是一对一的、理性的、消费者主导的、非强迫性的、循序渐进式的，而且是一种低成本与人性化的促销，避免推销员强势推销的干扰，并通过信息提供进行交互式交谈，与消费者建立长期良好的关系。

互联网使用者数量快速成长并遍及全球，使用者涵盖少年群体、青年群体、中年群体及老年群体，因此是一项极具开发潜力的市场渠道。

（四）经济性与高效性

通过互联网进行信息交换，代替以前的实物交换，一方面可以减少印刷与邮递成本，可以无店面销售，免交租金，节约水电与人工成本；另一方面可以减少由于迂回多次交换带来的损耗。

网络营销是以网络通信技术和计算机技术作为技术支撑，可传送的信息数量与精确度、表现出来的商业智能化和个性化，远远超过现有的其他媒体和营销手段。网络海量的数据存储能力，快速准确的数据处理和传输能力，信息的可测量性和交互能力，以及现代银行电子支付技术的完善，使整个交易过程更加简单、高效。

（五）技术性与整合性

网络营销是建立在高新技术作为支撑的互联网的基础上的，企业实施网络营销必须有一定的技术投入和技术支持。另外，企业可以借助互联网将不同的传播营销活动进行统一设计规划和协调实施，以统一的传播方式向消费者传达信息，避免不同传播的不一致性产生消极影响。

三、网络营销的功能

网络营销的功能主要包括信息发布功能、商情调查功能、品牌价值扩展和延伸功能、顾客关系和顾客服务功能、网站推广功能、销售渠道开拓和销售促进功能等。

1. 信息发布功能

网络营销可以通过各种网络营销载体，如网站、博客、论坛、即时通信工具等，将信息发布到互联网上，从而实现信息的传播和推广。

2. 商情调查功能

网络营销可以通过网络调查的方式，收集消费者的意见和反馈，了解消费者的需求和偏好，从而为企业制定营销策略提供参考。

3. 品牌价值扩展和延伸功能

网络营销可以通过建立企业的网络品牌形象，提高企业的知名度和美誉度，从而实现品牌价值的扩展和延伸。

4. 顾客关系和顾客服务功能

网络营销可以通过建立顾客关系管理系统，了解顾客的需求和反馈，提供个性化的服务，提高顾客的满意度和忠诚度，从而建立稳定的顾客群体。

5. 网站推广功能

网络营销可以通过建立网站、博客、论坛等网络营销载体，将企业的信息传递给目标人群，从而实现网站推广的目的。

6. 销售渠道开拓和销售促进功能

网络营销可以通过建立网上销售渠道，如电子商务平台、网上商城等，实现线上销售，同时可以利用各种促销手段，如优惠券、打折促销等，促进产品或服务的销售。

四、网络营销的产生与发展

（一）网络营销的产生

网络营销的产生可以追溯到20世纪90年代，当时互联网技术和网络营销刚刚开始发展。随着互联网的普及和信息技术的不断发展，网络营销逐渐成为一种重要的营销手段，并在20世纪末至21世纪初进入快速发展期。网络营销的产生和发展背景主要有三个方面：

1. 网络信息技术的发展

随着互联网的普及和信息技术的不断发展，网络营销的应用范围不断扩大，网络营销的方式和手段也不断创新和丰富。

2. 消费者价值观的改变

随着经济的发展和社会的进步，消费者对商品的要求越来越高，不仅要求产品质量好、个性化，而且还需要价格适中，同时还需要提供优质的服务。

3. 激烈的商业竞争

在激烈的商业竞争中，企业需要不断地创新来满足客户的需求，提高市场占有率和利润回报，同时还要保证产品或服务的质量以及售后服务水平等各方面的因素都得到提升，这样才能使企业在竞争中保持优势。

总的来说，网络营销的产生是由于网络信息技术的发展、消费者价值观的改变和激烈的商业竞争等多种因素的共同作用。

1-1
互联网的诞生
资料来源：
科普中国

（二）网络营销的发展

1. 国外网络营销发展概况

1993年，第一批网络和浏览器出现在互联网上。1994年，美国著名的杂志 *Hotwired* 推出了网络杂志网站（www.hotwired.com）；美国电话电报公司（American Telephone & Telegraph，AT&T）等14个客户的横幅广告在 Hotwired 网站上投放，成为广告史上的一个里程碑。自此以后，网络广告成为互联网的热点。

1）美国——逐步完善法律政策，为网络营销保驾护航

美国作为互联网的发源地，也是最早实施互联网营销的国家之一。由于起步较早，积累了丰富的经验，发展速度自然快于其他国家。但随之而来的也有一些问题，比如税收征管问题、产品质量得不到保障和消费者信息泄露等。网络购物发展势头强劲，也是新的经济增长点，为此，美国国会、联邦政府等部门，不断完善互联网营销的法律

法规体系，为消费者创造一个良好的网络购物环境。目前，美国国会、联邦政府、地方政府协同配合应对网络营销中所产生的问题。

2）德国——便捷的网上购物

德国网上商店主要有两种：一种是专门做网上交易的商店。这类商店消费者可以通过网购平台直接从生产厂家发货，购买者可以光顾德国国内甚至是海外的多家网站，可以购买到同类商品中品牌知名度高、价格又合理的商品。在欧元升值、美元贬值期，许多想换车的德国人就抓住机会通过网络直接从美国订货。同一个品牌、同一家企业生产的汽车，包括运费和关税在内，至少比在德国或欧洲其他国家购买便宜5%。

另一种则是通过商场销售和网络营销相结合。这种商店也可分为两类。一类是世界知名品牌的商店，由于其知名度高、产品货真价实，消费者能购买放心，所以销售额较大。另一类是普通商店，这类商店主要是做附近消费者的生意。这些消费者可能因工作繁忙无暇购物，也可能因行动不便无法前来购物，所以需要送货上门。这类商店的发展空间就在于方便消费者，尽管销售价格高于普通商店，但还是受到了一部分特定消费群体的青睐。

3）新加坡——致力于打造安全的发展环境

新加坡政府制定相关政策法规，引导企业进行信息化基础设施建设，推动网络营销的发展。为了保证网络营销有序进行，使网上交易有法可依，先后制定并通过了《电子交易法案》和《电子交易（认证机关）法规》，消除电子商务发展的安全障碍，并确保网上交易者获得全面、安全和高质量的服务。

为了使企业和消费者能放心安全地进行网上交易，新加坡政府还引导企业参与安全协议的制定与推广，以及电子支付系统的建设。在电子支付系统方面，新加坡资讯通信媒体发展局引进了微软、星展银行及大华银行等提供的多种先进的在线支付系统，并与新加坡金融管理局合作，为银行借记卡和信用卡持有者提供方便快捷的电子支付服务。发卡行在电子银行系统中可以通过密码、数字甚至生物特征等多种认证方式，验证在线交易的持卡人身份。这不仅有助于增强商家对互联网营销的信心，同时也保证了消费者能够在安全环境下在线支付。

2. 我国网络营销的发展历程

相较于欧美等发达国家，我国网络营销起步稍晚一些，但发展较为迅速。我国的网络营销的发展大致可分为4个阶段：萌芽阶段（2000年之前）、应用和市场形成阶段（2001—2003年）、市场高速发展阶段（2004—2008年）、社会化与多元化生态体系阶段（2009年至今）。

1）萌芽阶段（2000年之前）

1994年4月20日，我国正式接入因特网。但这一时期，网络营销相对陌生，大多数人没有相对清晰的网络营销概念和方法。网络营销的经典案例是"山东农民网上卖大蒜"。据现在可查到的资料记载，山东陵县（今德州市陵城区）西李村支部书记李敬峰上网的时间是1996年5月，所采用的网络营销方法是：注册域名，把西李村的大蒜、菠菜、胡萝卜等产品的信息全部搬上互联网，发布到世界各地。此案例的成效为：

1998年7月，青岛外贸企业通过网址主动与李敬峰取得联系，两次出口大蒜共计870吨，销售额270万元，初战告捷。

据 CNNIC（China Internet Network Information Center，中国互联网络信息中心）于1997年11月发布的第一次《中国互联网络发展状况统计报告》显示，截至1997年10月底，我国上网用户数为62万，WWW 站点数约1500个，上网人数及网站数量均很少。但发生于1997年前后的部分事件标志着中国网络营销进入萌芽阶段，如网络广告和 Email 营销在中国诞生、网络服务如域名注册和搜索引擎的涌现等。我国第一个商业性的网络广告出现在1997年3月，传播网站是 Chinabyte（比特网），广告表现形式为 468×60 像素的动画旗帜广告。到2000年底，多种形式的网络营销实现应用，网络营销呈现出快速发展的势头。

2）应用和市场形成阶段（2001—2003年）

在2001年至2003年期间，随着互联网的普及和电子商务的兴起，国内的网络营销开始进入应用阶段。一些企业开始尝试在网上销售产品，并逐渐认识到网络营销的重要性。

2003年，淘宝网诞生于浙江杭州的湖畔花园，截至当年7月4日，网站拥有会员1.7万，上网商品6.2万件，日平均网页浏览量达到30万，日平均访问人次有2.5万，日新增商品达2000多件。网络营销的出现使得企业可以更方便地进行网上销售，从而为淘宝网的兴起提供了机会。网络营销的发展，也使得更多的企业开始采用网上销售，这也为淘宝网带来了更多的商机。这个阶段，网络营销已不再是空洞的概念，而是进入实质性的应用和发展时期，主要特征表现在：网络营销服务市场初步形成，企业网站建设发展迅速，网络广告形式和应用不断发展，E-mail 营销市场环境亟待改善，搜索引擎营销向深层次发展，网上销售环境日趋完善。

3）市场高速发展阶段（2004—2008年）

2004年之后，随着互联网的普及和电子商务的快速发展，国内的网络营销市场逐渐形成和发展起来。越来越多的企业开始采用各种网络营销策略以提高营销效果，如搜索引擎营销、电子邮件营销、网络广告等。

在该阶段我国网络营销的最主要特点是第三方网络营销服务市场蓬勃兴起，包括网站建设、网站推广、网络营销顾问等付费网络营销服务都获得了快速发展。这不仅体现在网络营销服务市场规模扩大上，同时也体现在企业网络营销的专业水平提高、企业对网络营销认识程度和需求层次提升，以及更多的网络营销资源和网络营销方法不断出现等方面。

4）社会化与多元化生态体系阶段（2009年至今）

2009年，校内网正式更名为人人网，标志着中国社交网络的发展走上巅峰。2009年之后，随着互联网技术的不断发展和市场的不断扩大，国内的网络营销开始向社会化与多元化发展。网络营销社会化的表现是网络营销从专业知识领域向社会化普及知识发展演变，这是互联网应用环境发展演变的必然结果，这种趋势反映了网络营销主体必须与网络环境相适应的网络营销社会化实质。

1-2 移动互联网未来发展前景如何
资料来源：科普中国

在这个阶段，随着技术的不断发展和营销手段的不断创新，网络营销还呈现出多元化的发展趋势。企业不再仅仅关注单一的营销手段和方法，而是采用多种营销手段和方法，构建一个多元化的营销生态系统，通过这些营销手段之间的协同作用，如社交媒体广告与搜索引擎营销的协同作用、内容营销与电子邮件营销的协同作用等，以实现营销效果的最大化。

现阶段及未来，随着大数据技术的不断发展和市场的不断扩大，国内的网络营销将进一步向个性化和定制化阶段发展。企业将采用各种个性化的网络营销策略，如用户画像、定向广告等，以实现更精准的营销效果。

第二节　网络营销的内容与流程

一、网络营销的内容

网络营销的内容主要包含以下八个方面。

（一）网上市场调查与分析

网上市场调查与分析是网络营销中的一个重要环节，包括以下几个方面。

（1）市场调查：了解目标市场的规模、潜在客户群体、竞争对手情况等，以便制定相应的营销策略。

（2）用户研究：调查用户的需求、行为、偏好等信息，以便开发更符合用户需求的产品和服务。

（3）数据分析：对市场调查和用户研究的结果进行分析，以了解目标市场的特点和趋势，以及自己的产品和服务的优势和不足。

（4）竞品分析：分析竞争对手的产品、服务、营销策略等，以了解自己的市场地位和优势，以及分析如何制定相应的竞争策略。

总之，网上市场调查与分析是网络营销中不可或缺的一环，可以帮助企业制定更科学、有效的营销策略，提高市场占有率和竞争力。

（二）网上消费者行为分析

网上消费者行为分析主要包括以下几个方面。

（1）用户购买量和消费额度分析：通过对用户的购买量和消费额度进行分析，可以了解用户的购买习惯和消费能力，从而制定更有针对性的营销策略。

（2）用户消费趋势分析：通过对用户每月消费次数、每月平均消费次数等数据进行分析，可以了解用户的消费习惯和消费趋势，从而指导营销策略的制定。

（3）用户生命周期分析：通过对用户第一次消费时间、最后一次消费时间、用户生命周期的描述、用户生命周期的分布等数据进行分析，可以了解用户的消费周期和消费偏好，从而指导营销策略的制定。

（4）用户消费周期分析：通过对用户每次购买时间间隔的分析，可以了解用户的消费周期和消费偏好，从而指导营销策略的制定，并且可以针对不同的消费周期，采取不同的营销策略。

（5）用户分层分析：通过对用户价值、用户活跃程度、复购率和回购率等数据进行分析，可以了解不同用户的价值和潜力，从而制定更有针对性的营销策略。

（6）留存率分析：通过对用户留存率的分析，可以了解用户的流失情况和原因，从而制定相应的留存率提升策略。

（三）网络营销战略制定

根据市场机会和企业总体目标，制定网络营销战略目标，通过市场细分、目标市场选择和市场定位明确企业目标客户，并依据目标客户的特征、偏好及需求对企业进行定位。

网络营销战略制定是网络营销计划的核心，需要综合考虑多种因素，制定科学的营销战略，并进行有效的执行和监控。同时，需要不断学习和创新，以适应市场的变化和客户的需求。

（四）网上产品和服务策略制定

要针对不同用户群体制定不同的产品或服务策略。例如，对于高端消费者，企业可以提供高品质、高价格的产品；对于普通消费者，企业可以提供价格适中的产品。产品和服务策略是否正确，将直接影响到企业的市场定位、品牌形象和市场表现。因此，制定正确的产品策略是企业在市场竞争中取得成功的关键之一。

（五）网上价格策略制定

企业根据市场需求和成本分析，制定合理的价格，以实现盈利目标。网上价格策略的制定需要考虑到以下几个方面。

（1）成本：网上价格策略制定需要考虑多个方面的成本，包括生产成本、物流成本、税收成本和运营成本等。

（2）需求：价格策略的制定需要考虑到市场需求的变化，以及消费者对价格的接受程度。企业需要对市场进行调查和分析，以了解消费者对价格的敏感度和需求量的大小，从而制定出合理的价格。

（3）竞争：在制定价格策略时，企业需要考虑到竞争对手的价格和营销策略，以及市场的供求关系，制定出具有竞争力的价格。

总之，制定合理的价格策略需要企业深入了解市场和竞争情况，还要避免线上线下价格的冲突，根据实际情况制定出灵活、科学的定价策略，以实现盈利目标。

（六）网上促销策略制定

网上促销策略的制定需要考虑以下几个方面。

(1) 目标客户：企业需要了解自己的目标客户群体，并针对不同客户群体制定不同的促销策略。

(2) 商品特性：不同的商品有不同的特性，企业需要根据商品的特性来选择适合的促销方式。例如，对于服装、电子产品等，可以采用打折、特价等方式吸引客户；对于日化用品、保健品等，可以采用赠送小礼品的方式。

(3) 促销力度：促销力度的大小也是影响促销效果的重要因素。企业需要根据自身的经济实力和目标客户的需求，制定合理的促销力度，以达到最佳的促销效果。

(4) 促销时间：促销时间也是影响促销效果的重要因素。企业需要根据自身的实际情况和目标客户的需求，制定合理的促销时间，以吸引更多的客户。

总之，网上促销策略的制定需要综合考虑多个方面的因素，以达到最佳的促销效果。同时，需要注意促销活动的成本效益，避免过度促销而影响企业的盈利能力。

（七）网上营销渠道建立

网上营销渠道建立是指企业通过网络营销的方式，将产品或服务推广到目标客户群体中的过程。以下是一些常见的网上营销渠道，企业可以根据自身的实际情况和目标客户的需求，选择适合自己的渠道建立方式，提高产品或服务的销售效率。

(1) 建立网站：企业可以建立自己的网站，并在网站上提供产品或服务的信息。网上直销可以避免中间商的介入，直接将产品或服务销售给客户，提高销售效率。

(2) 搜索引擎优化（SEO）：企业可以通过优化网站的结构、内容和关键词等方式，来提高网站在搜索引擎中的排名，从而更好地被目标客户找到。

(3) 电子商务平台：企业可以利用电子商务平台，如淘宝、京东、拼多多等，来销售自己的产品或服务。

(4) 社交媒体：企业可以通过建立自己的社交媒体账号，如微博、微信、Facebook等来宣传和推广自己的产品或服务。社交媒体平台具有互动性强、传播范围广的特点，可以有效地扩大企业的影响力。

（八）网络营销管理与控制

网络营销管理与控制是指企业通过网络营销活动，对营销过程进行组织、实施、评价和控制，以实现营销目标的过程。网络营销管理与控制主要包括以下几个方面。

(1) 网络营销的组织：企业需要建立专门的网络营销部门或团队，负责网络营销的策划、实施和管理。

(2) 网络营销的实施：企业需要制定网络营销的计划和方案，并对实施过程进行监控和调整。

(3) 网络营销活动的评价与控制：企业需要对网络营销活动进行评价，包括营销效果、营销成本等方面，并根据评价结果进行调整和改进。

(4) 网络营销经营风险的控制：企业需要对网络营销活动进行风险控制，包括网络安全、营销欺诈等方面，以保障企业的利益。

总之，网络营销管理与控制是企业进行网络营销的重要环节，需要制定合理的策略，建立专门的部门和团队，进行过程监控和评价，以实现营销目标。

二、网络营销的流程

网络营销的一般流程主要包括以下几个步骤。

（1）目标市场分析：确定目标市场的特征、规模、消费者需求和行为等信息。

（2）竞争对手分析：了解竞争对手的情况，制定对策。

（3）制定网络营销战略：根据市场分析和竞争对手分析的结果，制定网络营销目标、定位和策略。

（4）设计网络营销策略方案：根据网络营销战略，设计相应的推广方案和策略，包括市场定位、产品定位、营销渠道、网络宣传等。

（5）实施网络营销：执行网络营销策略方案，包括建立网站、推广网站、优化搜索引擎、网络广告投放、电子邮件营销等。

（6）效果评估和调整：根据网络营销效果进行评估，并根据评估结果调整营销策略和方案，以达到最大化效果的目的。

以上是一般的网络营销流程，但是具体的流程和步骤可能因为行业、产品和目标市场的不同而有所差别。

第三节　网络营销的基础

一、网络营销的理论基础

鉴于网络营销手段的变化，传统营销理论需要进一步发展和完善，针对网络特性、消费者的需求和购买行为进行重新整合，形成具有网络特色的营销理论。网络营销理论基础主要包括关系营销理论、整合营销理论、病毒式营销理论、软营销理论、直复营销理论、长尾理论等，这些理论对开展网络营销实践具有重要的指导作用。

（一）关系营销理论

所谓关系营销，是指把营销活动看成一个企业与消费者、供应商、分销商、竞争者、政府机构及其他公众发生互动作用的过程，其核心是建立和发展与这些公众的良好关系。

1985年，巴巴拉·本德·杰克逊提出了关系营销的概念，使人们对市场营销理论的研究又迈上了一个新的台阶。关系营销理论一经提出，迅速风靡全球，杰克逊也因此成了美国营销界备受瞩目的人物。

关系营销的特征可以概括为以下几个方面：

（1）双向沟通。在关系营销中，沟通应该是双向而非单向的。只有广泛的信息交流和信息共享，才可能使企业赢得各个利益相关者的支持与合作。

（2）合作。一般而言，关系有两种基本状态，即对立和合作。只有通过合作才能实现协同，因此合作是双赢的基础。

（3）双赢。关系营销旨在通过合作增加关系各方的利益，而不是通过损害其中一方或多方的利益来增加其他各方的利益。

（4）亲密。关系能否得到稳定和发展，情感因素也起着重要作用。因此，关系营销不只是实现物质利益的互惠，还必须让参与各方能从关系中获得情感需求的满足。

（5）控制。关系营销要求建立专门的机构，用以跟踪顾客、分销商、供应商及营销系统中其他参与者的态度，了解关系的动态变化，及时采取措施消除关系中的不稳定因素和不利于关系各方利益共同增长的因素。

关系营销是在传统营销的基础上，融合多个社会学科的思想而发展起来的，吸收了系统论、协同学、传播学等思想。关系营销理论认为，对于一个现代企业来说，除了要处理好企业内部关系，还要与其他企业结成联盟。企业营销过程的核心是建立并发展与消费者、供应商、分销商、竞争者、政府机构及其他公众的良好关系。无论在哪一个市场上，关系都具有很重要的作用，甚至成为企业市场营销活动成败的关键。所以，关系营销日益受到企业的关注和重视。

（二）整合营销理论

整合营销是一种对各种营销工具和手段的系统化结合，根据环境进行即时性的动态修正，以使交换双方在交互中实现价值增值的营销理念与方法，是为了建立、维护和传播品牌，以及加强客户关系而对品牌进行计划、实施和监督的一系列营销工作。整合就是把各个独立的营销工作综合成一个整体，以产生协同效应，这些独立的营销工作包括广告、直接营销、销售促进、人员推销、包装、事件、赞助和客户服务等。

1. 整合营销的特征

在整合营销传播中，消费者处于核心地位，企业的核心工作是培养真正的"消费者价值"观，与那些最有价值的消费者保持长期的紧密联系。整合营销以各种传播媒介的整合运作手段进行传播，满足企业市场营销所提出的新要求，有利于配置企业资源，优化企业组合，提高企业经济效益，实现企业的持续发展，更好地满足消费者的需求；通过企业上下各层次的整合，以及从观念到行为的整合，有利于企业各种营销策略的整合。

一般而言，整合营销具有以下特征：

（1）以整合为中心。以消费者为中心并综合利用企业所有资源，实现企业的一体化营销。整合既包括企业营销过程、营销方式以及营销管理等方面的整合，也包括对企业内外的商流、物流及信息流的整合。

（2）讲求系统化管理。整体配置企业所有资源，企业中各层次、各部门和各岗位，与总公司、子公司、产品供应商、经销商及相关合作伙伴协调行动，形成竞争优势。

（3）强调协调与统一。企业营销活动的协调性，不仅仅是企业内部各环节、各部门的协调一致，而且也强调企业与外部环境协调一致，共同努力以实现整合营销。

2. 整合网络营销模式

建立在互联网基础上的整合营销，被称为整合网络营销。整合网络营销是在深入研究互联网资源、熟悉网络营销方法的基础上，从企业的实际情况出发，根据不同网络营销产品的优缺利弊，整合多种网络营销方法，为企业提供网络营销解决方案。在网络营销中，消费者处于优势地位，或者说处于中心地位。因为在互联网环境下，网络上信息丰富的特征使顾客的选择余地变得很大，不仅参与的主动性增强，而且选择的主动性也得到加强。产品交易的实现关键在于消费者的选择，归根结底在于企业或产品是否满足消费者的需求，特别是个性化需求的满足。因此，企业必须树立新的营销观念，即在营销中充分考虑消费者的个性化需求、价值取向和接受程度，以及如何方便消费者。以上这些因素，意味着传统强势营销影响力在减弱。网络营销应该把顾客整合到整个营销过程中来，从他们的需求出发，并将其贯穿整个营销过程。

（三）病毒式营销理论

病毒式营销是利用公众的积极性和人际网络，让营销信息像病毒一样传播和扩散，营销信息被快速复制传向数以万计、数以百万计的受众，它能够像病毒一样深入人脑，快速复制，迅速传播，将信息短时间内传向更多的受众。病毒式营销是一种常见的网络营销方法，常用于进行网站推广、品牌推广等。也就是说，病毒式营销是通过提供有价值的产品或服务，"让大家告诉大家"，通过别人为你宣传，实现"营销杠杆"的作用。病毒式营销已经成为网络营销最为独特的手段，被越来越多的商家和网站成功利用。

病毒式营销利用已有的社交网络去提升品牌知名度或者达到其他的市场营销目的。病毒式营销是由信息源开始，再依靠用户自发的口碑宣传，达到一种快速滚雪球式的传播效果。它存在一些区别于其他营销方式的特点。

1. 有吸引力的病原体

之所以说病毒式营销是无成本的，主要指它利用了目标消费者的参与热情，但渠道使用的推广成本是依然存在的，只不过目标消费者受商家的信息刺激自愿参与到后续的传播过程中，原本应由商家承担的广告成本转嫁到了目标消费者身上，因此对于商家而言，病毒式营销是无成本的。

2. 几何倍数的传播速度

大众媒体发布广告的营销方式是"一点对多点"的辐射状传播，实际上无法确定广告信息是否真正到达了目标受众。病毒式营销是自发的、扩张性的信息推广，它并非均衡地、同时地、无分别地传给社会上每一个人，而是通过类似于人际传播和群体传播的渠道，产品和品牌信息被消费者传递给那些与他们有着某种联系的个体。例如，某人刷到一个有趣的短视频，他的第一反应或许就是将这个短视频转发给好友、同事，这样一传十，十传百，无数个参与的"转发大军"就构成了成几何倍数传播的主力。

3. 高效率的接收

大众媒体投放广告有一些难以克服的缺陷，如信息干扰强烈、接收环境复杂、受众戒备抵触心理严重等。而对于那些有趣有料的"病毒",一方面,是受众从熟悉的人那里获得或是主动搜索而来的,在接受过程中自然会有积极的心态;另一方面,接收渠道也比较私人化,如手机、电子邮件、QQ、论坛,等等。这些优势使得病毒式营销尽可能地克服了信息传播中的噪音影响,增强了传播的效果。

4. 更新速度快

网络产品有自己独特的生命周期,一般都是来得快去得也快,病毒式营销的传播过程通常是呈 S 形曲线的,即在开始时很慢,当其显著扩大时速度加快,而接近最大饱和点时又慢下来。针对病毒式营销传播力的衰减,一定要在受众对信息产生免疫力之前,将传播力转化为购买力,方可达到最佳的销售效果。

1-3 病毒式营销的十大成功案例 资料来源:个人图书馆

(四) 软营销理论

传统的强势营销往往强调通过大规模的广告投放和人员推销等手段来推广产品或服务,往往是一种"硬性推销"的方式,忽略了消费者的感受和体验。软营销理论是针对工业经济时代的以大规模生产为主要特征的"强势营销"提出的新理论,它强调企业进行市场营销活动的同时必须尊重消费者的感受和体验,让消费者能舒服、主动地接受企业的营销活动。

软营销理论是指通过软性宣传的方式来达到营销目标的理论。它强调企业在营销过程中要注重人性化的因素,以满足消费者的心理需求为出发点,从而达到营销的目的。软营销理论的核心思想是以消费者为中心,通过一系列的营销手段和策略,让消费者在精神上和心理上都能够感受到企业的关怀和尊重,从而实现企业和消费者的共赢。

与传统的强势营销相比,软营销更加关注消费者的需求和体验。总的来说,软营销理论是一种更加注重人性化和情感化的营销方式,它强调以消费者为中心,通过一系列的营销手段和策略,让消费者在精神上和心理上都能够感受到企业的关怀和尊重,从而实现企业和消费者的共赢。

(五) 直复营销理论

直复营销起源于美国,它反映了一种朝着目标化或一对一营销宣传的发展趋势。20 世纪 80 年代以前,直复营销并不为人重视,进入 20 世纪 80 年代后,直复营销得到了飞速的发展,其独有的优势也日益被企业和消费者所了解。直复营销是个性化需求的产物,是传播个性化产品和服务的最佳渠道。美国直复营销协会(ADMA)的营销专家将它定义为"一种为了在任何地点产生可以度量的反应或达成交易而使用一种或几种广告媒体互相作用的市场营销体系"。

直复营销中的"直"即"direct","直接"的意思,是指不通过中间分销渠道而直接通过媒体连接企业和消费者;"复"即"response","回复"的意思,是指企业与顾客之间的交互,顾客对这种营销能够有一个明确的回复,企业可以统计到这种明确回复的数据,由此可以对以往的营销效果进行评价,"回复"是直复营销与直接销售的最大区别。直复营销的核心是直接回应,即企业通过个性化的沟通媒介,直接向目标市场成员发布发盘信息,并通过对方的直接回应来实现营销目标。直复营销的特点是高效、精准、个性化和互动性强。与传统的营销方式相比,直复营销更加注重与消费者的互动和沟通,能够更好地了解消费者的需求和体验,从而实现精准营销。

直复营销不仅适用于各种类型的企业,而且适用于各种类型的产品和服务。通过个性化的沟通媒介和直接回应的方式,直复营销能够更好地满足消费者的需求和体验,从而实现企业和消费者的共赢。

(六)长尾理论

长尾理论是由美国学者克里斯·安德森在 2004 年提出的一种关于互联网市场的新理论。长尾理论认为,由于成本和效率因素,当商品储存、流通、展示的场地和渠道足够宽广,商品生产成本急剧下降以至于个人都可以进行生产,并且商品的销售成本急剧降低时,几乎任何以前看似需求极低的产品,只要有卖,都会有人买。这些需求和销量不高的产品所占据的共同市场份额,可以和主流产品的市场份额相当,甚至更大。

长尾理论的核心思想是,通过充分利用互联网的信息和通信技术,使得市场的分散化程度更高,能够更好地满足用户的个性化需求。长尾理论可以解释为:在过去,由于信息和物流的限制,一些需求量较小但是种类繁多的产品,如书籍、音乐、电影等,往往难以在大规模市场中获得关注和市场份额。但是在互联网时代,由于技术的进步和物流的发展,这些产品的生产和销售变得更加容易和高效,长尾效应也就随之出现。

长尾理论的出现,对传统的市场营销理论提出了挑战。传统的市场营销理论往往关注的是主流产品和热门产品,认为这些产品能够获得更多的市场份额和利润。但是长尾理论则告诉我们,需求量小但是种类繁多的产品也可以有很大的市场,只要通过有效的市场营销手段,就可以实现规模化生产和销售。长尾理论的应用也非常广泛。在互联网时代,由于长尾理论的存在,一些原本需求量较小的产品,如小众喜好、小众音乐、小众电影、小众书籍等,也可以获得大量的关注和市场份额。这些产品虽然需求量较小,但是因为它们的个性化和多样性,往往能够吸引很多的忠实粉丝,从而形成一个庞大的小众市场。

二、网络营销的技术基础

我国于 1994 年 4 月 20 日正式接入因特网,从此中国的网络建设进入了发展阶段。在互联网技术飞速发展的大环境下,网络营销应运而生。网络营销的技术基础主要是以计算机网络技术为代表的信息技术。计算机网络是现代通信技术与计算机技术相结合的产物,它把分布在不同地理区域的计算机与专门的外部设备用通信线路互联成一个规模大、功能强的网络,从而使众多的计算机可以方便地互相传递信息,共享硬件、软件、数据信息等资源。在信息时代,网络技术的应用改变了传统信息的分配和接收方式,改变了人们的生活、工作、学习、合作和交流的环境。

传统的市场营销是为创造实现个人和组织的交易,而规划和实施创意、产品、服务构想、定价、促销和分销的过程,面对快速崛起的网络技术,企业必须充分利用网络新技术的"快车",促进企业飞速发展。网络营销是以互联网为媒体,以新的方式、方法和理念实施营销活动,能够更有效地促进个人和组织交易活动的实现。互联网的飞速发展及信息和通信技术的广泛应用为网络营销的产生奠定了技术基础。随着无线接入费用的下降、5G 的普及,新兴的网络市场具有更大的潜力。

随着互联网的不断发展,各种新兴技术不断推动着网络营销向前发展。

1. 互联网技术

互联网技术包括 HTML、CSS、JavaScript、PHP、Python 等开发语言,以及网络安全、网站架构、数据库设计等技术,这些技术的应用可以改善网站性能,提升用户体验,提高网站访问速度等。

2. 搜索引擎优化技术

针对搜索引擎的优化措施,使网站在搜索结果中排名更靠前,从而提高被搜索到的概率,增加流量,进而达到推广产品或服务的目的。

3. 社交媒体营销技术

社交媒体营销技术包括微信营销、微博营销、QQ 营销、直播营销等,这些技术借助社交媒体平台传播推广信息,借助用户社交行为形成口碑宣传。

4. 移动互联网应用技术

随着移动互联网的普及,移动应用已成为推广的重要载体,这种技术主要包括移动应用开发、移动应用推广、移动应用运营等。

5. 精准营销技术

通过分析网络数据,了解用户需求、行为及喜好,从而实现精准推荐和精准广告投放,提高转化率。

> 小案例

精准营销技术助力网络营销

随着大数据精准营销的日趋成熟,许多企业运用精准营销技术助力网络营销,取得了事半功倍的效果。

1. 京东精准营销

京东通过收集用户的购物历史记录、搜索记录、浏览行为等数据,利用数据挖掘技术分析用户的购物习惯，然后向用户推荐个性化的商品，提高了用户的购物体验。

2. 美团精准营销

美团通过用户的搜索历史、浏览行为、地理位置等数据，向用户推荐附近的餐厅、电影票、酒店等优惠商品，并提供消费红包和会员积分等优惠服务，吸引了很多用户。

3. 头条精准营销

头条通过用户的兴趣爱好和浏览行为，向用户推荐与其相关的新闻、视频、广告等内容，并通过种子用户的引导，扩大了影响范围。

4. 优衣库精准营销

优衣库通过线上和线下的销售数据，分析用户的购物习惯和偏好，然后推出个性化的商品和服务，提高了用户的满意度和忠诚度。

5. 马蜂窝精准营销

马蜂窝通过用户的旅游计划、出行预算、目的地偏好等数据，向用户推荐最适合的旅游产品和服务。

资料来源：根据网络资料整理。

第四节　网络营销伦理

一、网络营销伦理提出的背景

随着互联网、移动互联网技术的普及和发展，越来越多的企业和机构开始运用网络营销的方式来推广产品和服务。但是，网络营销活动也带来了一系列的问题和挑战，如虚假信息、网络欺诈、网络安全、信息泄露等，这些问题不仅影响了企业的声誉和形象，也给消费者带来了不良影响。因此，网络营销伦理作为一种倡导正确行为方式的理论框架被提出，旨在规范网络营销行为，保护消费者的合法权益。此外，随着社会的进步，人们的道德素质和审美观念也发生了变化，网络营销伦理的提出也与社会对商业道德的要求和期待息息相关。

在商业活动中坚持道德和伦理原则有助于建立品牌信誉和维护消费者权益，有助于企业长期稳定发展。网络营销伦理的提出也在一定程度上推动了网络营销规范化和标准化的发展。因此，我们需要从伦理的角度出发，制定相应的规范和准则，保障网络营销活动的公平、公正和诚信，促进网络营销行业的健康发展。

网络营销伦理是指在网络营销活动中，营销人员在推广产品或服务时应该遵循的道德规范和原则。网络营销伦理关注的重点是网络营销活动的真实性、诚信性和合法性，以保证消费者利益的最大化。在网络营销活动中，需要遵循诚实守信、公平竞争、保护隐私、尊重知识产权等伦理原则。网络营销伦理的实践有助于提升企业品牌形象，促进消费者信任和忠诚度的提升。

二、网络营销伦理问题的表现

网络营销伦理问题的表现有很多方面，以下是一些常见的表现形式：

1. 虚假宣传问题

通过夸大宣传内容、虚构用户体验等手段进行欺骗。

2. 隐私泄露问题

未经用户同意将用户信息出卖、转让或泄漏给第三方，或者未能有效保护用户个人信息。

3. 欺诈行为问题

利用网络特性进行诈骗或其他欺诈行为。

4. 伪造评论问题

通过冒充用户或者雇佣"水军"进行虚假评论，误导其他用户。

5. 网络暴力问题

在网络上进行不当言论、威胁、侮辱等行为，对其他用户造成伤害。

6. 侵犯知识产权问题

未经授权使用他人的商标、专利、著作权等知识产权，侵犯他人合法权益。

7. 不当竞争行为问题

通过掠夺用户、过度炒作等手段进行不正当竞争。

8. 滥用客户跟踪和信息记录技术

一些企业在网络上滥用客户跟踪和信息记录技术，如滥用技术手段跟踪消费者的网上行为，以推销自己的产品或服务，这种行为会侵犯消费者的隐私权。

9. 单方面随意或频繁变更交易条件

一些企业在网络上单方面随意或频繁变更交易条件，如降低产品或服务的质量、价格等，以获取更多的交易，这种行为会损害其他用户的利益。

10. 不分对象地发布或传播受限制的信息

涉及暴力、色情、迷信和违反通常道德法则的信息一旦被缺乏鉴别能力的未成年人阅读，会对他们的身心造成损害。富有赌博色彩可以使人上瘾的网络游戏也应该避免未成年人涉足。但是，部分企业却在网络营销活动中无视这一道德原则，如有些网站为获得广告收入或为自己的网站带来流量，在自己的站点上放置成人网站或赌博网站的广告。

总之，网络营销伦理问题的表现形式多种多样，企业在进行网络营销活动时，需要遵守相应的伦理规范，保障消费者的利益，促进网络营销行业的健康发展。

> **小案例**
>
> **中消协发布"2018年十大消费维权舆情热点",网络营销伦理问题占八成**
>
> 2019年1月10日,中国消费者协会(简称"中消协")联合人民网舆情数据中心共同发布"2018年十大消费维权舆情热点",其中排名前八的消费维权舆情热点都是违反网络营销伦理产生的问题。顺风车安全问题、个人信息保护缺失、大数据杀熟普遍居前三,社会影响力均超过70。
>
> 消费维权舆情热点包括:顺风车安全问题(社会影响力:85.25);个人信息保护缺失(社会影响力:74.04);大数据杀熟普遍(社会影响力:73.31);共享出行押金难退(社会影响力:66.08);网购平台售假问题(社会影响力:66.06);预付式消费现"套路贷"(社会影响力:62.27);移动支付安全漏洞(社会影响力:59.36);销售广告诚信问题(社会影响力:58.35)
>
> 资料来源:中国消费者协会官网,《2018年十大消费维权舆情热点》,略有编辑整理。

三、网络营销伦理问题的规范

网络营销的行为涉及信息的传递、推销和消费者信任的建立,因此引发了对于网络营销伦理的探讨和关注。

网络营销伦理问题的规范可以从以下几个方面着手:

1. 加强监管,制定相应的法律法规和伦理准则

政府和相关机构需要制定相应的法律法规和伦理准则,规范网络营销行为,保障消费者的利益,促进网络营销行业的健康发展。

2. 加强网络营销伦理教育和宣传

企业和个人需要加强网络营销伦理教育和宣传,提高对网络营销伦理问题的认识和重视程度,增强伦理意识和责任感。加强公共宣传和舆论监督力量,鼓励消费者积极维护自身的权益,引导舆论监督企业网络营销活动。

3. 建立自律机制,推行网络营销诚信认证制度

网络营销从业者应自觉遵守伦理道德规范,建立行业自律机制,加强自身的伦理意识,维护和规范自身的行为。倡导诚信经营,企业应该树立诚信经营的理念,恪守

商业道德，增强消费者信任感，提高企业声誉度。推行网络营销诚信认证制度，对那些遵守伦理规范、诚信经营的企业和个人进行认证，提高其信誉度和公信力。

4. 利用技术手段，加强网络营销伦理监管

政府和相关机构需要加强对网络营销行为的监管，应用人工智能、大数据等技术手段，对网络营销进行监测，提高网络营销的透明度和可靠性，保护消费者的利益。打击网络营销伦理违规行为，及时发现和纠正不当行为，维护市场秩序和公平竞争。

5. 强化企业责任，推广网络营销伦理实践

企业和个人需要积极推广网络营销伦理实践，如开展伦理审计、发布伦理报告等，促进行业自律和规范。

总之，网络营销伦理问题的规范需要政府、从业者、消费者以及整个社会共同努力，加强网络营销伦理教育和宣传，推行诚信认证制度，加强伦理监管和实践，促进网络营销行业的健康发展。

本章小结

网络营销的产生可以追溯到20世纪90年代，当时互联网技术和网络营销刚刚开始发展。随着互联网的普及和信息技术的不断发展，网络营销逐渐成为一种重要的营销手段，并在20世纪末至21世纪初进入快速发展期。网络营销是基于互联网及社会关系网络连接企业、用户及公众，向用户及公众传递有价值的信息和服务，为实现顾客价值及企业营销目标所进行的规划、实施及运营管理活动。

网络营销的特点包括：跨时空与交互性，富媒体与个性化，拟人化与成长性，经济性与高效性，技术性与整合性。网络营销的功能主要包括信息发布功能、商情调查功能、品牌价值扩展和延伸功能、顾客关系和顾客服务功能、网站推广功能、销售渠道开拓和销售促进功能等。网络营销的内容主要包含网上市场调查与分析，网上消费者行为分析，网络营销战略制定，网上产品和服务策略制定，网上价格策略制定，网上促销策略制定，网上营销渠道建立，网络营销管理与控制等八个方面。网络营销的一般流程主要包括以下几个步骤：目标市场分析，竞争对手分析，制定网络营销战略，设计网络营销策略方案，实施网络营销，效果评估和调整。

本章主要对网络营销的内涵、产生及发展、内容、一般流程等进行了相关论述。介绍了网络营销的理论基础和技术基础，探讨了网络营销伦理问题。通过梳理国内外网络营销的发展历程，帮助学生把握学科前沿发展动态，彰显中国网络营销成就，坚定文化自信。通过介绍网络营销伦理问题的表现与规范，倡导企业自觉遵守伦理道德规范，树立诚信经营的理念。

习　题

一、单选题

1. （　　）更适合在网络上销售。
   A. 实体产品　　　　　　　　　　　B. 虚拟产品
   C. 价格高的产品　　　　　　　　　D. 体积大的产品

2. 病毒式营销迎合了网上消费者的（　　）特征。
   A. 喜好新鲜事物　　　　　　　　　B. 追求个性
   C. 理性　　　　　　　　　　　　　D. 好胜

3. 以下不属于网络营销内容的是（　　）。
   A. 在问卷星发放手机用户偏好调查问卷
   B. 黑龙江省政府在京东金融上的"寒地黑土五谷杂粮众筹"项目
   C. Dell 的网上直销
   D. 京东的 618 年中购物节
   E. 茵曼全球云端发布会

4. 以下不属于关系营销的特征是（　　）
   A. 合作　　　　　　　　　　　　　B. 双赢
   C. 亲密　　　　　　　　　　　　　D. 控制
   E. 单向沟通

5. 《第一次中国互联网络发展状况统计报告》发布于（　　）。
   A. 1994 年　　　　　　　　　　　 B. 1995 年
   C. 1996 年　　　　　　　　　　　 D. 1997 年

6. 我国正式接入因特网的时间（　　）
   A. 1994 年　　　　　　　　　　　 B. 1995 年
   C. 1996 年　　　　　　　　　　　 D. 1997 年

7. 网上市场调查与分析是网络营销中的一个重要环节，以下不属于网上市场调查与分析环节的是（　　）
   A. 数据分析　　　　　　　　　　　B. 市场调查
   C. 竞品分析　　　　　　　　　　　D. 网上渠道建立

8. 以下属于长尾产品的是（　　）
   A. 小众书籍　　　　　　　　　　　B. 时尚女装
   C. 电视　　　　　　　　　　　　　D. 手机

9. 2019 年 4 月 24 日《复仇者联盟 4》上映，腾讯手机管家推出绿巨人"巨人之怒，粉碎木马病毒"平面广告。这是采用（　　）策略。
   A. 顺势营销　　　　　　　　　　　B. 借势营销
   C. 造势营销　　　　　　　　　　　D. 逆势营销

10. 在QQ群里，（　　）式营销方式实质上是QQ群的病毒式营销。
A. QQ表情　　　　　　　　　　　　B. 助人为乐
C. 转发　　　　　　　　　　　　　　D. 揭秘

二、多选题

1. 以下属于网络营销特点的有（　　）。
A. 经济性与高效性　　　　　　　　　B. 技术性与整合性
C. 拟人化与成长性　　　　　　　　　D. 富媒体与个性化
E. 跨时空与交互性

2. 网络营销的内容包括（　　）。
A. 网上市场调查与分析　　　　　　　B. 网上消费者行为分析
C. 网络营销战略制定　　　　　　　　D. 网络营销管理与控制

3. 整合营销之"整合"的形态有（　　）。
A. 企业营销过程　　　　　　　　　　B. 企业营销方式
C. 企业营销管理　　　　　　　　　　D. 商流
E. 物流　　　　　　　　　　　　　　F. 信息流

4. 网络营销伦理问题的表现形式有（　　）。
A. 虚假宣传　　　　　　　　　　　　B. 隐私泄露
C. 滥用客户跟踪和信息记录技术　　　D. 付费推广
E. 伪造评论

5. 网络营销的功能主要包括（　　）。
A. 信息发布　　　　　　　　　　　　B. 商情调查
C. 品牌价值扩展和延伸　　　　　　　D. 顾客关系和顾客服务
E. 网站推广　　　　　　　　　　　　F. 销售渠道开拓和销售促进

三、判断题

1. 软营销是一种"硬性推销"的方式，忽略了消费者的感受和体验。（　　）

2. 病毒式营销的传播过程通常是呈S形曲线的，即在开始时很慢，当其显著扩大时速度加快，而接近最大饱和点时又慢下来。（　　）

3. 直复营销中的"直"即"direct"，"直接"的意思，是指不通过中间分销渠道而直接通过媒体连接企业和消费者。（　　）

4. 网络营销就是网上销售。（　　）

5. 长尾理论是一种关于互联网市场的新理论，它告诉我们，需求量小但是种类繁多的产品也可以有很大的市场。（　　）

四、简答题

1. 简述网络营销的定义。
2. 网络营销会取代传统营销吗？简单说说你的理由。
3. 简述网络营销的一般流程。

4. 简述网络营销的产生和发展背景。
5. 整合营销的特征有哪些?

五、论述题

随着互联网、移动互联网技术的普及和发展,越来越多的企业和机构开始运用网络营销的方式来推广产品和服务。但是,网络营销活动也带来了一系列的问题和挑战。请论述如何规范网络营销伦理问题。

六、案例分析

百度推广整合营销

目前百度推广已经是互联网市场整合营销中的主流渠道。百度推广遵循整合营销基本准则,利用最优质、最个性化的百度推广产品组合,做到多方位整合营销。主要的整合营销模式为:一是网盟推广＋搜索推广,网盟推广侧重点在于品牌与活动展现曝光,而搜索推广则可以进一步精准用户,提升转化效果,两者结合,相得益彰;二是品牌流量＋行业流量,品牌流量专区有品牌起跑线、品牌华表、品牌阿凡达、品牌专区等,行业流量专区有百度健康、百度生活、百度教育等,这些有助于提高展现样式丰富程度,加深用户对产品的影响,形成"1＋1＞2"的组合营销效果;三是普通创意＋闪投推广,创意直接影响到用户点击行为,提高点击量的策略便是丰富创意样式,百度搜索推出推广多种创意样式;四是PC端＋移动端,百度推广发展的侧重点偏向移动端,移动端推广的侧重点则是移动搜索推广与移动网盟推广,实现PC端与移动端相互结合。

试分析百度推广整合营销的优势和不足。

第二章
Chapter 2

网络营销环境及网络市场发展

主要知识结构图

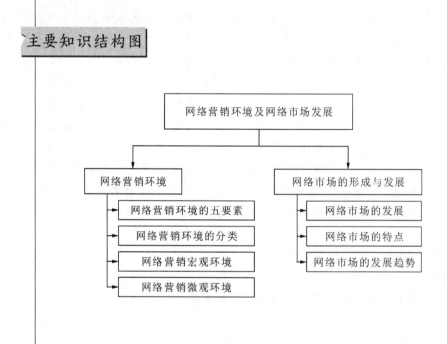

教学目标

- 帮助学生掌握网络营销的宏微观环境及其主要内容。
- 帮助学生理解不同环境因素对企业网络营销产生的影响。
- 帮助学生了解网络市场发展演变历程,并理解网络市场的特点。
- 帮助学生掌握网络市场前沿发展趋势,引导学生树立正确的网络营销价值观,培养良好的职业道德素质。
- 培养学生对网络营销环境变化的分析判断能力,能总体规划企业面对网络营销环境所产生影响的应变对策。

> **开篇案例**

5大头部主播被点名，监管部门重拳出击

网络时代，直播带货如火如荼，但是直播带货领域所存在的各种乱象一直引发社会广泛关注。

4月24日，北京阳光消费大数据研究院等众多机构联合发布《直播带货消费维权舆情分析报告》，对14位主播直播带货消费维权数据进行分析，其中：疯狂小杨哥、李佳琦、刘畊宏、罗永浩、辛巴这5位头部主播的相关维权数据占到本次采集主播舆情的90.97%。这次被公开点名的5位主播，都是在各个平台拥有数千万乃至过亿粉丝的"头部主播"。但是他们身上存在的问题，似乎也可以称得上是"头部"了。

根据《直播带货消费维权舆情分析报告》分析显示：过去一年，直播带货消费维权主要存在的问题包括产品质量、虚假宣传、不文明带货、价格误导、发货、退换货、销售违禁商品以及诱导场外交易等八个方面。其中，产品质量仍是主要问题，占比近五成，达到45.75%，虚假宣传问题也比较严重，占到37.82%。具体到五位被点名的主播，舆情反映的问题主要涉及虚假宣传、产品质量和价格误导，占到总体舆情的90%以上。此外，不同主播反映的具体问题也存在一定差异。其中，疯狂小杨哥和李佳琦的虚假宣传舆情相对突出，刘畊宏、罗永浩和辛巴的产品质量舆情则更突出。其中，疯狂小杨哥、李佳琦和刘畊宏三位主播的直播带货消费维权舆情分别为29.27%、28.49%、15.01%，占到总数的七成多，这说明头部主播的维权舆情与其带货销售量和个人影响力基本保持一致。

此外，报告还对比10家不同平台的直播带货消费维权舆情数据，分析发现：新兴短视频平台带货消费维权舆情占比超八成，这说明新兴短视频平台的消费维权问题明显多于传统的综合电商平台。

除了报告中提到的虚假宣传、价格误导等问题外，还有一些主播为突出自己产品的特点对同类产品进行诋毁，这样的行为甚至会触犯法律。近日，拥有千万级粉丝的"网红"雪梨在为某品牌拉拉裤带货时，因"好奇就是不好"的言论，被好奇纸尿裤品牌诉至法庭。法院在审理后认为："不好"一词显然属于负面评价，故该言论系对竞争产品做出误导性评论，构成商业诋毁，判决被告刊登声明，消除影响，并赔偿原告损失及合理费用共计20万元。

参与《直播带货消费维权舆情分析报告》调研的对外经济贸易大学法学院教授、消费者保护法研究中心主任苏号朋表示，直播带货中存在的虚假宣传问题、产品质量问题，不仅存在于头部主播身上，在整个的直播电商领域都是普遍存在的问题。要解决这些问题，首先平台要依法承担起相应的责任

和义务，对带货主播以及销售的商品要加强审核，销售的产品质量必须符合国家相关标准。平台如果发现主播在销售过程中有损害消费者权益的行为，要第一时间制止。苏号朋还表示，带货主播也不能仅仅只有口才好，要主动提升法律意识和专业素养，搭建商家与消费者之间的桥梁，不辜负用户的信任。同时，消费者也要不断提高自我保护意识，不要盲目迷信"网红主播"，遇到问题要依法维护自己的合法权益。只有通过社会各方共治的方式，才能推动直播电商行业健康发展。

2023年，中央网信办继续组织开展"清朗"系列专项行动。专项行动将聚焦整治"自媒体"乱象，打击网络水军操纵信息内容，规范重点流量环节网络传播秩序，优化营商网络环境、保护企业合法权益，整治生活服务类平台信息内容乱象，整治短视频信息内容导向不良问题，整治暑期未成年人网络环境，整治网络戾气，整治春节网络环境等9个方面重点问题，努力推动形成良好网络生态。

资料来源：《头部主播被集体"点名" 直播带货乱象何时休？》，看看新闻Knews，2023-04-25，略有编辑整理。

第一节　网络营销环境

互联网已经成为面向大众的普及性网络，其无所不包的数据和信息，为上网者提供了便利的信息搜集途径。同时，上网者既是信息的消费者，也可能是信息的提供者。信息和用户使互联网成为市场营销者的新资源。网上的市场营销活动也从产品宣传及信息服务扩展到市场营销的全过程。

网络营销环境是指对企业的网络营销活动及其目标实现产生影响的各种因素的集合。营销环境是一个综合的概念，由多方面的因素组成。社会的发展，特别是网络技术在营销中的运用，使得环境更加变化多端。虽然对营销主体而言，环境及环境因素是不可控制的，但它也有一定的规律性，营销人员可通过营销环境的分析对其发展趋势和变化进行预测和事先判断。企业的营销观念、消费者需求和购买行为，都是在一定的经济社会环境中形成并发生变化的。因此，分析网络营销环境是十分必要的。

一、网络营销环境的五要素

互联网自身构成了一个市场营销的整体环境，从环境构成上来讲，它具有以下五个方面的要素：

（一）提供资源

信息是市场营销过程的关键资源，是互联网的血液。互联网可以为企业提供各种信息，指导企业的网络营销活动。

（二）全面影响力

环境要与体系内的所有参与者发生作用，并非仅仅是个体之间的互相作用。每一个上网者都是互联网的一分子，他可以无限制地接触互联网的全部，同时在这一过程中要受到互联网的影响。

（三）动态变化

整体环境在不断变化中发挥其作用和影响，不断更新和变化正是互联网的优势所在。

（四）多因素互相作用

整体环境是由互相联系的多种因素有机组合而成的，涉及企业活动的各因素在互联网上通过网址来实现。

（五）反应机制

环境可以对其主体产生影响，同时，主体的行为也会改造环境。互联网已经不只是传统意义上的电子商务工具，而是独立成为新的市场营销环境，而且它以范围广、可视性强、公平性好、交互性强、能动性强、灵敏度高、易运作等优势给企业市场营销带来了新的发展机遇与挑战。

二、网络营销环境的分类

根据营销环境对企业网络营销活动影响的直接程度，网络营销环境可以分为网络营销宏观环境与网络营销微观环境两部分。

（一）网络营销宏观环境

网络营销宏观环境是指对企业网络营销活动影响较为间接的各种因素的总称，主要包括政治法律、人口、经济、社会文化、科学技术、自然地理等环境因素，如图 2-1 所示。

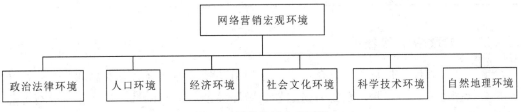

图 2-1　网络营销宏观环境

(二)网络营销微观环境

网络营销微观环境是指与企业网络营销活动联系较为密切、作用比较直接的各种因素的总称,主要包括企业内部条件、供应商、营销中介、顾客、竞争者以及网络公众等,如图2-2所示。不同行业企业的微观营销环境是不同的,微观环境中所有的因素都要受宏观环境中各种力量的影响。

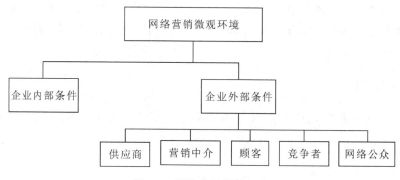

图2-2 网络营销微观环境

三、网络营销宏观环境

网络营销宏观环境是指一个国家或地区的政治法律、人口、经济、社会文化、科学技术、自然地理等影响企业进行网络营销活动的宏观条件。宏观环境对企业短期的利益可能影响不大,但对企业长期的发展具有很大的影响。所以,企业一定要重视宏观环境的分析研究。网络营销宏观环境内容也会在"第三章第二节 影响网络消费者购买行为的因素"这一部分详细论述。网络营销宏观环境构成要素如表2-1所示。

表2-1 网络营销宏观环境构成要素一览表

网络营销宏观环境	构成要素
政治法律环境	互联网政策、法律及法规等
人口环境	网民规模、网民分布、网民结构等
经济环境	宏观经济环境(国民收入、国民生产总值等),微观经济环境(消费者的收入水平、消费偏好、储蓄情况、就业程度等)
社会文化环境	教育水平、价值观念、风俗习惯、语言文字、宗教信仰等
科学技术环境	互联网新技术、新发明等
自然地理环境	城镇及农村互联网普及率等

(一)政治法律环境

政治法律环境是强制和约束企业市场营销活动的各种社会力量的总和。政治法律环境包括国家的政治体制、政治的稳定性、国际关系和法制体系、与企业所处行业相关的国家和地区的政策、法律法规等内容。

网络营销作为一种新兴的商业活动形式，必须遵循统一的规则，才能顺利开展。各国的社会制度、政治、法律、经济、文化状况千差万别，因此各国之间的合作、协调极为重要。网络营销企业必须懂得本国和有关国家的法律和法规，把握环境政策中的有利影响和政策利好，才能做好国内和国际网络营销管理的工作。

2-1 报告：2020—2021 年度中国电子商务法律报告

我国政治稳定，政府明确支持发展电子商务等新经济业态，国家领导人在国际论坛、政府工作报告等多个场景均明确表示要支持信息技术、电子商务的发展。从 20 世纪 90 年代初我国政府实施"金字"工程，到 21 世纪初鼓励"大众创业、万众创新"，再到"互联网＋"行动计划的提出，无不表明政府对新业态的重视。政府还出台了一系列配套的扶持政策，这为我国企业开展网络营销活动创造了契机，指明了方向。

但必须注意到，我国虽已成为全球网络营销第一大市场，但立法滞后和监管不力等问题使网络营销发展也面临诸多难题。在网络营销中涉及的法律问题主要有侵犯隐私、域名抢注、电子签名认证失败，以及黑客侵犯等。网络营销环境中，政府和监管机构需要更加重视网络监管，以确保网络市场的公平竞争和消费者的合法权益。同时，随着网络数据的普及和使用，数据隐私保护成为网络营销环境中一个重要的问题。相关的法律法规和规章制度需要更加完善和细化，以保护消费者的隐私和数据安全。

（二）人口环境

网络营销宏观环境中，人口要素包含人口规模、人口分布及人口结构。网民是企业网络营销活动的直接和最终对象。网民人数及其增长速度决定了网络市场的规模；网民结构决定或影响着网络营销产品的需求结构；网民组成的家庭、家庭类型及其变化，对消费品网络市场有明显的影响。第七次全国人口普查主要数据见表 2-2。

表 2-2　第七次全国人口普查主要数据（2021 年 5 月 11 日）

人口总量	普查人口总数为 141178 万人，与 2010 年第六次全国人口普查时相比增长了 5.38%，年平均增长率为 0.53%，增速有所放缓
年龄结构	0—14 岁人口为 25338 万人，占 17.95%；15—59 岁人口为 89438 万人，占 63.35%；60 岁及以上人口为 26402 万人，占 18.70%（其中，65 岁及以上人口为 19064 万人，占 13.50%）。0—14 岁、15—59 岁、60 岁及以上人口的比重分别比 2010 年上升 1.35 个百分点、下降 6.79 个百分点、上升 5.44 个百分点
户别人口	全国共有家庭户 49416 万户，家庭户人口为 129281 万人，平均每个家庭户的人口为 2.62 人，比 2010 年人口普查的 3.10 人减少 0.48 人
性别结构	男性人口占 51.24%，女性人口占 48.76%。总人口性别比与 2010 年基本持平，略有降低。新出生人口性别比明显下降，人口性别结构持续改善
人口素质	具有大学文化程度的人口为 21836 万人，文盲率由 4.08% 下降为 2.67%

续表

城乡结构	居住在城镇的人口占63.89%，比2010年上升了14.21个百分点，新型城镇化进程稳步推进，城镇化建设取得了历史性成就
地区分布	东部地区人口占39.93%，中部地区占25.83%，西部地区占27.12%，东北地区占6.98%

资料来源：国家统计局第七次全国人口普查公报。

根据中国互联网络信息中心（CNNIC）发布的第51次《中国互联网络发展状况统计报告》，截至2022年12月，我国网民规模为10.67亿，较2021年12月新增网民3549万，互联网普及率达75.6%，较2021年12月提升提升了2.6个百分点。网民人口基数非常大。我国手机网民规模为10.65亿，网民中使用手机上网的比例为99.8%。越来越多的消费者是通过移动端来使用互联网。从性别来看，我国网民男女比例为51.4∶48.6，与整体人口中男女比例基本一致。从年龄来看，20—29岁、30—39岁、40—49岁网民占比分别为14.2%、19.6%和16.7%；50岁及以上网民群体占比由2021年12月的26.8%提升至30.8%，互联网进一步向中老年群体渗透。

2-2 报告：第51次中国互联网络发展状况统计报告

（三）经济环境

经济环境主要包括宏观经济环境和微观经济环境两个方面的内容。宏观经济环境主要指一个国家的国民收入、国民生产总值及其变化情况和通过这些指标能够反映的国民经济发展水平和发展速度。微观经济环境主要指企业所在地区或所服务地区的消费者的收入水平、消费偏好、储蓄情况、就业程度等因素。这些因素直接决定着企业目前及未来的市场规模，因此，企业应当密切关注经济环境的变化带来的市场机会和环境威胁。

国家统计局2023年2月28日发布的《2022年国民经济和社会发展统计公报》显示，2022年，我国GDP达121万亿元，这是继2020年、2021年连续突破100万亿元、110万亿元之后，再次跃上新台阶（见图2-3）。按年平均汇率折算，我国经济总量达18万亿美元，稳居世界第二位。人均GDP为85698元，按年平均汇率折算达12741美元，继续保持在1.2万美元以上。经济实力、综合国力和人民生活水平持续提升，这是一份来之不易的成绩单。2022年，我国经济社会发展遭遇国内外多重超预期因素冲击，风险挑战前所未有。国家统计局表示，面对困难局面，党中央、国务院果断决策，及时出台稳经济一揽子政策和接续措施，各地区各部门更好统筹疫情防控和经济社会发展，积极财政政策提升效能，稳健货币政策灵活适度，一系列经济指标反映我国农业基础地位进一步夯实，工业"压舱石"作用凸显，能源保供成效明显，发展韧性持续彰显。

2-3 新闻：2022年国民经济和社会发展统计公报

党的二十大报告将"坚持以人民为中心的发展思想"明确为前进道路上必须牢牢把握的五条重大原则之一。"2022年，疫情对居民就业、收入和生活冲击较大，教育、医疗等领域群众急难愁盼问题增多，基本民生保障压力明显加大。"各地区各部门聚焦人民群众关切，千方百计增加居民收入，持续提高教育质量，强化社会保障兜底功能，民生事业发展取得新进展。2022年，全国城镇新增就业1206万人，超额完成1100万人的年度目标任务；全国居民消费价格指数（CPI）月度涨幅始终低于3%，全年上涨2%；全国居民人均可支配收入比上年实际增长2.9%，与经济增长基本同步。

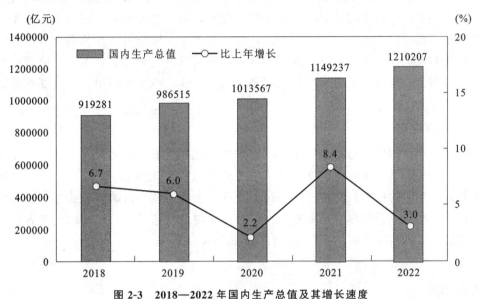

图 2-3　2018—2022年国内生产总值及其增长速度

（数据来源：《2022年国民经济和社会发展统计公报发布：去年我国GDP达121万亿元，再跃新台阶》，《青年报》，2023-03-01（A03）。）

（四）社会文化环境

社会文化环境包括一个国家或地区的教育水平、价值观念、风俗习惯、语言文字、宗教信仰等。社会文化通过影响消费者的思想和行为来影响企业的市场营销活动，因此，企业在开展网络营销活动时，必须重视对社会文化的研究，并做出适宜的网络营销决策。

1. 教育水平

统计资料显示：我国绝大多数网民的学历为高中及以下，大专及以上学历占比20%，说明中国网民中具备中等教育程度的群体规模最大，而且中国网民向低学历人群扩散的趋势继续发展。一般而言，消费者受教育程度高意味着其容易接受新事物，对信息接收渠道的新颖性也容易适应。

2. 价值观念

价值观念指的是人们对社会生活中的各种事物的态度和看法。网络技术为人们创造了崭新的、反传统的数字化虚拟空间，同时也为人类营造了一个"虚拟社会"。在这个虚拟社会里，没有权威、没有世俗约束，为人们的个性张扬提供了场所，创造了机会。在这个虚拟社会里，人们的思想交汇、观念交融、价值嬗变和行为改变，形成了一种独具特色的网络文化。

3. 风俗习惯

风俗习惯是人们在一定的社会物质生产条件下长期形成，并世代相传的约束人们思想和行为的规范。它在饮食、服饰、居住、婚葬、信仰、节日等方面，都表现出独特的心理特征、伦理道德、行为方式和生活习惯。不同的国家、不同的民族有不同的风俗习惯，它对消费者的消费喜好、消费模式、消费行为等有着重要的影响。例如，中国人把每年农历腊月的最后一个晚上称为除夕，除夕自古就有通宵不眠、守岁、贴门神、贴春联、贴年画、挂灯笼等习俗，并流传至今。风俗习惯是长期形成的，因此它具有相对稳定性，网络营销人员应了解和重视风俗习惯对目标顾客群体消费行为的影响，一方面，要尊重消费者的风俗习惯；另一方面，也要积极引导、改变落后的风俗习惯。

4. 语言文字

语言被称为"文化的镜子"，作为人们日常交流的工具，它是文化的核心组成部分之一。网络语言是网络营销手段触达网络消费者的核心载体之一。每年产生的网络流行语都是该年度的缩影，反映了网民的关注点和生活态度。营销企业要想抓住网络消费者的关注度，就必须善于运用网络流行语开展网络营销活动，与网络消费者产生情感共鸣，比如网络广告的文案设计、自媒体的互动，等等。

> 微阅读

2022年度"十大网络流行语"发布

12月8日，由《语言文字周报》主办的2022年"十大网络流行语"公布结果。这些流行词来源广泛，有的来自地区方言，有的源于特定时期，也有的一度应用于各类生活场景，帮助人们更多地表达情感、理解生活，从不同角度构建起2022年大众的互联网记忆。

"十大网络流行语"分别是"栓Q""PUA（CPU/KTV/PPT/ICU）""冤种（大冤种）""小镇做题家""团长/团""退！退！退！""嘴替""一种很新的××""服了你个老六""××刺客"。

当代生活，网络与现实生活联系愈发紧密。网络流行语已成为人类社会普遍的交往形式之一，更是当代青年重要的生存空间和精神庇护所。大众在互联网的公共言论空间对社会环境和社会价值"发声"，是在宣泄特定的社会情绪，或表达对当下处境的群体感受，或寻求深层次的情感共鸣与认同。无论

2-4 新闻：2022年度"十大网络流行语"发布

流行语在时代长河里是昙花一现或是历久弥新,都代表了一段时期的语言生活缩影,值得我们去关注、记录和理解。

资料来源:《2022 年度"十大网络流行语"新鲜出炉》,光明网,2022-12-17,略有编辑整理。

5. 宗教信仰

宗教信仰是反映人们对客观世界认识的一种社会意识形态。不同的宗教有不同的教规和戒律,影响人们的价值观念和行为准则,进而影响着人们的消费行为。了解和尊重消费者的宗教信仰,对企业营销活动具有重要意义。因此,企业在开展网络营销活动尤其是国际市场网络营销时,应充分了解不同地区、不同民族、不同消费者的宗教信仰,制定适合其特点的营销策略。

(五)科学技术环境

科学技术环境是指与本行业有关的科学技术的水平和发展趋势。科学技术是影响企业营销活动各因素中最直接、力度最大、变化最快的因素。技术的进步改变了网络用户的结构,同时也扩展了网络营销的范畴,宽带技术的发展使视频点播、多媒体网络教学成为可能,无线上网技术的发展吸引了更多的人移动办公、移动炒股、移动购物,在给消费者提供更多便利的同时也给企业带来了更多的机会。

网络营销与传统营销在技术手段上有很大的不同。网络营销可以利用互联网、移动互联网、社交媒体等先进技术手段,实现更多元化的营销形式,如搜索引擎优化(SEO)、搜索引擎广告(SEM)、社交媒体广告等。同时,网络营销还可以通过数据分析、用户画像等技术手段,了解消费者的需求和偏好,实现个性化推荐和精准营销。

在互联网这种开放的、不设防的、复杂的信息交互环境中,第三方认证机构为信息交互双方承担了网上信息安全的部分责任,对交易双方起到规避风险的作用。而电子支付的发展,疏通了电子商务交易过程的资金流,打通了电子商务发展的支付瓶颈,能提高经济贸易资金的流转效率,给政府货币政策提供更大的空间。根据中国互联网络信息中心(CNNIC)发布的第 51 次《中国互联网络发展状况统计报告》,截至 2022 年 12 月,我国网络支付用户规模达 9.11 亿,较 2021 年 12 月增长 781 万,占网民整体的 85.4%。

(六)自然地理环境

自然地理环境是指一个国家或地区的客观环境因素,主要包括自然资源、气候、地形地质、地理位置等。网络消费者处在同一个虚拟商务环境中,网络营销行为虽然主要发生在线上,但现实中的网络消费者却是分布于不同地区。一般来说,经济发达与交通便利的地区,网络消费比例较大,互联网发展水平较高。经济欠发达地区或边远地区,网络消费虽然有一定的规模,但还有待进一步发展。

四、网络营销微观环境

微观环境由企业及其周围的活动者组成，直接影响着企业为顾客服务的能力。它包括企业内部环境、供应商、营销中介、顾客、竞争者以及网络公众等因素。

（一）企业内部环境

企业内部环境包括财务、研究与开发、采购、生产、销售等各部门的关系及协调合作。在网络经济条件下，企业为了达到降低成本、发挥优势、增强应变性的目的，会对企业的组织结构和业务进行重组或再造。目前，越来越多的企业委派专职的营销副总裁或副总经理或营销总监具体管理企业网络营销工作，全权负责协调和处理企业内部营销部门与其他部门的关系。还有一部分实力雄厚的大企业设立独立的营销公司，全面负责本企业的传统营销及网络营销活动。一个企业如果能协调处理好营销部门与其他各职能部门的关系，就能为企业传统营销及网络营销活动的顺利开展奠定良好的基础。

（二）供应商

供应商是指向企业及其竞争者提供生产经营所需原料、部件、能源、资金等生产资源的公司或个人。企业与供应商之间既有合作又有竞争，这种关系既受宏观环境影响，又制约着企业的营销活动。供应商的供应能力包括供货的稳定性与及时性、供货的质量水平和价格水平。企业一定要注意与供应商处理好关系。供应商对企业的营销业务有实质性的影响。

在网络经济的条件下，为了适应网络营销的要求，企业与供应商的合作性比以前更强。互联网的应用，使企业和供应商之间共享信息，共同设计产品、合作解决技术难题等变得更加容易，也使企业和供应商之间更易建立起长久合作的关系。

（三）营销中介

营销中介是协调企业促销和分销其产品给最终购买者的公司或个人。网络营销中介包括网络服务提供商（ISP）、网络中间商（如网络批发商、网络零售商、经纪人和代理商）、第三方物流提供商、认证中心以及网上金融提供商等。相对于传统中间商，网络营销中介直接连接生产者和消费者，降低了企业和消费者的付出成本，还可以创造一定的利益价值。网络技术的发展可以降低中间商的交易费用，从而吸引更多的生产者利用网络营销中间商销售自己的产品，而生产者可以集中力量进行产品的开发研制和服务，突出自己的竞争优势，从而推动生产的进步，满足消费者日益复杂多样的需求。

由于网络技术的运用，给传统的经济体系带来巨大的冲击，流通领域的经济行为产生了分化和重构。生产者、批发商、零售商和网上销售商都可以建立自己的网站并营销商品，所以一部分商品不再按原来的产业和行业分工进行，也不再遵循传统的商品购进、储存、运销业务的流程运转。网上销售，一方面使企业间、行业间的分工模糊化，形成"产销合一""批零合一"的销售模式；另一方面，随着"凭订单采购"

"零库存运营""直接委托送货"等新业务方式的出现,服务与网络销售的各种中介机构也应运而生。

(四)顾客

企业网络营销的最终对象是网络消费者,全体网民构成整个网络营销市场的消费者。网络技术的发展极大地消除了企业与顾客之间的地理位置的限制,创造了一个让双方更容易接近和交流信息的机制。互联网真正实现了经济全球化、市场一体化。它不仅给企业提供了广阔的市场营销空间,同时也增强了消费者选择商品的广泛性和可比性。顾客可以通过网络,得到更多的需求信息,使他的购买行为更加理性化。

按照购买者的类型不同进行划分,网络顾客分为网上消费者市场、网上生产者市场和网上政府市场三类。网上消费者市场是指为了个人消费而通过网络进行购买的个人和家庭所构成的市场。网上生产者市场是指为了生产并取得利润而通过网络进行购买的个人和企业所构成的市场。网上政府市场是指为了履行职责而通过网络进行购买的政府机构所构成的市场。三类网上市场都有各自的特点,网络营销人员需要对各个市场进行仔细的研究,根据企业的营销目标,针对不同的网上市场制订不同的网络营销计划。例如在网上消费者市场,随着年轻一代消费者的兴起,消费人群逐渐呈现多样化和个性化的趋势,这对企业的营销策略和品牌形象提出了更高的要求。传统营销主要依靠传统媒介,如电视、广播、报纸等,受众人群主要是根据地域、性别、年龄等特征来定位的。而网络营销则可以通过数据挖掘和个性化推荐等技术手段,将受众人群更加精准地定位,实现精准营销。比如,京东平台可以通过用户的浏览历史、购买记录等数据,推荐相关的产品或服务,提高营销效果,实现平台"千人千面"。网络消费者内容也会在"第三章第一节 网络消费者概述"这一部分详细论述。

(五)竞争者

竞争是商品经济活动的必然规律。在开展网上营销的过程中,不可避免地要遇到业务与自己相同或相近的竞争对手;研究对手,取长补短,是克敌制胜的好方法。在网络环境下,企业所要做的并非仅仅迎合目标客户的需要,还要通过有效的网络手段,为顾客提供更方便的查询、更低廉的价格、更安全的交易和支付、更快捷的配送、更良好的支持等服务,从而使企业的产品和竞争者的产品在消费者的心中形成明显的差异,以取得竞争优势。

在覆盖全球的网上虚拟市场中,竞争对手数量大大增加,而且有着更大的隐蔽性。同时,由于高新技术的应用行业边界日益模糊,竞争的面更宽,识别竞争者的难度加大。互联网的应用加速了经济全球化的进程,企业间竞争的国际化日益明显。互联网贸易不受时间、地域的限制,不论企业的大小、强弱,互联网为每个竞争者提供大量机会,同时也带来了竞争加剧的威胁。企业必须要正确识别竞争者,分析主要竞争对手的优势及劣势、营销战略及策略,在此基础上制定相应的对策,做出适当的反应。

在虚拟空间中研究竞争对手,虽可借鉴传统市场中的一些做法,但更应有自己的独特之处。可以利用全球最好的八大导航网查询竞争对手,这八大导航网是:yahoo、altavista、infoseek、excite、hotbot、webcrawler、lycos、planetsearch。例如,从企业网页研究竞争对手，可以关注其设计内容、设计细节、设计方式、开展业务的地理区域、网站响应速度。等等。定期监测对手的动态变化则是一个长期性的任务，要时时把握竞争对手的新动向，在竞争中保持主动地位。

（六）网络公众

网络公众是与网络企业有实际或潜在的利害关系或相互影响的个人或群体。网络营销企业所面对的网上公众就是网上一般公众、网上金融公众、网络媒体公众、内部公众和政府公众。要处理好同网络公众的关系，树立企业的良好形象，促进网络营销活动的顺利开展。

1. 网上一般公众

网上一般公众都是企业的潜在客户，企业需要关心网上一般公众对其网站、产品和服务的态度。

2. 网上金融公众

网上金融公众影响网上经营企业在线支付系统的建立与获得资金的能力，主要的网上金融公众包括网上银行、风险投资公司和股东等。

3. 网络媒体公众

媒体公众是指那些刊载和发布各类信息的机构，包括报纸、杂志、电台、电视台等传统媒体机构，也包括微博、微信、社交网站等新兴媒体机构。网络媒体公众主要包括文字型、音视频、社交类、问答类，以及电子报纸、电子杂志等。

4. 内部公众

内部公众包括企业的董事会、经理、员工等，企业往往用企业内联网给内部公众传递信息、鼓舞士气。当员工对自己的企业感觉良好时，他们的积极态度也会通过各种在线交流影响到外部网上公众。

5. 政府公众

政府负责管理网络企业的审批、网络链接、网络交易、网络安全、网络立法等，其有关机构即构成政府公众。企业的管理层必须关注政府对互联网络管理的相关动态。

第二节　网络市场的形成与发展

网络市场（internet market）也称虚拟市场（cyber market）、线上市场（online market），是利用现代化通信工具和互联网等技术手段，在消费者与企业之间、消费者与消费者之间、企业与企业之间、政府部门与服务对象之间形成的一个信息、商品、交流和服务的平台。网络市场的发展速度和体量已经成为衡量一个国家或地区经济发达程度的重要指标。

一、网络市场的发展

（一）网络市场演变的阶段

网络市场的形成可以追溯到互联网的发展初期。随着互联网技术的不断发展和普及，越来越多的企业开始将自己的业务转移到了网络平台上，这就催生了网络市场。从网络市场交易的方式和范围看，网络市场的演变经历了以下三个阶段：

1. 生产者内部网络市场阶段

20世纪60年代，西欧和北美一些大企业内部为缩短业务流程时间和降低交易成本，利用电子方式进行商务数据、表格等信息的交换，贸易伙伴间依靠计算机直接通信传递具有特定内容的商业文件，这就是电子数据交换（EDI）。

2. "在线浏览、离线交易"阶段

在这个阶段，企业在互联网上建立一个站点，将企业的产品信息发布在网上，供国内或全球的消费者浏览，或销售数字化产品，或通过网上产品信息的发布来推动实体化商品的销售。

3. "在线浏览、在线交易"阶段

第三阶段是信息化、数字化、电子化的网络市场，这是网络市场发展的高级阶段。网络不仅是信息发布的场所，也实现了在线交易。这一阶段的实现依赖于电子货币及电子货币支付系统的开发、应用、标准化及其安全性和可靠性的保证。

"在线浏览、在线交易"阶段的发展又可以细分为以下几个阶段：

（1）早期电子商务阶段（1995—2000年）

这一阶段的网络市场还非常原始，主要是以B2B（企业对企业）和B2C（企业对消费者）模式为主。商家主要通过电子邮件、网站和在线广告等方式进行营销。这个阶段的典型代表是亚马逊和eBay。

（2）多元化电子商务阶段（2000—2010年）

随着技术的不断进步和互联网用户的快速增长，网络市场开始呈现多元化的趋势。这个阶段的电子商务开始涉及更多的领域，如在线旅游、在线支付、在线教育等，例如，携程、支付宝等。

（3）移动互联网电子商务阶段（2010年至今）

随着移动设备的普及和移动互联网技术的成熟，网络市场开始向移动端延伸，出现了许多基于移动互联网的电子商务平台。这个阶段的代表是手淘、京东、拼多多等移动电商平台。

总的来说，网络市场的演变经历了从企业内部到企业外部，从离线交易到在线交易，从单一模式到多元化，再到移动化的发展阶段。随着技术的不断发展，网络市场将会继续不断演变和创新。

（二）网络市场的发展现状

根据中国互联网络信息中心（CNNIC）发布的第51次《中国互联网络发展状况统

计报告》，截至 2022 年 12 月，网络购物用户规模达 8.45 亿，占网民整体的 79.2%。固定宽带和移动网络平均下载速率在全球排名分别是第 3 位和第 8 位。优质的宽带网络促进各类移动 APP 应用快速普及，电子商务、移动支付快速发展，"互联网＋"在教育、医疗、养老等基本公共服务领域不断创新，促进了政府公共服务的系统化和高效化，真正实现让民众"最多跑一次"，让公共资源全民共享成为可能。

商务部 2023 年 4 月 27 日发布了《中国电子商务报告（2022）》，报告显示，2022 年全国电子商务交易额达 43.83 万亿元，同比增长 3.5%。全国网上零售额达 13.79 万亿元，同比增长 4.0%；农村网络零售额达 2.17 万亿元，同比增长 3.6%；跨境电商进出口总额达 2.11 万亿元，同比增长 9.8%，占进出口总额的 5.0%。电子商务服务业营收规模达 6.79 万亿元，同比增长 6.1%。根据《中国电子商务报告（2022）》，我国网络市场呈现出以下表现：

1. 模式业态持续迭代，创新商业场景

中国电子商务的模式和业态不断迭代，新的商业场景不断涌现。例如，从最初的 B2C（企业对消费者）模式到如今的 C2M（用户直连制造）模式，中国电商企业一直在追求更加个性化、高效的消费体验，不断打破传统模式的限制。电商直播间成为新型网络店铺，直播电商吸引更多商家将其作为营销引流的"标配"；短视频内容"种草"助力流量红利变现，形成"兴趣内容引导购买"的新电商消费模式。截至 2022 年 12 月，我国网络视频（含短视频）用户规模达 10.31 亿，较 2021 年 12 月增长 5586 万，占网民整体的 96.5%；其中，短视频用户规模达 10.12 亿，较 2021 年 12 月增长 7770 万，占网民整体的 94.8%。

我国的"新零售"模式，通过将线上和线下的渠道、供应链、物流等资源整合，实现了"O2O"（在线到线下）的闭环服务。同时，以拼多多为代表的"社交电商"模式，通过裂变式的社交营销和用户推荐，让消费者成为销售的参与者，从而实现了成本的降低和效率的提高。

2. 电子商务带动消费复苏，在线办公、在线旅游、互联网医疗市场发展迅猛

在疫情期间，电子商务平台为消费者提供了更加安全、便捷的购物方式，避免了人群聚集。同时为许多疫情期间无法营业的传统实体店提供销售渠道和技术支持，帮助他们应对疫情影响和经济下行的挑战。后疫情时代，电商平台继续发力，为餐饮、线下实体零售、医疗和旅游行业的经济复苏助力，在线办公、在线旅游、互联网医疗市场发展迅猛。

在线办公的便捷性使很多上班族在后疫情时期保留了这一工作习惯，市场需求的扩大推动了移动办公市场的高速发展。截至 2022 年 12 月，在线办公用户规模达 5.40 亿，较 2021 年 12 月增长 7078 万，占网民整体的 50.6%。

后疫情时代，消费者旅游的需求呈爆炸式增长，在线旅游应用程序的用户激增。截至 2022 年 12 月，我国在线旅行预订用户规模达 4.23 亿，较 2021 年 12 月增加 2561 万，占网民整体的 39.6%。

规范化水平持续提升，互联网医疗成为 2022 年用户规模增长最快的应用。互联网医疗用户规模达 3.63 亿，较 2021 年 12 月增长 6466 万，占网民整体的 34.0%。

3. 数字技术与传统产业深度融合,加速转型升级

中国的电子商务行业与传统产业的深度融合加速了传统产业的数字化转型升级,传统领域应用线上化进程加快。制造业领域,电商平台通过数字化技术的应用,为传统企业提供了数字化转型的解决方案,帮助企业更好地适应市场变化,其经营模式主要表现为 B2B、B2C、B2B2C、网络批发、B2G、B2R、B2S、电子交易等;零售业主要模式表现为 C2C、B2C、C2B、M2C、小额外贸、移动电商等;服务业主要模式为团购、O2O、B2C、OTA 等;金融业以金融产品为核心,主要模式为 P2P、网络支付、金融网销、银行电商、虚拟货币、电商金融等。

4. 农村电商畅通双向流通,促进乡村振兴

农村电商在中国的电子商务市场中占据了重要地位,为乡村经济发展提供了新的机遇。农村电商平台打破信息壁垒,帮助农村与城市实现了商品双向流通。电商平台消除了中间环节,使农产品可以以更低的价格销售,同时也拓宽了农产品的销售渠道。这不仅为农民带来了新的收入来源,也为城乡之间的互动提供了新的契机。互联网成为实现乡村振兴重要抓手,推动农村数字化服务发展。在线教育、互联网医疗等数字化服务供给持续加大,促进乡村地区数字化服务提质增效。

二、网络市场的特点

自 20 世纪 60 年代末以来,随着互联网及万维网的盛行,利用无国界、无区域界限的互联网来销售商品或提供服务,成为买卖通路的新选择,互联网上的网络市场成为 21 世纪最有发展潜力的新兴市场。从市场运作的机制看,网络市场具有以下基本特点。

(一)无店铺的经营方式

网络市场无需实体店面,可以通过互联网平台进行交易,不受地域和场所限制。消费者可以在任何时间和任何地点方便地进行购物和支付,卖家也可以随时随地管理和更新商品信息。

(二)无存货的经营形式

网络市场中的商品可以通过与供应商或制造商直接合作,实现零库存或少存货的经营模式。卖家可以根据市场需求,及时采购或定制商品,避免库存积压和滞销风险,降低运营成本和资金压力。

(三)成本低廉的竞争策略

网络市场的运营成本相对传统零售行业较低,可以通过降低价格或提供更优质的服务来吸引消费者。此外,网络市场还可以通过自主制定商品价格和折扣策略,实现低成本的营销和促销活动。

（四）无时间限制的全天候经营

网络市场24小时全天候运营，常年无休，消费者可以随时进行购物和支付。此外，卖家还可以随时更新商品信息和处理订单，实现高效的物流和客户服务，提高用户体验和满意度。

（五）无国界、无区域界限的经营范围

网络市场具有跨地域和跨国界的经营优势，可以通过全球化的供应链管理和物流配送体系，满足不同国家和地区的消费者需求。同时，卖家也可以通过跨境电商和海外仓储等方式，拓展国际市场和提升品牌影响力。

（六）精简化的营销环节

网络市场的营销环节相对传统零售行业较为简化，卖家可以通过网络广告、社交媒体和搜索引擎等渠道，快速推广和宣传商品，降低营销成本和提高转化率。同时，消费者可以通过网络搜索和推荐系统等方式，快速获取商品信息和推荐，提高购物效率和满意度。

三、网络市场的发展趋势

随着 Internet、WWW 的技术逐渐走向成熟，集计算技术、网络技术、信息技术和感应技术为一体的网络营销已对传统的贸易方式形成巨大冲击，并以其快捷、方便、高效率和高效益的显著优势成为21世纪国际、国内贸易的主要方式。实现网络营销的基础设施的硬件技术和软件技术也已成熟。不久的将来，全新的、无接触的、虚拟的"电子空间市场"将优化现有的实体化的市场，为消费者创建更多随心所欲的线上线下一体化的购物场景，网景公司创始人克拉克说："Internet 即是人人都在寻找的信息高速公路"，"它将彻底改造产业结构，包括广播、出版、金融、购物、娱乐乃至电子消费业……这是一场深刻的变化"。未来网络市场的发展趋势可以从以下几个方面来分析：

（一）人工智能和大数据技术应用普及

随着人工智能和大数据技术的不断发展和应用，网络市场将更加智能化和个性化。人工智能技术可以帮助营销主体进行商品推荐和精准营销，大数据技术可以分析消费者的行为和偏好，为营销主体提供更准确的市场预测和决策支持。

随着数字中国、数据要素、大数据等新一轮政策的发布和重大工程的落地，疫情后企业项目需求的进一步释放，以及各行业领域在完成基础信息化建设后面临的数据价值挖掘的需求，我国大数据市场迎来新的发展阶段。厂商积极布局底层计算存储、数据中台、大数据分析平台等业务，尤其聚焦金融、能源、制造等行业。值得

2-5视频：
人工智能的
起源与发展

注意的是，ChatGPT 的爆火带来了数据计算和存储业务领域更高的资本关注度，将大数据市场带上更大体量、更强计算和更专业化服务的新台阶。

微阅读

"数字化时代"数字化助力消费品工业"三品"行动

当前，数字化转型正处于发轫阶段，数字技术加速迭代升级和融合应用，数字经济引领生产要素、组织形态、生产范式、商业模式全方位变革。

为科学指引全行业数字化转型发展，深化消费品工业"三品"战略实施，提高消费品有效供给能力和水平，工业和信息化部、商务部等五部门联合发布《数字化助力消费品工业"三品"行动方案（2022—2025 年）》（简称《方案》）。

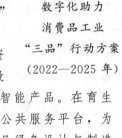

2-6 报告：
数字化助力
消费品工业
"三品"行动方案
（2022—2025 年）

《方案》明确提出要以消费升级为导向，以数字化为抓手，以场景应用为切入点，聚焦关键环节，强化数字理念引领和数字化技术应用，统筹推进数据驱动、资源汇聚、平台搭建和产业融合，从三个方面为数字化助力"三品"战略深入实施提供精准指引。

一是聚资源、育生态、增绿色，助力增品种。在聚资源方面，重点利用数字化手段汇聚行业研发资源，实现设计工具、模型、人才的云端汇聚和共享共用，开发更多智能产品。在育生态方面，重点建设知识产权服务平台和数字化智慧设计公共服务平台，为成果转化和保护提供有力支撑。在增绿色方面，推进产品绿色设计与制造一体化，完善绿色产品标准、认证、标识体系，加快推进绿色产品市场供应。

二是促改造、强追溯、抓协同，助力提品质。在促改造方面，加快行业数字化改造，培育智能制造示范工厂。在强追溯方面，加快推动重点行业质量追溯体系建设，加强原材料供应、产品生产等环节数字化溯源。在抓协同方面，推动供应链关键环节的数据集成和信息共享，打造数据互联互通、信息可信交互、生产深度协同、资源柔性配置的智慧供应链服务体系。

三是强体验、重服务、显特色，助力创品牌。在强体验方面，加快推进智慧商店建设，打造沉浸式、体验式、互动式消费场景，满足多层次多样化消费需求。在重服务方面，引导创意设计园区、创新创业基地、品牌孵化平台等利用数字化手段，为品牌建设提供良好生态环境。在显特色方面，打造产业链上下游中小企业品牌联合体，突出地理标志产品、主导产品，加大优质特色消费品宣传。

资料来源：中国电子信息产业发展研究院党委书记刘文强，《"数字化时代"数字化助力消费品工业"三品"行动》，新华社客户端2022-09-05，略有编辑整理。

（二）移动化和社交化

移动设备和社交媒体的普及，将进一步推动网络市场向移动化和社交化的方向发展。未来，消费者将更多地使用移动设备进行购物和支付，卖家将更多地利用社交媒体和社交化内容来吸引用户和进行品牌营销。微信推出的小程序、京东推出的"拼购"、淘宝推出的"淘宝特价版"等，都反映出社交正在成为电商业务拓展的重要方式。

中国移动互联网市场规模保持着稳定增长。2022年6月中国移动互联网活跃用户规模达13.6亿；使用月均时长218.1小时，用户黏性增强；月均使用APP个数23.7个，行为更加聚焦，其使用场景从娱乐向工作、生活渗透。移动互联网用户消费方式逐渐转变，传统电商平台增长趋于平缓，"泛社交"化的"兴趣电商"消费方式正吸引更多用户。截至2022年12月，我国网络直播用户规模达7.51亿，较2021年12月增长4728万，占网民整体的70.3%。其中，电商直播用户规模为5.15亿，较2021年12月增长5105万，占网民整体的48.2%。

（三）多元化和跨界融合

我国网络市场将呈现出多元化和跨界融合的特点。中国电商行业开始涉足物流、金融、教育、文化等多个领域，电商平台通过短视频打造多元化购物场景，短视频企业上线电商购买链接，电商与跨行业业务的交叉融合也开始加速。阿里巴巴等互联网巨头也在不断扩张，通过并购和投资等方式拓展业务领域。

随着各行各业数字化转型的深入推进，产业之间的边界逐渐模糊，产业融合将成为未来产业发展的重要趋势。不同行业和领域之间的融合和合作将推动网络市场的发展和创新。例如，电商平台与物流企业的合作、平台和内容生产商的合作等，都将带来更多的商业机会和创新。品牌跨界在中国迅速发展，尤其是本土品牌与国际品牌之间的合作，以实现轰动效应。两个看似毫不相关的品牌合作，可吸引人们的关注。借助知名IP运营、传统的文化和有趣的形式呈现，创新模式越来越受关注。例如，好利来与哈利·波特的联名营销，完美日记与王者荣耀的跨界联名营销。又如，诞生于1959年的中国食品品牌大白兔近年来一直走在品牌年轻化的路上，在创新营销中打造

"大白兔依旧是大白兔，大白兔不只是大白兔"的品牌IP形象。从食品饮料到美妆护肤，再到服装箱包，2022年借助农历兔年的机遇更是登上了奢侈品COACH的系列产品上。通过更多这样的创新合作，在多元对话与交流中探索创新发展机遇，能够帮助大白兔更深入地了解来自不同国家、拥有不同文化的品牌，同时为中国老字号的发展带来新的突破，为中国时尚产业的创新发展带来新的力量。

（四）绿色化和可持续化

未来网络市场的发展将更加看重绿色化和可持续性。党的二十大报告指出，我们要推进美丽中国建设，坚持山水林田湖草沙一体化保护和系统治理，统筹产业结构调整、污染治理、生态保护、应对气候变化，协同推进降碳、减污、扩绿、增长，推进生态优先、节约集约、绿色低碳发展。在积极稳定经济运行的同时，全国上下坚定践行绿水青山就是金山银山的发展理念，大力推进美丽中国建设，加快推动发展方式绿色转型，生态环境持续优化，绿色低碳生产生活方式加快形成。

为了应对新冠肺炎疫情、气候变化、能源危机等全球共同挑战，更多企业作为经济发展的重要一环，将加强环保和可持续发展，积极向低碳可持续的商业模式转型，助力中国在2060年前实现碳中和的气候目标。它们在发展业务的同时，也需要考虑环保问题，通过改善生产方式、运输方式、包装方式等方面，减少环境污染和资源浪费。例如，阿里巴巴、京东、拼多多、苏宁易购、网易、唯品会、小米商城等多家主流零售电商企业纷纷响应国家号召，确定了本企业的碳中和目标，制定了环保行动纲要，发布了"环境、社会和管治"报告。

微阅读

负责任的科技，可持续的未来

阿里巴巴集团控股有限公司及其子公司（以下称"阿里巴巴"）把社会最大的挑战当作企业自身最大的挑战，全力推动科技和商业创新。用负责任的科技，为社会实现可持续的未来贡献自己最大的力量。在实现碳中和这一广泛而深刻的经济社会变革的过程中，实现阿里巴巴自身的绿色转型，同时探索技术和商业创新，在帮助消费者提高生活品质的同时，也能真正帮助企业，尤其是中小企业，在减碳的同时实现高质量发展。

基于此，阿里巴巴对于碳中和做出以下承诺：

（1）不晚于2030年，阿里巴巴实现自身运营碳中和。

2-7 报告：
2021阿里巴巴
碳中和
行动报告

(2) 不晚于 2030 年，阿里巴巴协同上下游价值链实现碳排放强度比 2020 年降低 50%。

(3) 到 2035 年 15 年间，带动生态累计减碳 15 亿吨。

为确保碳中和目标和 ESG（环境、社会责任和治理）目标的达成，阿里巴巴特别设立了三层治理架构：董事会层面的可持续发展委员会，负责日常统筹和管理的可持续发展管理委员会，再到跨业务单元的 ESG 工作组。

资料来源：《2021 阿里巴巴碳中和行动报告》，阿里巴巴集团。

（五）跨境电商高速发展

随着跨境电商的不断发展和完善，未来网络市场将更加国际化和开放化。跨境电商将为卖家带来更广阔的市场和更多的商业机会，同时也将为消费者提供更多元化和贴近需求的商品选择和服务体验。

据"电数宝"电商大数据库显示，2022 年全球电商渠道零售额为 5 万亿美元，预计 2024 年将达到 63880 亿美元。从跨境电商交易规模来看，中国跨境电商交易规模稳步增长，2022 年中国跨境电商市场规模达 15.7 万亿元，较 2021 年的 14.2 万亿元同比增长 10.56%。从跨境电商进出口来看，我国跨境电商进出口规模持续增长，2021 年跨境电商进出口 1.98 万亿元，增长 15%。2022 年保持增长，跨境电商进出口规模达 2.11 万亿元。

虽然 2021 年受疫情影响，跨境电商渗透率出现小幅下降，但未来随着疫情影响的减弱以及跨境电商行业规模的增长，我国跨境电商行业渗透率将会不断提升。跨境电商的发展带动整个产业链条发生变化，将给传统外贸及产业带来深远的影响。优质产品、支付和物流成为跨境电商平台的核心竞争力。优秀的支付和物流系统将成为吸引消费者和商家的关键因素。跨境支付和物流服务的成熟将会促进跨境电商的发展。

（六）新兴技术广泛应用

随着 5G、人工智能、物联网等技术的不断成熟和应用，数字化转型成为企业提升效率、降低成本、创新业务模式的重要手段。新兴技术的应用也将带来网络市场的新变革。例如，区块链技术将提升交易的透明度和安全性，物联网技术将实现物品之间的互联互通，虚拟现实技术将改变用户的购物体验等。这些新兴技术的应用将带来更多的商业机会和创新。例如，2022 年 11 月 1 日，工业和信息化部、教育部、文化和旅游部、国家广播电视总局、国家体育总局等五部门联合发布了《虚拟现实与行业应用融合发展行动计划（2022—2026 年）》（以下简称《行动计划》）。根据《行动计划》，我国要培育 100 家具有较强创新能力和行业影响力的骨干企业，打造 10 个具有区域影响力、引领虚拟现实生态发展的集聚区，建成

2-8 视频：物联网（IOT）的概念

10个产业公共服务平台。在工业生产、文化旅游、融合媒体、教育培训、体育健康、商贸创意、智慧城市等虚拟现实重点应用领域实现突破。

综上所述,未来网络市场的发展趋势将更加移动化、社交化、智能化和开放化,新兴技术的应用将带来更多商业机会和创新。

本章小结

网络营销环境是指对企业的网络营销活动及其目标实现产生影响的各种因素的集合。网络营销环境的构成包含了提供资源、全面影响力、动态变化、多因素互相作用、反应机制五大要素。根据营销环境对企业网络营销活动影响的直接程度,网络营销环境可以分为网络营销宏观环境与网络营销微观环境两部分。网络营销宏观环境是指那些给企业造成市场机会与环境威胁的主要社会力量,主要包括政治法律、人口、经济、社会文化、科学技术、自然地理等环境因素。网络营销微观环境是与企业网络营销活动联系较为密切、作用比较直接的各种因素的总称,主要包括企业内部和供应商、营销中介、顾客、竞争者以及网络公众等企业开展网络营销的上下游组织机构(或个人)。本章对网络宏观、微观环境的各要素进行了相关论述。

网络市场是利用现代化通信工具和互联网等技术手段,在消费者与企业之间、消费者与消费者之间、企业与企业之间、政府部门与服务对象之间形成的一个信息、商品、交流和服务的平台。其发展经历了生产者内部网络市场、"在线浏览、离线交易"、"在线浏览、在线交易"三个阶段。从市场运作的机制看,网络市场具有无店铺、无存货、成本低廉、全天候经营、无国界、无区域界限经营和精简化营销的特点。在我国经济复苏、政策扶持、乡村振兴、科教兴国、万众创业、数字赋能的大背景下,网络市场呈现出人工智能和大数据技术应用普及、移动化和社交化、多元化和跨界融合、绿色化和可持续化、跨境电商高速发展、新兴技术广泛应用的发展趋势。

习 题

一、单选题

1. 与企业网络营销活动联系较为密切、作用比较直接的各种因素的总称,被称为( )。

   A. 营销环境　　　　　　　　　　B. 网络营销宏观环境
   C. 网络营销微观环境　　　　　　D. 竞争者

2. 代理中间商属于网络营销环境的( )因素。

   A. 内部环境　　　　　　　　　　B. 竞争者环境
   C. 公众环境　　　　　　　　　　D. 营销中介

3. 第 51 次《中国互联网络发展状况统计报告》显示，截至 2022 年 12 月，我国手机网民规模为（ ）亿。

  A. 10.65   B. 10.67

  C. 9.11   D. 8.75

4. 消费习俗属于（ ）因素。

  A. 人口环境   B. 社会文化环境

  C. 经济环境   D. 地理环境

5. 为了生产并取得利润而通过网络进行购买的个人和企业所构成的市场是（ ）。

  A. 网上消费者市场   B. 网上生产者市场

  C. 网上政府市场   D. 网上团购市场

6. 网络营销企业需要处理好同公众的关系，树立企业的良好形象。其中，搜索引擎和提供网站评估服务方面的专业网站属于（ ）。

  A. 网上一般公众   B. 政府公众

  C. 内部公众   D. 网络媒体公众

7. 电子数据交换 EDI 属于网络市场发展的（ ）阶段。

  A. 生产者内部网络市场阶段   B. "在线浏览、离线交易"阶段

  C. "在线浏览、在线交易"阶段   D. 早期电子商务阶段

8. 我国通过"互联网＋"战略带动了各类传统产业的数字化转型升级，其中主要涉及消费品市场的是（ ）。

  A. 互联网＋制造业   B. 互联网＋零售业

  C. 互联网＋服务业   D. 互联网＋金融业

9. 小红书、抖音直播的用户数急剧增长，这说明了网络市场发展的（ ）趋势。

  A. 社交化   B. 移动化

  C. 科技化   D. 可持续化

10. 阿里巴巴结合大数据算法模型优化和设计纸箱型号，并由算法推荐最合适的装箱方案，让箱型更匹配、装箱更紧凑，平均减少 15％的包材使用，这个举措体现了阿里巴巴集团（ ）战略方向。

  A. 科技化   B. 可持续化

  C. 绿色化   D. 智能化

二、多选题

1. 网络营销环境的要素包括（ ）。

  A. 提供资源   B. 全面影响力

  C. 动态变化   D. 多因素互相作用

  E. 反应机制

2. 根据营销环境对企业网络营销活动影响的直接程度，网络营销环境可以分为（ ）。

A. 网络营销宏观环境 B. 网络营销内部环境
C. 网络营销微观环境 D. 网络营销外部环境
3. 网络营销宏观环境中，人口要素包含（　　）。
A. 人口规模 B. 人口分布
C. 个人收入 D. 人口结构
4. 网络营销微观环境中，属于企业外部环境的是网络顾客和（　　）。
A. 网络供应商 B. 网络营销中介
C. 企业采购部门 D. 网络竞争者
E. 网络公众
5. 网络市场的特点主要包括（　　）。
A. 无店铺的经营方式 B. 无存货的经营形式
C. 成本低廉的竞争策略 D. 无时间限制的全天候经营
E. 无国界、无区域界限的经营范围 F. 精简化的营销环节

三、判断题

1. 微观环境中所有的因素都要受宏观环境中各种力量的影响。（　　）
2. 企业可以按自身的要求和意愿随意改变网络营销环境。（　　）
3. 宏观环境是企业可控制的因素。（　　）
4. 文化对网络营销环境的影响多半是通过直接的方式来进行的。（　　）
5. 随着各行各业数字化转型的深入推进，产业之间的边界逐渐模糊，产业融合现象越来越多。哪些企业是竞争者，哪些企业可以作为合作者，企业已经不能轻易做出判断了。（　　）

四、简答题

1. 网络营销活动与网络营销环境的关系是什么？
2. 网络营销宏观环境因素有哪些？简单举例说明上述宏观环境因素是如何影响企业的网络营销活动的。（至少三个因素以上）
3. 网络营销环境的构成要素包括哪些？
4. Z世代一出生就与网络信息时代无缝对接，受数字信息技术、即时通信设备、智能手机产品等影响比较大。请从顾客这个微观环境因素角度分析，企业该如何针对Z世代群体展开网络营销活动。
5. 简要分析人工智能、大数据这些新科技是怎样影响企业网络营销活动的。

五、论述题

党的二十大报告指出，我国必须坚持科技是第一生产力、人才是第一资源、创新是第一动力，深入实施科教兴国战略、人才强国战略、创新驱动发展战略，开辟发展新领域新赛道，不断塑造发展新动能新优势。从国家层面来看是鼓励企业创新的，可是从企业层面来看，创新会面临很大的压力和风险。"在网络营销环境中，新技术被认为是一种创造性的毁灭力量"，请谈谈你对这句话的理解。

六、案例分析

"双减"政策下新东方的转型

为了深入贯彻党的十九大和十九届五中全会精神，持续规范校外义务教育阶段线上培训和线下培训，确切落实提高学校教育质量和服务水平，有效减轻义务教育阶段学生过重的校外培训负担和作业负担，2021年7月24日中共中央办公厅、国务院办公厅印发了《关于进一步减轻义务教育阶段学生作业负担和校外培训负担的意见》，明确对管理混乱、存在不符合资质、与学校勾连牟利、借机敛财等问题的机构要严肃查处，这被称为"双减"政策。

政策规定，对现有的义务教育阶段学科培训机构进行统一登记为非营利机构，各地有关部门不再审批新的学科类校外培训机构；全部学科类培训机构不得上市融资，严禁资本运作；外资不能控股或参股学科类培训机构，兼并收购，受托经营，特许连锁经营，利用可变利益主体；教育机构不能即时授课，严禁国外课程，不得进行"声体美"机构擦边球教学，不把节假日、休息日和寒暑假期作为学科课程时间，每一节课不能超过30分钟，晚上9时后不能安排线上教学。

新东方科技集团是中国商业教育企业的典型代表企业，总部位于中国北京市海淀区中关村。企业经营包括外语培训、中小学基础教育、幼教、在线教育、出国咨询、图书出版等多个方面。新东方具有多个培训系统，例如：满天星幼儿园、泡沫少儿教育、卓越中学教育、英语基础培训、大学英语和考试培训、出国考试训练、多语言培训、基础教育、职业教育、教育开发、文化产业海外咨询等取得显著成绩。

近年来，由于"双减"政策的出台，民办教育巨头陷入了困境和危机。北京市教育委员会点名新东方的多个分部门，被指对超过3个月或60学时的学生收取一次性或变相费用和超出了相应的国家课程标准。国家市场监督管理总局指出新东方存在虚假宣传违法行为和价格欺诈违法行为，对其进行罚款处罚。北京市海淀区市场监督管理局对北京新东方迅成网络科技有限公司涉嫌使用虚假或误导价格手段，诱导消费者交易进行了行政处罚。新东方2021—2022财年上半年财务报告显示，上半年净亏损约57.45亿元；持有的现金、现金等价物和限制性现金共计减少了约100亿元人民币，这是新东方自2004年上市以来的第一份业绩损失报告。

面对教育环境的改变，新东方积极转型，在国内市场上停止全国所有学习中心的K9纪律咨询服务，并将把重点和资源转移到与K9学科培训服务无关的教育产品和服务上，如备考课程、成人语言培训课程和教材，在广州、重庆、青岛、苏州、成都、宁波、深圳、武汉8个城市成立了官方合作学习中心，新东方国际教育也得到了牛津AQA国际考试局的官方授权。

同时，新东方向国内其他行业转型。新东方设立了东方优选（北京）科技有限公司。企业经营范围包括生鲜肉类、禽蛋、水产品、鲜果、菜、食用农产品、饲料、化肥、低毒低残留农药的销售。新东方将与数百名教师合作，通过直播帮助销售农产品，支持农村复兴事业，销售商品的同时，帮助农业产业升级和农村振兴。

另外，新东方还在海外开发汉语市场，提供以讲授中文课程为主的网上课程。Bilin 东方的产品 Bilin Chinese blingo 于 2021 年 8 月推出，它主要为海外华裔儿童和青少年提供汉语和中国文化学习课程，以提高他们的汉语听、说、读、写和翻译能力。

作为行业领头羊，新东方的转型，无论选择哪种方式，成功与否，都将不可避免地对其他大、小培训企业产生风向标的意义。

资料来源：根据网络资料整理。

阅读案例，请思考：

（1）新东方的宏观环境发生了哪些变化？这对新东方的经营带来了怎样的影响？

（2）你如何看待新东方的转型策略？

第三章
Chapter 3

网络消费者购买行为分析

主要知识结构图

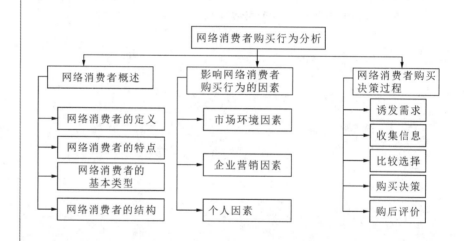

教学目标

- 帮助学生了解网络消费者的定义、特点。
- 帮助学生理解网络消费者的基本类型及结构。
- 帮助学生理解影响网络消费者购买行为的因素。
- 帮助学生理解网络消费者购买决策过程,具备开展网络消费者购买行为分析决策的专业技能。
- 引导学生紧密结合中国本土网络消费者购买行为的优秀理论及实践成果,帮助学生树立正确的人生观与价值观。

> 开篇案例

盖 Kindle，面更香

Kindle 盖泡面指的是那些买了 Kindle 却没看过几本书，Kindle 基本处于吃灰状态，只有在盖泡面时才想起来使用的现象。谁都没想到，一个民间的玩笑，会被品牌方亚马逊以广告的形式进行投放。

Kindle 在天猫 APP 首页滚动栏投放了一则广告："盖 Kindle，面更香"。图片上，主角新品 Kindle 的下方压着一桶方便面。这则网络广告简直一语道破天机，以"Kindle 盖泡面"来自嘲，恰好戳中用户"痛点"——书买来不看。随后 Kindle 官方公众号推送内容《Kindle 盖泡面，真香！》，与"盖kindle，面更香"这句文案相对应的是"读书的人，面上有光"。这件事就变得喜感起来了，更坐实了其"官方泡面盖"的地位。这则广告引来不少共鸣，一经截屏立刻在网络上走红，并迅速登上微博热搜。微博话题#kindle官方盖章泡面盖子#阅读量高达2亿，讨论量3.9万，爆款无疑。

1. 吐槽文化时代，自黑拉近与消费者距离

如今不少品牌的消费主力是 Z 世代，这一代年轻人的特点就是容易把自黑和自我吐槽当成一种娱乐方式，用调侃自己来缓解现实压力，他们戏称"自嘲一时爽，一直自嘲一直爽"。于是，品牌也开始学习利用这种表达作为营销文案，看似黑化了自己，实际却是另一种形式的自我宣传，无形中也俘获了消费者的心。

2. 反其道而行，引发消费者好奇心

一方面，亚马逊十分巧妙地将消费者平日的生活玩笑，将 kindle 盖泡面顺势做成了全新的品牌营销方案。用幽默的自黑式创意成功激发起消费者的好奇心，勾起消费者的购买欲望，获得消费者喜爱的同时也达到了不错的营销推广效果。另一方面，亚马逊利用反套路出牌，看似透露缺点，实则强化优点。kindle 可以盖泡面的吐槽巧妙突出了产品的硬件性能非常好，防水、防高温、不怕压，这些都成了 kindle 发布新品时的硬核卖点。

3. 借"梗"营销，UGC 拉长传播周期

"梗"的背后反映的是某一群体的共识。在"盖 Kindle，面更香"的"梗"在网络上走红后，Kindle 进一步发挥了这个"梗"的话题度和影响力。"我与 kindle 的故事"、"吃什么面读什么书合集"、关于"kindle 盖泡面"的各种搭配方式，大量的 UGC（用户原创内容）使此次话题传播热度持久不衰，传播周期的拉长也带来了更有效的新品营销效果。

资料来源：① 网易顶尖文案，《"盖 kindle，面更香"，kindle 文案变逗比了！》，2019-03-26。

② 百度中关村互动营销实验室，《公关营销解析之"盖 Kindle，面更香"》，2021-03-24，略有编辑整理。

第一节　网络消费者概述

随着我国数字经济的发展，网络消费已经成为人们日常生活的重要部分，网络消费成为主流消费形式。网民与网络企业规模不断扩大，各种网络娱乐与商务应用日益丰富和多元化，网络市场成为传统市场之外一个发展迅猛、前景广阔的全新市场。中国互联网络信息中心发布的第51次《中国互联网络发展状况统计报告》数据显示，截至2022年12月，中国网民规模达到10.67亿，互联网普及率达75.6%。其中，网络购物用户规模达8.45亿，占网民整体的79.2%。可见，绝大多数网民已经成为网络消费者。企业网络营销活动离不开对网络消费者的研究，需要企业深入研究网络消费者需求特征以制定合适的市场营销策略。

一、网络消费者的定义

（一）消费者的定义

消费者是企业获取利润的对象，在企业制定与实施市场营销策略时，准确地界定消费者的概念有助于企业整合营销资源，提高营销活动效率，促进企业盈利。理解网络消费者的定义，要从理解消费者的概念入手。对消费者概念的理解，主要可以从法律层面、市场营销层面两个方面展开。

1. 基于法律层面的消费者概念

随着经济发展与社会进步，出于保护消费者权益的需要，各国相关法律对"消费者"的概念做了相应的法条阐释。

《中华人民共和国消费者权益保护法》于1993年10月31日经第八届全国人民代表大会常务委员会第四次会议通过（2009年8月27日第一次修正，2013年10月25日第二次修正）。《中华人民共和国消费者权益保护法》（2013）第一章总则第二条规定，"消费者为生活需要购买、使用商品或者接受服务，其权益受本法保护；本法未作规定的，受其他法律、法规保护。"

从相关法律条文来看，法律界对消费者的界定主要有以下几个特征：① 消费性质属于生活消费；② 消费客体是商品和服务；③ 消费方式包括购买、使用和接受。立法的目的在于保护现代消费社会中的弱势群体，而且自然人是终端消费的主体，所以我国理论界大多数学者认同"所谓消费者，是指为生活消费的需要而购买商品或接受服务的自然人"的观点。

2. 基于市场营销层面的消费者概念

从现代市场营销观念来看，企业营销活动的顺利开展离不开对营销活动的客体——消费者、顾客等群体的研究。现有的市场营销教材中，一般将顾客划分为消费者和组织顾客，其中组织顾客包括生产者、中间商、非营利性组织。在此基础上，将消费者定义为"为了生活消费而购买或租用商品或服务的个人和家庭"，从而把消费者市场与生产者市场、中间商市场、非营利性组织市场区别开来，有助于企业细分和选择目标市场，实施有针对性的营销活动。

（二）网络消费者的定义

基于消费者概念的理解，本书对网络消费者的定义是：以网络为工具，通过互联网在网络市场中进行消费和购物等活动的人群。网络消费者属于普通消费者中的一类，二者的不同之处在于消费的方式与平台不一样。

二、网络消费者的特点

网络消费者是消费者的一种特殊类型，作为一个独特的群体，除具备消费者的一般需求特点之外，还具有其他显著特点。企业要做好网络市场营销工作，就必须认真分析网络消费者的特点以便采取相应的对策。

（一）中青年群体为主，猎奇心理强

一方面，从年龄结构来看，中国互联网络信息中心发布的第51次《中国互联网络发展状况统计报告》数据显示，截至2022年12月，20—29岁、30—39岁、40—49岁的网民占比分别为14.2%、19.6%和16.7%，合计占比50.5%。另一方面，网民爱好广泛，有强烈的求知欲和碎片化学习的习惯，易于接受新鲜事物，尤其对于未知的领域有较强的好奇心。例如，网络游戏商、网络增值服务商正是抓住了网络消费者的这一特点，开发并销售许多增值的虚拟商品和服务。

（二）消费的主动性增强

网络消费者不但具有一定的文化水平，而且具有较为丰富的上网经历及经验，能比较熟练地操作计算机、智能手机等设备。他们往往会主动通过各种可能的渠道获取与产品有关的信息并进行分析和比较，以决定是否购买、何时购买、如何购买。通过上述活动，消费者能从中得到心理的平衡以减轻购物风险感或减少购买后产生的后悔感，增加对产品的信任程度和心理上的满足感。

（三）自我意识强，个性化明显

网络消费者多以年轻、高学历用户为主，特别是以"90后""00后"为代表的年轻人拥有不循规蹈矩的思想和不同于他人的喜好，有自己较为独立的见解、想法和判

断能力，希望在团体中以独特的言行举止和生活方式成为焦点。所以他们开始标新立异制定自己的消费准则，具体要求越来越独特且变化多端，个性化越来越明显。

（四）消费生活化、常态化、渠道多元化

在网络购物的早期阶段，消费者通过网络购买的商品种类有限，主要集中在书籍、音像制品、计算机设备及相关配件等商品范畴，购买频率不高，消费金额有限，网络购物具有临时性、随机性的特点，仅仅是对传统购物方式的补充。但是随着互联网及网络市场的迅速发展，网民对网络购物日益熟悉，网络消费呈现出生活化、常态化、渠道多元化的特点。

首先，网购商品类别从以往的标准化产品和与计算机网络相关的产品扩大到包括服装鞋帽、化妆品、日用百货、家用电器、保健品、餐饮美食服务等多种类别，网民的网购行为已渗透到日常生活需求的方方面面。其次，上网时长、网购金额与上网频率不断增加。统计资料显示，2010年，我国网民人均网购月消费金额为300元，2020年，这一数字增长为1138元。中国互联网络信息中心发布的第51次《中国互联网络发展状况统计报告》数据显示，截至2022年12月，我国网络购物用户规模达8.45亿，占网民整体的79.2%，网络消费在消费中占比持续提升。其中，食品、日用品等品类的网络消费表现较为突出。最后，网络消费渠道多元化特征明显。随着越来越多互联网平台涉足电商业务，网购用户的线上消费渠道逐步从淘宝、京东等传统电商平台向短视频、社区团购、社交平台扩散。例如，针对年轻网络消费者的习惯和需求，旺旺打造了多渠道、多元化的在线沟通体系。除了天猫、京东等旗舰店外，旺旺也推出了旺仔俱乐部App、旺仔旺铺小程序、旺仔旺铺App等自有电商模式，同时结合抖音、快手、小红书等热门社交平台开启对应平台小店。

（五）直接参与生产和流通的全过程

传统的商业流通渠道由生产者、经销商和消费者组成，其中经销商起着联结生产、消费两端的重要作用，生产者不能直接了解消费者需求，消费者也不能直接向生产者表达自己的消费需求。而在网络环境下，网络消费者能直接参与到生产和流通中来，从产品的构思、设计、制造，到产品的定价、包装、运输、销售等方面可以与生产者直接沟通。

（六）更看重便利性和乐趣性的消费体验

在消费体验方面，网络消费者已经从过去的PC端下单，逐步转移至移动端下单。在转向移动化之后，消费者关注的电商平台的内容也从图文形式向短视频、直播转变，直播电商兴起。一方面，网络营销大大简化了购物环节，节省了消费者的体力成本、时间成本和精力成本，满足了消费者便利性的购物需求。另一方面，在互联网解构下，社会经济各元素重新被分类、聚集，消费者倾向于和有共同兴趣、态度、爱好、价值观的人群打交道，形成特定的社交和消费圈子，即所谓圈层。通过网络购物，除了能够满足实际的购物需求，网络消费者还能了解许多信息，能够结识具有相同爱好和兴趣的网友，加入电竞圈、二次元圈、国风圈、硬核科技圈、潮流圈、萌宠圈等网络部

落，获得了购物以外的乐趣。同时，网络消费者更愿意通过分享购物新鲜感、乐趣性来展示自己。

综上所述，网络消费者的这些特点，对于企业网络营销的决策和实施过程都是十分重要的。营销商要想吸引顾客，保持持续的竞争力，就必须对网络消费者进行细致分析，了解他们的特点，制定相应的对策。

 小思考

淘宝发布年度冷门职业观察

2021年12月14日，淘宝发布了《2021年淘宝冷门新职业观察》，对2021年度出现的新鲜冷门的职业进行了集中盘点。其中包括玩偶医生、绘梦师、多肉寄养师、游戏捏脸师、整理收纳师、制云师、猫粮品尝师、铸甲师、直播间布景师、手机入殓师等十个职业。据统计，十大冷门新职业中，超7成是"90后"创造出来的。

淘宝上的著名猫粮品尝师黄澜曦便是一位"95后"，她在猫粮和猫奶茶制作过程中，负责品尝鉴别食材的口味、品相、性质等，她还有鉴别猫咪喜欢和讨厌的气味的能力。在父母看来有些"不务正业"的黄澜曦，最终在淘宝上创立了宠物奶茶自主品牌。"90后"小伙子卢沧龙，就是一个制云师，他会把好看云朵的样子记录下来，再用滴胶建模制成一朵固体的"云"，留住每一个美好的瞬间。现在，卢沧龙一年能给客户寄出20多万朵"云"。

中国拥有庞大的消费市场，作为国人常使用的国民级应用，淘宝上每天都在产生新的小风口和小趋势。每一个消费者都是新风口的参与者和制造者。如今，在淘宝上，无论多小的需求都会被看到，无论多独特的习惯，也有共鸣者。

3-1 淘宝2023年12大兴趣消费趋势报告

资料来源：《潇湘晨报》，《绘梦师、多肉寄养师……淘宝发布年度冷门职业观察！》，2021-12-15，略有编辑整理。

试分析，出现的淘宝冷门新职业反映了淘宝消费者的哪些特点。

三、网络消费者的基本类型

网络消费是指人们以互联网为工具手段而实现其自身需要的满足过程。企业开展网络营销面临的挑战是如何吸引更多的网民，如何努力地将网络访问者变为网络消费者。

根据网络消费者的行为目的与特点，可以将网络消费者分为以下几种类型：

（一）信息寻求型

这类网络消费者上网是获取信息，可以分为两类：

1. 直接寻求型

这类网络消费者有明确的上网目的，即寻觅某类特定的信息。例如，"活动汪"是一个专门为策划人服务的平台，营销策划人员经常浏览这类网站寻找专业领域的信息。又如，小红书是年轻人的生活方式平台，年轻人经常浏览海量的美妆穿搭、旅游攻略、美食健身等信息。当网络使用者带着这些目的上网检索与点击浏览，那么他们就是直接信息寻求者。

2. 间接寻求型

这类信息寻求者没有明确的信息寻求目标，只想在网上浏览过程中寻找有用的信息或者能够让自己惊喜的信息。

（二）免费品寻求型

这类网络消费者上网时经常希望得到免费品，如免费文档下载、免费软件、免费视频欣赏、免费游戏、免费旅游等。总之，站点上"free"之类的字样对他们很有吸引力，能很好地迎合这类网络消费者对互联网免费资源的期待。

（三）享乐型

网络资源包罗万象，无所不有，能够多方面满足用户的娱乐需要。享乐主义动机强调消费者在购买过程中更加重视产品的体验、乐趣和刺激。很多网络消费者在网上漫游仅仅是为了获得乐趣或者寻找刺激。例如，在网上玩游戏，看电影，听音乐，学习感兴趣的技能如服饰搭配、涂鸦、烹饪等，他们上网的目的是享受多姿多彩的网络生活，追求精神上的愉悦，从中获得个性展示、地位象征、社会认同等多方面的情感体验。

（四）购买型

购买型网络消费者上网是为了购买商品，他们可能已经有了明确的购物清单，直接按照自己的需要寻找和购买商品。他们也可能尚未确定购买计划，需要上网收集信息，寻求帮助，最终做出购买决策。按照购买者网上行为的特点，可将其分为以下五类：

1. 务实型

功利主义动机强调消费者在购买过程中更加注重产品的基本功能和作用。务实型的网络消费者需要的是方便、直接的网上购物。网络购物足不出户、购遍全球商品的优点深得他们的喜爱。他们往往已经对商品有了大致的了解，对自己的购买行为和需求有着非常明确的定位和目标，通常只花少量时间上网，但他们的网上交易量却较大。这类群体是忠实的网购一族，可以说他们是网络零售商最重要的目标市场。

2. 浏览型

浏览型的网络消费者认为网络是最好的购物及交流购物信息的场所，这类群体上网时间较长，并且访问的网页数量比其他网民多得多，有不少网民往往形成了"网瘾"。这类消费者大多是休闲时间充裕的人，并享受着形形色色的购物网站给他们带来的视觉冲击，对产品本身的兴趣没有浏览本身所带来的兴趣浓烈。他们对内容经常更新、视觉元素丰富、具有创新设计的网站有较大的兴趣。

3. 接入型

接入型的网络消费者是刚接触网络的新手，上网经验不丰富，这些消费者更容易接受自己熟悉的品牌，而不喜欢接受新鲜的网络消费模式。他们对于网页中的简介、常见问题的解答、名词解释、站点结构之类的链接会更加感兴趣。

4. 议价型

议价型的网络消费者喜欢讨价还价，有一种趋向购买便宜商品的本能。他们将生活中讨价还价的能力应用到网络议价过程中，该类消费者可能是市场行情的熟知者，可能是对价格的不满意者，也有可能是追求议价胜利心理并以此得到满足感的消费者。

5. 冲动型

冲动型的网络消费者一般都是非理性购物群体，他们面对形形色色的网络购物平台和品种繁多的产品，比较容易受价格和视觉等因素的影响做出购买决策。

四、网络消费者的结构

（一）网络消费者的属性结构

网民是构成网络消费者的主体，网络消费者的属性结构主要包括年龄结构、性别结构及城乡结构。中国互联网络信息中心发布的第51次《中国互联网络发展状况统计报告》数据显示，截至2022年12月，我国网民规模为10.67亿，较2021年12月新增网民3549万。

1. 年龄结构

中国互联网络信息中心发布的第51次《中国互联网络发展状况统计报告》数据显示，截至2022年12月，我国网民的主要年龄构成如表3-1所示。

表3-1 我国网民的年龄结构

年龄段	比例（%）
10岁以下	4.4
10—19岁	14.3
20—29岁	14.2
30—39岁	19.6

续表

年龄段	比例（%）
40—49 岁	16.7
50—59 岁	16.5
60 岁及以上	14.3

网民年龄结构体现如下变化：

（1）仍以中青年为主，但青年群体占比下降。2019 年—2022 年，10—39 岁网民占比由 67.8%下降到 48.1%。以学生和白领人士为代表的青年群体由于受教育水平、尝新心理、校园网络发展等因素的影响，成为互联网发展的优势群体，形成网络营销的重要群体。

（2）互联网持续向中老年人群加强渗透。2019 年—2022 年，40—49 岁网民占比由 15.6%提升到 16.7%；50—59 岁网民占比由 5.9%提升到 16.5%；60 岁及以上网民占比由 6.6%提升到 14.3%。30—49 岁的人群在网民中占有较大比例，他们具有较强的经济能力，成为网络营销不可忽视的群体。中老年群体的规模逐渐扩大，鉴于其较强的经济实力，他们带来了新的网络市场机会。

从网民年龄结构变化来看，网民将在一定时期里保持以中青年群体为主、中老年群体逐步增长的特征趋势。

2．性别结构

中国互联网络信息中心发布的第 51 次《中国互联网络发展状况统计报告》数据显示，截至 2022 年 12 月，我国网民男女比例为 51.4∶48.6，与整体人口中男女比例基本一致。

在网络发展的初期阶段，网民的性别结构极端不平衡，男性网民构成了网民整体的绝大多数。随着经济的发展、社会的进步及互联网的普及，网民性别分布逐渐从男性大大多于女性的极不均衡状态向两性均衡发展，性别差异显著缩小。从中国互联网络信息中心历次调查网民的性别分布上看，女性网民所占比例呈递增趋势，且增加显著。女性网民从 1997 年的 12.3%增加到 2022 年的 48.6%，男性网民则从最初的 87.7%减至 2022 年的 51.4%。网民男女比例也从 1997 年的 7∶1 缩小至 2022 年的 1.05∶1。

网民性别比例变化影响了网络商品的销售情况。女性网民数量的增加直接带动了网上服装鞋帽、家居百货、化妆品及美容产品等商品销量的增加。企业需要针对男女网民在网络购物偏好、信息获取、支付方式、影响购买因素等方面的差异性开展深入调查与分析，以更好地开拓网上消费市场。

3．城乡结构

中国互联网络信息中心发布的第 51 次《中国互联网络发展状况统计报告》数据显示，截至 2022 年 12 月，我国农村网民规模为 3.08 亿，较 2021 年 12 月增长 2371 万，占网民整体的 28.9%；城镇网民规模为 7.59 亿，占网民整体的 71.1%。城乡地区互联网普及率方面，城镇地区互联网普及率为 83.1%，较 2021 年 12 月提升 1.8 个百分点；

农村地区互联网普及率为61.9%，较2021年12月提升4.3个百分点，城乡地区互联网普及率差异较2021年12月缩小2.5个百分点，普及率差异进一步缩小。

（二）网络消费者的社会结构

网络消费者的社会结构主要包括学历结构、职业结构和收入结构。

1. 学历结构

中国于1994年正式接入互联网，成为全球第77个进入互联网的国家。1994年，中国有4000名左右的网民，互联网普及率大约为0.001%。网络发展的早期，本专科以上学历的人群占据了网民的主要比例，主要由科研工作者、高校教师及学生、政府管理人员、部分企业管理人员等高级知识分子组成，属于创新者群体。随着经济环境、社会环境和技术环境的变化，互联网逐渐向低学历人群渗透。中国互联网络信息中心发布的第47次《中国互联网络发展状况统计报告》数据显示，截至2020年12月，小学及以下、初中、高中/中专/技校、大学专科、大学本科及以上学历的网民群体占比分别为19.3%、40.3%、20.6%、10.5%、9.3%。由此可见，我国绝大多数网民的学历为高中及以下，本科及以上人数较少，说明中国网民向低学历人群扩散的趋势继续发展。大学及以上学历人群中互联网普及率已达到较高水平，未来增长空间相对有限。与之相符的是，目前网购用户以中高学历为主，其中大专及以上的高学历用户更容易成为深度网购用户，高中及以下学历用户通常为一般网购用户。这与不同学历人群的收入水平、对互联网的掌握程度及网络购物的接受度有一定关系。

2. 职业结构

从网络发展历程来看，网民的职业范畴从最初的学生为主逐步发展到包括个体及自由职业者、企业/公司人员、党政机关事业单位、专业技术人员、农林牧渔劳动人员、退休及无业失业人员等多个领域。

中国互联网络信息中心发布的第47次《中国互联网络发展状况统计报告》数据显示，截至2020年12月，从当前网民职业构成来看，学生群体仍是网民中规模最大的职业群体，占比为21.0%；个体/自由职业者占比为16.9%；农村外出务工人员占比为12.7%，企业/公司的管理人员和一般职员占比合计达到11%。专业技术人员、农林牧渔劳动人员、退休人员占比分别为8.2%、8.0%、6.5%，其他职业及无业失业人员占比合计15.7%。

3. 收入结构

网络发展的早期，以学生为主的年轻群体收入不高，月收入2000元以下的网民占据主要地位。随着网民职业结构不断调整，社会职业人士比例不断上升，互联网向中高收入人群扩散，网民收入结构发生较为明显的变化。中国互联网络信息中心发布的第47次《中国互联网络发展状况统计报告》数据显示，截至2020年12月，有收入但月收入低于1000元及以下的网民群体占比为15.3%，无收入网民群体占比为10.8%。月收入在2001—3000元、3001—5000元、5001—8000元、8000元以上的网民群体在整体网民中的占比分别为13.0%、19.6%、14.5%、14.8%。月收入在5000元以上群体占比相较于2017年增长9.1个百分点。

第二节　影响网络消费者购买行为的因素

网络消费者购买行为是网络消费者为满足需求在寻找、购买、使用、评价及处理产品、服务的过程中所做出的反应或行动，包括在消费过程中所展示的心理活动、生理活动及其他实质活动。网络消费者购买行为受到诸多内外因素的影响，大致可以分为市场环境因素、企业营销因素、消费者个人因素三类（见图3-1）。

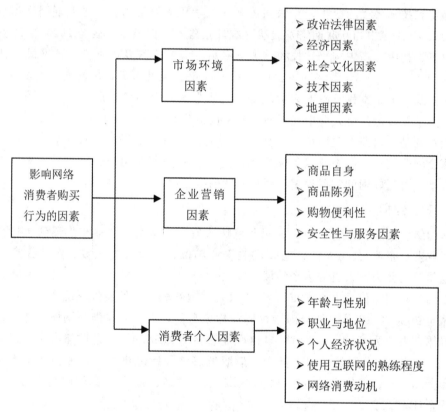

图3-1　影响网络消费者购买行为的主要因素

一、市场环境因素

市场营销人员分析和评估市场环境时，通常使用PEST分析法，PEST分析法是战略外部环境分析的基本工具，它通过政治的（politics）、经济的（economic）、社会文化的（society）和技术的（technology）四个因素从总体上分析市场环境，并评价这些因素对企业市场营销活动的影响。

（一）政治法律因素的影响

政治法律是影响企业营销活动的重要市场环境因素，政治法律环境对网络营销活动的影响主要包括保障作用和规范作用。随着我国网络营销与电子商务活动的蓬勃发展，其在改变传统贸易框架的同时，也对工商行政管理、金融、税收、消费等诸多领域现有的政策及法律提出了挑战。国家发展和改革委员会、商务部、财政部、人民银行、海关总署、税务总局、国家互联网信息办公室、国家市场监督管理总局等相关部门为了推进电子商务及网络营销进一步发展，围绕电子认证、网络购物、网上交易、网络直播、支付服务等主题，先后出台了一系列政策、规章和标准规范，对构建适合国情和发展规律的网络营销制度环境进行了积极探索，国家和地方层面的政策法律监管与扶持进一步加强，逐步建立和完善了我国网络营销法律环境（见表3-2）。

表3-2 网络营销与电子商务领域代表性政策及法律法规一览表

时间	机构	政策及法律法规
2004	全国人大常委会	《中华人民共和国电子签名法》
	国务院	《关于加快电子商务发展的若干意见》
2005	中国电子商务协会	《网上交易平台服务自律规范》
2006	中央办公厅、国务院	《2006—2020年国家信息化发展战略》
2007	商务部	《关于网上交易的指导意见（暂行）》
	商务部	《电子商务模式规范》《网络购物服务规范》
2009	中国人民银行等四部门	《关于加强银行卡安全管理预防和打击银行卡犯罪的通知》
2010	国家工商总局	《网络商品交易及有关服务行为管理暂行办法》
	国家工商总局	《关于加强网络团购经营活动管理的意见》
2013	国家税务总局	《网络发票管理办法》
2014	国家工商总局	《网络交易管理办法》
2016	商务部等三部门	《电子商务"十三五"发展规划》
2018	国家市场监督管理总局	《关于做好电子商务经营者登记工作的意见》
2019	全国人民代表大会常务委员会	《中华人民共和国电子商务法》
2020	国家市场监督管理总局	《关于加强网络直播营销活动监管的指导意见》
2021	国家网信办等七部门	《网络直播营销管理办法（试行）》
	国家市场监督管理总局	《网络交易监督管理办法》
	国务院反垄断委员会	《关于平台经济领域的反垄断指南》
	国家网信办等四部门	《常见类型移动互联网应用程序必要个人信息范围规定》
2022	最高人民法院	《关于审理网络消费纠纷案件适用法律若干问题的规定（一）》
	中央文明办等四部门	《关于规范网络直播打赏 加强未成年人保护的意见》

微阅读

国家网信办就《网络直播营销管理办法(试行)》答问

网络直播营销,也就是通常所说的直播带货,作为一种新兴商业模式和互联网业态,近年来发展势头迅猛,在促进就业、扩大内需、提振经济、脱贫攻坚等方面发挥了积极作用,但同时出现了直播营销人员言行失范、虚假宣传和数据造假、假冒伪劣商品频现、消费者维权取证困难等问题。

3-2 案例:
网络消费
典型案例
普法小课堂

《办法》(《网络直播营销管理办法(试行)》的简称,下同)明确直播营销平台应当建立健全账号及直播营销功能注册注销、信息安全管理、营销行为规范、未成年人保护、消费者权益保护、个人信息保护、网络和数据安全管理等机制、措施。《办法》要求直播间运营者、直播营销人员遵守法律法规和公序良俗,真实、准确、全面地发布商品或服务信息,明确直播营销行为8条红线,突出直播间5个重点环节管理,对直播营销活动相关广告合规、直播营销场所、互动内容管理、商品服务供应商信息核验、消费者权益保护责任、网络虚拟形象使用提出明确要求。

资料来源:国家互联网信息办公室负责人就《网络直播营销管理办法(试行)》答记者问,中国网信网,2021-04-23,略有编辑整理。

(二)经济因素的影响

经济环境是指企业进行网络营销活动过程中所面临的各种经济条件、经济特征、经济联系等因素。网络营销中的经济环境主要是指互联网经济环境。互联网经济是信息网络化时代产生的一种崭新的经济现象,是互联网技术发展到一定阶段的产物,是互联网技术和现代经济实现深度融合的结果。经济主体的生产、交换、分配、消费等经济活动,以及金融机构和政府职能部门等主体的经济行为,都越来越多地依赖信息网络,要从网络上获取大量经济信息,依靠网络进行预测和决策,而且许多交易行为也直接在信息网络上进行。

企业网络营销活动的开展和消费者网络购物行为的发生必须建立在地区经济相对发达、经济潜力大、互联网发展水平高的基础上。因为网络营销以网络为载体,要求本地区与信息相关的基础设施相对完善,并且有一定规模的,有相应的空闲时间和接受网络购物消费方式的网民,否则网民也不能成为企业网络营销活动的潜在客户。经济环境中的 GDP、人均 GDP、居民人均收入等指标也影响了网络消费者的购买力。有关统计资料显示，北京、广东、上海、浙江、江苏是国内互联网发展水平较高的地区。

（三）社会文化因素的影响

消费者生活在特定的社会之中，其购买行为受到诸多社会文化因素的影响。其中，影响消费者购买行为的重要因素是文化。不同的国家和民族有着不同的文化，具有不同文化背景的消费者形成了各自不同的价值观、信仰、审美观念、生活方式等，从而也就导致了具有显著差异性的消费行为。

1. 相关群体

相关群体又称参照群体，是指对消费者的态度和购买行为具有直接或间接营销的组织、团体和人群等，相关群体可分为首要群体和次要群体。首要群体方面，家庭是消费者最基本的相关群体，消费者与家庭成员的联系最紧密，购买行为受到家庭成员的影响也最强烈。除家庭之外，亲戚、好友、同事、邻居、同学等与消费者经常接触、关系较为密切的人也会对消费者的购买行为产生影响，他们会为网络消费者展示新的行为模式和生活方式。与网络广告、网民评论、直播带货介绍等相比，消费者更相信这些人对商品的评价。次要群体方面，在网络上，消费者通过共同爱好或交流建立自己的虚拟人际关系，虽然通常不能在现实生活中见面，但网络好友的意见同样会影响网络消费者对某些事物的看法和对某些商品的态度，进而影响其购买行为。

2. 社会阶层

消费者均处于一定的社会阶层。社会阶层是在一个社会中具有相对的同质性和持久性的群体，是按照职业、收入、所受教育程度和居住区域对人们进行的一种社会分类，是按照等级排列的。不同的社会阶层往往具有不同的偏好，他们在需求和购买行为上存在着较大的差异，有时候这种差异性还很大。因此，市场营销者研究分析各个社会阶层的特点及购买行为，对企业具有重要意义。

社会阶层的消费有以下几个特点：① 同一阶层的成员具有类似的价值观、兴趣和行为，在消费者行为上相互影响。高收入、高教育水平的网民更关注新闻时事、财经资讯，在网络上倾向购买质量好、技术含量高的产品。低收入、低教育水平的网民更关注娱乐，对网络游戏、免费产品、低价产品更感兴趣。② 一个人所处的社会阶层受到其职业、收入、文化程度等多种因素的制约，因此对消费品的需求种类也不一样。③ 社会阶层是动态的。人们追求提高自己的社会阶层归属。

3. 网络文化

互联网的出现和发展，形成了独具特色的网络群体和网络文化。众多的互联网用户借助网络进行相互交流和沟通，逐渐形成普遍认同的自由、开放、创新的网络文化。同时，在互联网中还存在着较多的网络亚文化群体和相应的网络亚文化。网络亚文化群体中的成员往往具有相同的网络价值观，并且遵循相同的网络行为准则。网络亚文化是与网络主流文化相对而言，是在网络虚拟空间中存在的边缘文化，也是网民在网络中逐渐形成、信奉和推行的一种特有的文化价值体系、思维模式和生活方式，例如，二次元文化、表情包、土味视频、弹幕文化、鬼畜视频、嘻哈等。

网络文化虽然只存在于虚拟的网络空间中，但必然会影响到网络客户的实际消费行为。特别是网络亚文化具有极强的渗透力和影响力，其对网民，特别是青少年网民的思想意识、行为方式有着极为深刻的影响。随着网络营销向纵深发展，网络消费者的结构变得较为复杂，网络文化开始表现出丰富多样性的特征，影响消费行为也趋向于多样化。

❓小思考

丧茶，享受这杯小确丧

千亿级的中国茶饮市场，喜茶、奈雪的茶、一点点、coco、茶颜悦色等诸多茶饮品牌，群雄并起，茶饮江湖风起云涌。在同质化严重的茶饮市场中，有一个萌芽于网络潮流的奶茶品牌，依靠"丧文化"营销脱颖而出，它就是丧茶。"80后""90后""00后"成消费的主力人群，也成为众多品牌想要收割的对象。如何去抓住年轻人是一场持久战，也是众多品牌正在面临或即将面临的问题。丧茶精确抓住了年轻人的痛点，用自嘲的语言牢牢把握年轻人的内心，一击即中。"丧茶"菜单包括"碌碌无为红茶，加班不止加薪无望绿茶，加油你是最胖的丝袜奶茶，买不起房冻柠茶，你是一个好人抹茶，苦到怀疑人生茶"，等等。该菜单直击年轻人的心理痛点，以反讽的手段帮助年轻人减压。丧茶的门店装修，有黑白、灰色主题店，还有粉色、黑金的旗舰店，给人潮流、与众不同的感觉；杯套、形象物、手拎袋的设计感无一不牢牢抓住了年轻人的眼球。

试分析丧茶是如何通过网络亚文化影响网络消费者的购买行为的。

（四）技术因素的影响

科学技术是一种"创造性的毁灭力量"，科技的发展对人们的生活方式、消费模式和消费需求结构均产生深刻的影响。网络信息技术的诞生与发展创造了网上虚拟市场这一全新的领域，改变了消费者的购物行为模式，为企业带来了巨大的市场机会，也促使新的企业组织形式与管理模式的产生。随着大数据、人工智能、移动互联网、云计算和社交电商、共享经济等为代表的网络技术的突飞猛进，互联网对市场的影响正在以颠覆性的形式与力量作用于市场营销，企业发展面临着新挑战与新机遇。

数字智能化时代，数字经济的发展为消费者的消费模式转变提供了极大的助力，与此同时，为消费者带来了更好的消费体验，提供了更加便捷的消费方式。所以从这个层面上来说，数字科技的发展，其实是消费者消费模式转变的加速器，使得消费者在更加宽广的全球市场范围内，通过对产品价格、品牌、信誉、适用性等综合比较选择产品与服务。

> 微阅读

企业数字化转型

数字化转型是企业以实现业务转型、创新和增长为目的,以数字化技术(例如云计算、大数据、移动、社交、人工智能、物联网、区块链等)为基础,以数据为核心,以组织架构和企业文化为保障,驱动组织商业模式创新和商业生态系统重构的途径和方法。企业如何进行数字化转型?

1. 互联网平台思维 + 技术升级

在互联网平台思维(赋能、共赢、生态协同)的影响下,企业的业务部门与技术部门应以新技术为基础,根据业务特点定制专属系统,从全局上提升效率和价值。通过平台化组织的转型,企业可以快速调整组织架构、工作流程,建立各种激励和保障机制,形成敏捷、高效的协同团队,确保组织内沟通及时、有效,响应业务需求。例如运用低代码开发平台去开发应用程序,可以大大减少开发、上线时间,迅速实现交付使用。

2. 搭建数字化平台,整合数据和运营

伴随着发展的脚步,企业积累了庞大的数据。但很多数据处于"沉睡"中,其价值尚未被挖掘。大数据时代,企业的核心竞争力是数据。全面激活数据必然有助于提升企业的竞争力。办公数字化是企业数字化转型的重要一步,也是实现数据驱动的有效举措。简单的做法是,企业搭建数字化办公平台,让各种信息集中到平台上来,一方面方便组织内部通过合作共享数据价值,另一方面可以挖掘数据的新价值,实现数据价值的聚合、流转和增值。

3. 全局规划,局部入手

数字化转型,应该全面规划,从局部入手。仅有全局规划而没有落实属于纸上谈兵;有全局规划并全面推进,项目周期有可能拉长,为数字化转型带来不确定因素,从而影响落地效果,甚至导致转型失败。

资料来源:搜狐新闻,《企业如何进行数字化转型?三步走,快速落地见效!》,2021-09-24,略有编辑整理。

(五)地理因素的影响

理论上讲,互联网覆盖全球,网络消费者处在同一个虚拟商务环境中。但现实中的网络消费者却是分布于不同的国家和地区,生活在城镇或农村。不同地理位置在互联网基础资源、互联网资源应用、互联网接入设备、物流配送、网购习惯与购买力等方面均有一定差异性，某些方面的差异性会更明显。一般来说，经济发达与交通便利的地区，网络消费比例较大，互联网发展水平较高。经济欠发达地区或边远地区，网络消费虽然有一定的规模，但还有待进一步发展。

如前所述，我国城镇地区互联网普及率远高于农村地区，网民也主要集中在城镇，截至2022年6月，城镇地区互联网普及率为82.9%，农村地区互联网普及率为58.8%。城镇网民规模达7.58亿，占网民整体的72.1%；农村网民规模达2.93亿，占网民整体的27.9%。2022年8月商务部发布的《中国电子商务报告2021》显示，我国网购市场的地区差异仍然不小，整体而言东部地区比其他地区网络购物市场要更发达。东部地区网络零售额占全国网络购物规模的84.3%，其次是中部地区和西部地区，占比分别为8.8%和5.6%，东北地区最少，为1.3%。

3-3 报告：商务部中国电子商务报告2021

二、企业营销因素

（一）商品自身的影响

1. 商品价格

价格不是决定销售的唯一因素，但却是影响消费者消费心理及消费行为的主要因素之一。对于同种商品，消费者总是倾向购买价格更低者。相比传统营销，网络营销没有昂贵的店面成本，也没有沉重的商品库存压力，具有低行销成本和可预期的低结算成本，所以网络商品在价格上更具竞争力。一方面，网络营销的产生及发展均依赖于低价策略和免费策略，因此网络消费者对网络产品和服务拥有低价和免费的心理预期。另一方面，网络的开放性和共享性能够使网络消费者迅速获得众多品牌的价格信息，因此具有价格优势的商家更能获得网络消费者的青睐。

2. 商品时尚性及新颖性

追求商品的时尚与新颖是许多网络消费者特别是年轻群体网上购物的主要原因，这类消费者非常注重商品的款式、格调和社会流行趋势，讲求新潮、时髦和风格独特。因此，相比价格因素，时尚性、新颖性更能激发这类网络消费者的购买欲望。这类商品一般包括服装、美妆、建材家装、家居用品、个性化商品等。

3. 商品个性化

狭义的商品个性化是相较于竞争对手在产品整体或某一方面具有该类产品的共性，同时具有竞争对手产品没有的功能与特性，通过差异性而领先、超前于竞争对手。广义的商品个性化是一种建立在完全满足顾客个性化要求基础上的产品，不仅仅体现在核心产品、有形产品方面的差异，而且要延伸到产品个性化销售和产品个性化服务。企业根据网络消费者的个性化需求，对商品的功能、外观、结构进行重新设计和组配，剔除冗余功能与结构，添加新的个性化功能，并根据个性化要求优化外观结构，以实现客户追求的高度个性化效用。

（二）商品陈列的影响

传统型商店通过商品陈列方式达到展示商品和吸引消费者购买的目的，商场的位置、布局、商品陈列都会对消费者的购物行为产生影响。但在虚拟的网络空间，取而代之的则是网页、小程序、APP、直播室等展示的商品分类目录和店内商品搜索，通过文字、图片、视频、现场解说等介绍商品。消费者无法像在传统的商店中购物那样，通过与商品实物的直接接触来了解商品的质量和适用性。这必然会影响到网络消费者的购买行为。

（三）购物便利性的影响

购物便利性是消费者选择购物渠道的首要考虑因素之一。由于网络全天候开放，网络购物突破了时间和空间地域的限制，网上购物已经比传统购物大大方便了。但同时，网站等互联网资源应用是否容易被搜索到，搜索的速度及其页面、导航设计，商品的选择范围与详细目录，信息服务速度等都会影响到网络消费者的购买选择。

尽管与传统购物相比，通过互联网开展网上购物已经极为便利和快捷了，但网络消费者在购物便利性和快捷方面仍有诸多的抱怨和不满。网络商家对消费者的这些抱怨与不满应引起重视。第一，要强化网上市场推广，以利于消费者能够快速搜索。第二，优化设计网站、小程序及 APP 等的页面和内容等，合理简化订购手续，更方便消费者操作使用。第三，升级服务器、优化数据库，提高网上信息服务速度与效率。

（四）安全性与服务因素的影响

传统的购物一般是一手交钱一手交货，即"钱花出去了，商品在自己手里"。网上购物一般需要先付款后送货，改变了传统交易的模式，使得消费者产生了支付及售后方面的感知风险。对个人信息隐私、交易安全及服务质量的担心是影响网上购物的重要因素。一方面，网络购物的虚拟性很强，网络消费者担心商品质量与宣传不符或差异过大，担心售后服务得不到保障，担心订单处理速度、送货和各项服务等问题。另一方面，由于在线交易的特殊性，基于互联网进行的消费活动一般都需要消费者提供各种信息完成注册，网络消费者就会担心网络商家的信用与信誉、资金交易安全与个人信息的外泄等。网商必须在网络购物的各个环节加强安全保护措施，增强客户的购物信心，从安全性和顾客服务的加强与优化着手，培育消费者的信心并降低感知风险。

三、消费者个人因素

（一）年龄与性别

年龄和性别是影响消费者购买行为的重要个人因素。消费者对产品的需求随着年龄的增长发生变化，不同年龄阶段需要不同的商品。现阶段，互联网用户仍以中青年为主，他们思想活跃，乐于表现自我，喜欢追逐时尚，又希望展现独特个性，在网络消费中体现出时尚性消费与个性化消费的特征。性别因素的影响主要体现在男女消费者购买商品类别和购买决策的差异性。男性消费者较多购买电子产品、烟酒类产品，女性消费者喜欢时装、化妆品和首饰。男性消费者自主性较强，购物时理性成分居多。女性消费者购物时，有一定的依赖性，往往在意他人的意见，感性成分较多。

（二）职业与地位

消费者的需求与偏好受到职业因素的影响，消费者一般会选择购买符合职业特点、能代表自己身份地位的产品。不同职业的消费者，对不同种类的商品有不同爱好，有时候职业因素甚至影响消费者网购的时间、频次及其他行为特征。比如从当前网民职业构成来看，学生群体仍是网民中规模最大的群体，学生群体网购商品以学习用品、服装、化妆品、电子产品等为主。

（三）个人经济状况

经济收入、资产与借贷能力极大程度上影响消费者的消费水平和消费范围，决定了消费者的需求层次和购买能力。消费者经济状况较好，就能购买较高档次的商品，反之，只能优先满足衣食住行等基本生活需求。消费者的经济收入是进行市场细分的重要指标，网络消费者的收入越高，在网上购买商品的次数就越多，网络消费金额也就越大。

（四）使用互联网的熟练程度

消费者进行网络购物必须使用计算机、移动设备和互联网，故消费者检索产品信息、登录网站、浏览网页等都需要一定的网络知识储备和设备使用能力。因此，网络消费者对互联网应用的了解和熟悉程度会影响其购买行为。相较于传统消费者，网络消费者的网络知识、使用能力、对互联网的熟悉程度等不同，对网上购物就会采取不同的态度和行为。当消费者初次接触网络，对互联网的认识才刚起步，应用操作也不熟练。此时消费者对互联网的兴趣主要体现在浏览和访问各种类型的网站、APP、小程序等互联网资源应用。随着上网时间的增加，消费者对互联网越来越熟悉，操作应用日益熟练，互联网成为日常生活的组成部分，消费者开始尝试各种网络购物活动，随后网络消费者的行为出现分化。一部分消费者对网络的新奇感消退，形成了固定的浏览网站和消费习惯，这部分消费者被称为喜新厌旧者。另一部分消费者把互联网看成现实生活的替代，在互联网上消费、娱乐、交流、学习，更深地沉醉于网络之中，被称为网络黏滞者。

微阅读

银发经济崛起，老年人网络消费呈现新热点

这"届"老年人不一样了，他们敢花钱、会生活——拼单网购、办健身卡、出游说走就走……从基础的吃、穿、用，到娱乐、保健、养老，更多老年消费需求开始迸发，对供给端也提出了更高要求。2022年10月，京东消费及产业发展研究院发布的《银发经济崛起——2021老年用户线上消费报告》显示，线上老年适用品市场越来越繁荣，线上老年健康服务类商品数量增长超10倍；银发族成为消费市场的重要增长动力，2021年前三季度银发族网购销量同比增长4.8倍。《2020年老年人互联网生活报告》显示，我国60岁及以上群体的网络普及率为38.6%。其中，超10万老人日均在线超10个小时。从长远来看，随着老年用户"触网"人数增加，网购人数增长将是必然趋势。

2020年以来，疫情加速了银发群体融入数字生活的进程。其中，智能手机是数字化生活的重要媒介，智能手机、移动网络的大范围普及激活了银发族的消费潜力，使银发族能够去学习网购，逐渐习惯网购，而且通过网购尝试很多新的消费形式，提高了生活的舒适和便利。相关统计数据显示，除居家、服饰等生活必需品，银发族的网购清单中增加了手机、家电、家居家具、无糖糕点、营养保健品、珠宝首饰等旅游、健康、生活服务等内容。去年前三季度，老年人线上旅游消费增长10倍，齿科消费增长8倍，健康体检增长2倍，洗衣服务、生活缴费也呈高倍数增长。老年人网购品类也越来越广泛。

资料来源：① 华声在线，《被"网住"的老年生活 买买买！当银发族恋上网购……》，2022-10-08。

② 参考网，《银发经济崛起，老年人消费呈现新热点》，2022-11-25，略有编辑整理。

（五）网络消费动机

所谓动机，是指推动人进行活动的内部原动力，即激励人们行为的原因。人们的消费需要都是由购买动机而引起的。网络消费者的购买动机，是指在网络购买活动中，能使网络消费者产生购买行为的某些内在的动力。网络消费动机基本上可以分为两大类：需求动机和心理动机。

1. 需求动机

网络消费者的需求动机是指由需求而引起的购买动机。要研究消费者的购买行为，

首先必须研究网络消费者的需求动机。美国著名的心理学家马斯洛的需求理论对网络需求层次的分析，具有重要的指导作用。网络技术的发展，使现在的市场变成了网络虚拟市场，但虚拟社会与现实社会毕竟有很大的差别，在虚拟社会中人们希望满足以下三个方面的基本需要。

（1）兴趣需要，即人们出于好奇和能获得成功的满足感而对网络活动产生兴趣。

（2）聚集，通过网络给相似经历的人提供了一个聚集的机会。

（3）交流，网络消费者可聚集在一起互相交流买卖的信息和经验。

2. 心理动机

心理动机是由于人们的认知、感情、意志等心理活动过程而引起的购买动机。网络消费者购买行为的心理动机主要体现在理智动机、感情动机和惠顾动机三个方面。

1）理智动机

理智动机具有客观性、周密性和控制性的特点。这种购买动机是消费者在反复比较网络市场商品后才产生的。因此，该购买动机比较理智、客观而很少受外界因素的影响。理智购买动机的产生主要出于对耐用消费品或价值较高的高档商品的购买欲望。

2）感情动机

感情动机是由人们的情绪和感情所引起的购买动机。这种动机可分为两种类型：一种是出于人们喜欢、满意、快乐、好奇等情感而引起的购买动机，它具有冲动性和不稳定性的特点；另一种是由人们的道德感、美感、群体感而引起的购买动机，它具有稳定性和深刻性的特点。这种购买动机的产生主要出于对刚刚推出的新产品或馈赠礼品的购买欲望。

3）惠顾动机

惠顾动机是建立在理智经验和感情之上，对特定的网站、广告、商品产生特殊的信任与偏好而重复、习惯性地进行访问并购买的一种动机。由惠顾动机产生的购买行为，一般是网络消费者在作出购买决策时心目中已首先确定了购买目标，并在购买时克服和排除了其他同类产品的吸引和干扰，按原计划确定的购买目标实施购买行动。具有惠顾动机的网络消费者，往往是某一互联网资源应用的忠实浏览者。

第三节　网络消费者购买决策过程

传统市场营销理论将消费者购买决策过程划分为诱发需求、收集信息、比较选择、购买决策和购后评价五个阶段。与传统的消费者购买行为相类似，网络消费者的购买决策过程实际上是通过网络这一工具实现购买行为的过程。从酝酿购买开始到购买后的一段时间，网络消费者的购买决策过程同样分为五个阶段：诱发需求、收集信息、比较选择、购买决策和购后评价（见图3-2）。

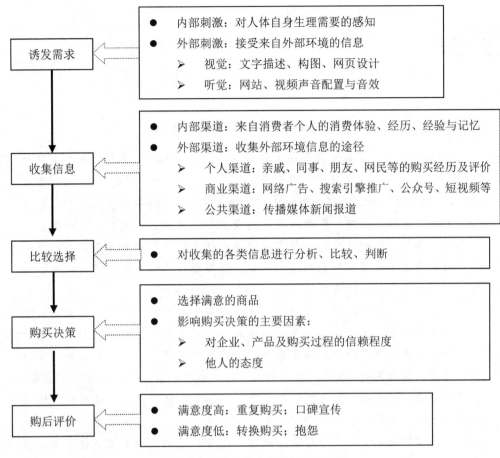

图 3-2 网络消费者的购买决策过程

一、诱发需求

网络购买过程的起点是诱发需求。消费者的需求是在内外因素的刺激下产生的。当消费者对市场中出现的某种商品或服务发生兴趣后，才可能产生购买欲望，这是消费者购买行为形成和实现过程中所不可缺少的基本前提。

在传统营销的购物过程中，诱发需求的动因是多方面的，品牌的"五感"营销，是调动人的视觉、听觉、味觉、嗅觉和触觉五种感觉，让消费者捕捉到外界信息和品牌的交流信息，从而增强品牌的记忆，锻造品牌竞争优势。对于网络营销来说，诱发需求的动因主要是视觉和听觉，视觉和听觉营销并不是单打独斗，而是在共同发挥作用。网页、微信公众号、抖音视频、直播间、微博、电子邮件等文字的表述、图片的设计、声音的配置是网络营销诱发客户购买的直接动因。视觉和听觉对消费者的吸引是有一定局限性的。除此之外，作为网络营销者，必须了解与自己产品有关的实际需要和潜在需求，掌握它们在不同的时间内的不同程度以及刺激诱发的因素，为消费者构建一种"触发诱因"，以便设计相应的促销手段去吸引更多的消费者，诱导他们的需求欲望。

> **小案例**
>
> ### 《我和我的家乡》带动农货热销
>
> 2020年国庆期间最大的票房黑马非《我和我的家乡》莫属。电影上映至10月11日,《我和我的家乡》总票房20.53亿元,成为中国影史第21部票房超20亿的影片。作为这部电影的官方合作伙伴,拼多多特别上线了"家乡好货一起拼"专区,并对应影片故事分别设置了京津冀、云贵川、江浙沪、西北和东三省销售专场,通过特色产品的集中展示、大规模的补贴让利,进一步带领消费者体验家乡风貌的深刻变化。消费者在感受家乡巨变的同时,也纷纷以在线下单、实地旅游等形式,支持家乡的好货与美景。
>
> 拼多多数据显示,10月1日至8日节日期间,北京的糕点、河北的山楂等商品在京津冀专场中销量靠前,其中北京糕点类产品的订单量同比上涨近70%。在云贵川专场的产品种类最多,从四川的丑橘、石榴,到云南的鲜花饼、土豆,再到贵州的辣椒、牛肉粉,热门产品不一而足。在江浙沪专场中,江苏的螃蟹、糯米藕,以及浙江的梅干菜、水磨年糕等产品较受欢迎。陕西苹果、冬枣、猕猴桃等牢牢占据着西北专场产品销量前三的位置。哈尔滨的红肠、五常的大米、九三的食用油等在东三省专场中销量靠前。据了解,截至10月13日,"家乡好货"专区的产品订单量已突破1亿单。在业内看来,拼多多的"家乡好货"专区让消费者便捷迅速地搜罗到了记忆中的家乡美食,助力农货出山,让乡亲们的腰包更鼓了。
>
> **资料来源:**①《新京报》,《联动〈我和我的家乡〉,拼多多"家乡好货"订单破亿》,2020-10-13。
> ②齐齐哈尔新闻网,《〈我和我的家乡〉带动家乡农货热销 "家乡好货"随票房一路上涨》,2020-10-13,略有编辑整理。

二、收集信息

当需求被诱发后,每一个消费者都希望自己的需求能得到满足,所以,收集信息成为网络消费者购买决策过程的第二个环节。这个环节的作用就是汇集商品的有关资料,为下一步的比较选择奠定基础。

传统营销中,消费者收集信息大多处于被动的状态,收集的范围及质量均存在局限性,但在网络营销中,网络环境丰富的信息量,为消费者选择商品提供了众多平台。

消费者收集信息速度快，主动性大大加强。一般来说，消费者收集信息的渠道可分为内部渠道和外部渠道。其中，内部渠道是指消费者个人所储存的市场信息，包括购买商品的实际经验、对市场的观察以及个人消费记忆等。例如，购买香水的女性消费者会从消费记忆中重新获取相关信息。外部渠道则是指消费者可以从外界收集信息的通道，包括个人渠道、商业渠道和公共渠道等。例如，在线评论作为一种网络消费者收集信息的渠道，会对个人购买决策产生重大影响。一般而言，消费者首先在自己的记忆中搜寻可能与所需商品相关的知识经验，如果没有足够的信息用于决策参考，他便会通过外部渠道寻找与此相关的信息。

三、比较选择

消费者需求的满足都是有条件的，主要条件就是实际支付能力。消费者为了使消费需求与自己的购买能力相匹配，就要对各种渠道汇集而来的信息根据产品的功能、可靠性、性能、样式、价格等商品属性，品牌资产，效用要求和售后服务等标准进行比较、分析、筛选及研究，从中选择最满意的商品。传统消费中，消费者主要通过试用产品、朋友推荐等获得信息进行比较选择。而在网络消费中，网络消费者主要根据商家对产品的具体描述、直播带货展示、虚拟社区论坛交流等方式获得相关产品信息并进行比较选择。一般来说，一般消费品和低值消费品比较容易选择，耐用消费品比较谨慎选择。

四、购买决策

网络消费者在完成了对商品的比较选择之后，对备选商品产生了偏爱，形成购买意愿，便进入了购买决策阶段。购买决策是指网络消费者在购买动机的支配下，从两件或两件以上的商品中选择最终购买商品的过程。购买决策是网络消费者购买活动中最主要的组成部分，做出购买决定和实施购买是决策制定过程的核心。

在传统消费中，消费者受参照群体和商家促销策略的影响，容易产生冲动型和从众型动机。与传统消费相比，网络消费者以中青年群体为主，绝大多数往往会主动通过各种可能的渠道获取与产品有关的信息并进行分析和比较，以决定是否购买、何时购买、如何购买等，其购买决策具有较强的分析判断能力，属于理性的购买行为。因此，网络消费者理智型动机所占比重较大。

厂商品牌资产、支付方式及安全性、商品特性等均是影响网络消费者购买决策的因素。网络营销者要促使网络消费者果断地做出购买决策，就必须重视全面提高产品质量，树立企业形象，优化货款支付方式和商品邮寄方式等环节。

五、购后评价

购后评价是消费者购买产品或服务后进行判断、分析的结论，评价的内容主要包括购后满意度及售后活动。因此，商品在被购买之后，营销人员的工作并没有结束。消费者购买商品后，往往通过使用和他人的评价，对自己的购买选择进行检验和反省，重新考虑这种购买是否正确，效用是否理想，以及服务是否周到等问题。产品的购后评价往往决定了消费者今后的购买动向。如果产品符合期望，甚至超出期望，消费者对商品的满意度会很高；反之，如果与期望不符，消费者对商品会产生抱怨。满意度高的商品，消费者在今后的购买中，重复购买的可能性就高；反之，消费者会通过与商家协商、向平台或消费者权益保护委员会或相关行政部门投诉、提请仲裁机构仲裁、向法院提起诉讼等多种途径维权。为了提高企业的竞争能力，最大限度地占领市场，企业必须虚心听取消费者的反馈意见和建议。企业在网络上收集到这些评价之后，通过分析、归纳可以迅速找出工作中的缺陷和不足，及时了解消费者的意见和建议，制定相应对策，改进自己产品的性能和售后服务。

本章小结

随着我国数字经济的发展，网络消费已经成为人们日常生活的重要部分，网络消费成为主流消费形式。企业网络营销活动离不开对网络消费者的研究，需要企业深入研究网络消费者需求特征以制定合适的市场营销策略。网络消费者是消费者的一种特殊类型，作为一个独特的群体，除具备消费者的一般需求特点之外，还具有其他显著特点。企业要做好网络市场营销工作，就必须认真分析网络消费者的特点以便采取相应的对策。

本章通过《盖Kindle，面更香》的案例说明了深入研究网络消费者需求特征及购买行为对于网络营销创新的意义，阐述了网络消费者的定义、特点与基本类型，分析了网络消费者的结构，在分析影响网络消费者购买行为相关因素的基础上，对网络消费者购买决策过程作了较全面的说明。

习 题

一、单选题

1. 以下哪一项不属于网络消费者的特点（　　）。
A. 中青年群体为主，猎奇心理强
B. 自我意识强
C. 需求逐渐同质化
D. 消费的主动性增强，更看重便利性和乐趣性
E. 消费生活化、常态化、渠道多元化

2. 截至2022年12月，中国网民规模达到（　　）亿。
A. 8.75　　　　　　　　　　　　　B. 10.67
C. 9.55　　　　　　　　　　　　　D. 11.2

3. 从当前网民职业构成来看，（　　）仍是网民中规模最大的职业群体。
A. 学生群体　　　　　　　　　　　B. 个体/自由职业者
C. 农村外出务工人员　　　　　　　D. 企业/公司的管理人员和一般职员

E. 退休人员

4. 以下（　　）属于直接影响网络消费者购买行为的首要参照群体。

A. 朋友　　　　　　　　　　　　B. 邻居

C. 家庭成员　　　　　　　　　　D. 同事

5. 网络消费者购买行为的影响因素中属于非个人因素的是（　　）。

A. 年龄与性别　　　　　　　　　B. 职业与地位

C. 消费动机　　　　　　　　　　D. 购物便利性

6. 影响网络消费者购买行为的企业营销因素中，（　　）不属于商品自身因素。

A. 商品价格　　　　　　　　　　B. 商品时尚性及新颖性

C. 商品陈列　　　　　　　　　　D. 商品个性化

7. 以下（　　）不属于网络消费者的社会结构。

A. 性别结构　　　　　　　　　　B. 职业结构

C. 收入结构　　　　　　　　　　D. 学历结构

8. （　　）是建立在理智经验和感情之上，对特定的网站、广告、商品产生特殊的信任与偏好而重复、习惯性地进行访问并购买的一种动机。

A. 理智动机　　　　　　　　　　B. 感情动机

C. 比较动机　　　　　　　　　　D. 惠顾动机

9. （　　）是网络消费者购买决策过程的起点。

A. 诱发需求　　　　　　　　　　B. 收集信息

C. 比较选择　　　　　　　　　　D. 购买决策

E. 购后评价

10. 网络消费者的购买决策过程可分为五个阶段，一般情况情况下，网络消费者收集信息后会进行（　　）。

A. 诱发需求　　　　　　　　　　B. 比较选择

C. 购买决策　　　　　　　　　　D. 购后评价

二、多选题

1. 根据网络消费者的行为目的与特点，可以将网络消费者分为（　　）类型。

A. 信息寻求型　　　　　　　　　B. 免费品寻求型

C. 享乐型　　　　　　　　　　　D. 购买型

2. 影响网络消费者购买行为的市场环境因素包括（　　）。

A. 政治法律因素　　　　　　　　B. 经济因素

C. 社会文化因素　　　　　　　　D. 技术因素

E. 地理因素

3. 现阶段，关于我国网民属性结构表述错误的是（　　）。

A. 青年群体占比不断提升

B. 互联网持续向中老年人群加强渗透

C. 网民性别结构极端不平衡

D. 城乡地区互联网普及率差异进一步缩小

4. 对于网络营销来说，诱发需求的主要动因是（　　）。
A. 视觉　　　　　　　　　　　　B. 听觉
C. 味觉　　　　　　　　　　　　D. 嗅觉
E. 触觉

5. 在比较选择阶段，网络消费者根据（　　）标准进行比较、分析、筛选及研究，从中选择最满意的商品。
A. 商品属性　　　　　　　　　　B. 品牌资产
C. 效用要求　　　　　　　　　　D. 售后服务

三、判断题

1. 现阶段，我国网络消费者网络购物仍然是以 PC 端下单为主。（　　）
2. 浏览型网络消费者是刚触网的新手，上网经验不丰富。（　　）
3. 现阶段，我国绝大多数网民的学历为高中及以下，本科及以上人数较少。（　　）
4. 现阶段，我国网购市场的地区差异较小，各地区网购渗透率较为平衡。（　　）
5. 网络消费者所有的感情动机均具有冲动性和不稳定性的特点。（　　）

四、简答题

1. 简述网络消费者的基本类型。
2. 网络消费者的消费动机有哪几种？针对每种消费动机，请举例说明。
3. 结合中国互联网络信息中心发布的第 51 次《中国互联网络发展状况统计报告》，分析当前我国网络消费者的构成。
4. 结合某一具体实例，简述影响网络消费者购买行为的因素。
5. 结合某一具体实例，简述网络消费者的购买决策过程。

五、论述题

基于消费者购买决策过程的视角，比较分析网络消费与传统消费在购买决策过程各阶段的差别。

六、案例分析

蒟蒻果冻：贴近消费需求，让产品健康又"好玩"

现在的一些食品饮料产品起名字，开始越来越"不讲武德"了。不信？看看下面这一串产品/品牌名，你能读出几个？蒟蒻、炭灸、白馦、暓酒、炉井、馻水、两漾萃、大龙燚、十八氽、犇西诗、粿子君……这情形如同开学第一天，老师点名时面对孩子们各种生僻字名字，露出了无奈的笑容……这些难读的产品名甚至还造成过颇为"尴尬"的局面。

2020 年 10 月 6 日，亲亲旗下一款名为"蒟蒻（jǔ ruò）"的果冻产品登上李佳琦直播间。而在直播前，因为蒟蒻产品名实在太过"难认"，一众预告微博将蒟蒻的产品名打得五花八门，包括"亲亲药蒻果冻""亲亲弱果冻""亲亲药葛果冻""亲亲王菊果冻"。甚至连亲亲食品官方微博都对这件事进行了官方"卖惨"。粉丝纷纷在微博下留言"因为蒟蒻，抱抱亲亲～～"最终，这条微博获得了近1000条评论和近2000个赞，均是亲亲食品微博平均值的50～100倍。蒟蒻果冻在李佳琦直播间当晚便卖出77万。并因为其多样化的吃法引起了热烈讨论，截至2020年12月底，微博#蒟蒻的神仙吃法#超话阅读数已破1亿。看来"蒟蒻的神仙叫法"风头丝毫不低过"蒟蒻的神仙吃法"。

据益普索《2019中国食品饮料品类包装趋势洞察报告》的统计，83%的消费者表示非常愿意或比较愿意购买包装新颖独特的产品。那什么样的新颖包装最能吸引消费眼球呢？研究显示，所有要素中排名第一的是：包装上的产品名有新意（63%）。而传统印象中吸引消费者眼球的有效方法"包装上采用大图案"和"包装上采用大文字"，只占到23%和12%。

在微博中搜索"蒟蒻"就能发现，对"蒟蒻"的各种产品分享中，总少不了对其读音的调侃与吐槽。对于见惯了各种产品的消费者而言，"蒟蒻"这样新奇的产品名，可能反而可以引起他们的兴趣，引发讨论，从而达到意想不到的传播效果。

资料来源：FBIF食品饮料创新，《蒟蒻、炭炏、十八汆……这些食品为啥要起个"读都读不出来"的名字》，搜狐网，2021-01-06，略有编辑整理。

（1）阅读案例，健康又好玩的蒟蒻果冻在社交媒体打出的组合拳迎合了网络消费者的哪些特点？

（2）阅读案例，结合企业营销因素思考，亲亲食品是如何影响网络消费者的购买行为的？

第四章
Chapter 4

网络市场调研

主要知识结构图

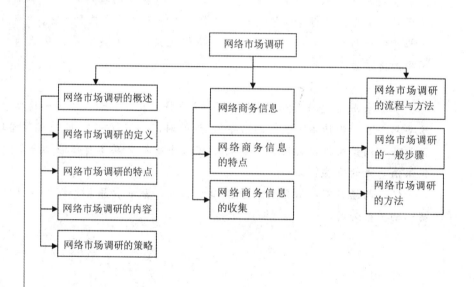

教学目标

· 帮助学生了解网络市场调研的含义、特点及网络商务信息来源。
· 帮助学生理解网络市场调研的一般步骤和内容。
· 帮助学生掌握商务信息收集的方法和主要途径。
· 结合网络市场调研策略、方法及步骤，引导学生紧密结合中国企业网络营销调研的优秀理论及实践成果，帮助学生树立正确的职业道德观。

> 开篇案例

Netflix 是如何利用大数据打造爆款神剧的？

好莱坞传奇编剧威廉·戈德曼（William Goldman）曾经说过，在好莱坞，现在没有，将来也不会有人能够预测是什么原因能够让一部电影叫座。Netflix 首席执行官里德·哈斯廷斯（Reed Hastings）决定证明戈德曼是错的。他创立了一项业务，用来预测哪些电影会让观众目不转睛地看着。大量的数据为 Netflix 的"推荐引擎"提供了保障，并影响该公司加倍投入的电影。自 1997 年成立以来，Netflix 已经成为科技巨头，其流媒体创新改变了用户观看、支付和谈论娱乐的方式。这家流媒体平台大肆地向国际扩张，同时创造了世界上最引人注目的内容，并获得了创纪录的股价回报（目前，Netflix 的股票市值超过 2000 亿美元，超过迪斯尼）。Netflix 公司快速发展背后的三个驱动因素如下，我们可以从中学到营销经验。

1. 数据驱动的个性化

Netflix 著名的推荐算法决定了 75% 用户的观看内容。换句话说，四分之三的用户看的视频都是来自 Netflix 推荐的内容。甚至每一部向用户推荐的电影作品都有特定的风格：Netflix 为每个目标用户优化了艺术作品，以突出电影中与他们最相关的方面。从封面来判断一本书（或电影）总是很困难的，但至少现在的封面是个性化的。

数据科学家是 Netflix 在了解客户行为并利用它来推动转化率、忠诚度和利润方面的秘密武器。正如 Netflix 的全球传播总监所说，这就是为什么，"Netflix 有 3300 万个不同版本"。经验表明与粉丝的互动越多越好。无论用户访问的是网站还是参加网站活动，每一次互动都会留下一点点数据。如果你能把这些收集起来，并把它们拼凑成一张完美的粉丝画像，那就能打造出无缝的个性化体验。

2. 经过严格的实验和测试

2017 年 4 月，Netflix 推出了新的评分系统。以前，用户会给电影和节目打 1—5 星。但在 Netflix 产品团队进行了一些测试后，他们发现了一种新的、更简单的"赞成/反对"评级系统，该系统始终击败了原来的星型评分系统。

利用在其平台上收集的综合数据，Netflix 确定，在其 3300 万用户中，有相当大比例的用户从开始到结束都在观看大卫·芬奇（David Fincher）导演的电影《社交网络》（*The Social Network*），而凯文·史派西（Kevin Spacey）主演的电影在观众中总是很受欢迎的。此外，Netflix 的数据显示，其平台上的英国版《纸牌屋》在美国大获成功。看过英国版《纸牌屋》的人也看过史派西或芬奇导演的其他电影。根据这些数据，Netflix 得出的结论是，这部由广受欢迎的演员凯文·史派西和导演大卫·芬奇导演的电视剧在英国已经大获成功，那么对于美国观众来说，也将会获得成功。事实证明，他们是对的。《纸牌屋》一炮而红。六年后，尽管主演凯文·史派西的名声不佳，但这部剧仍然在 45 万多 IMDb（互联网电影资料库）评论中获得 8.7 分（满分 10 分）的评分，与《绝命毒师》和《权力的游戏》等大片并列。《纸牌屋》的成功并非偶然。Netflix 的其他原创电影，如《女子监狱》《怪奇物语》等，都采用了类似的基于大数据的流程，获得了好评。

3. 让用户参与故事制作

2018 年，Netflix 发布了一集《黑镜》，观众可以选择结局。这种可以让用户选择剧情走向的方法可能会带来一种全新的参与度。

想象一下，如果你最喜欢的电视剧有多个结局，那么你的"追剧"会变得多么刺激。一些观众几乎肯定想要发现一个故事的所有结局，并花费数小时探索不同的故事线。正如很多人在做测试时，得到一个测试结果后，就会想着再做一次测试来看看其他结果如何。

然而，Netflix 的好处还不止于此。例如，如果观众看了很多遍《怪奇物语》，大多数人选择了第三个结局，那么在开发新节目和原创内容时，这些选择是值得考虑的。正如你所看到的，这种参与打开了一个充满机会的全新世界。

资料来源：《Netflix 是如何利用大数据打造爆款神剧的？》，新网，2020-7-13，略有编辑整理。

https://www.xinnet.com/xinzhi/63/324768.html。

第一节　网络市场调研的概述

一、网络市场调研的定义

市场信息变幻莫测，企业需要花费大量的人力、物力和财力收集市场信息并进行市场研究以降低经营风险。传统市场调研指用科学的方法，有目的、有计划、系统地收集、整理和分析研究有关市场营销方面的信息，提出解决问题的建议，供营销管理人员了解营销环境，发现机会与问题，作为市场预测和营销决策的依据。

互联网的发展使商业数据爆炸式增长，企业如何采取有效手段从海量的数据中提取有效信息、消化这些信息进而为营销活动服务成为关键。互联网作为高效、快速、开放的信息传播媒介，大大提高企业收集信息的效率和效用，而且可以作为企业有效地直接获取市场信息的渠道。为了适应信息传媒的变革，企业积极开展网络市场调研。

网络市场调研是指个人或组织为了某个特定的营销决策，利用互联网技术与资源开展的收集整理市场营销信息、分析判断市场营销情况的网络营销活动的总称。网络营销调查所解决的主要问题是通过各种网上调研的方式与方法，系统地收集大量有关市场营销的数据和资料，如实反映企业市场营销方面的客观情况，为企业决策提供客观依据。

互联网海量的信息、免费的搜索引擎、免费的电子邮件等服务，都对传统市场调研方法和营销策略产生了很大的影响，同时也极大地丰富了市场调研的资料来源，扩展了传统的市场调研方法。

4-1 案例：
当阿里、京东不再披露用户数据

二、网络市场调研的特点

一方面，网络市场调研与传统市场调研在调研的目的、分析研究的内容等方面没有根本区别，都是以科学的方法，系统地、有目的地收集、整理、分析和研究所有与市场有关的信息，从而把握市场现状和发展态势，有针对性地制定营销策略，取得良好的营销效益。另一方面，互联网丰富了市场调研的数据来源，拓展了传统市场调研方法，与传统市场调研在调研费用、调研范围、运作速度、调研的时效性及调研结果的可信性等方面有很大不同。

（一）网络调研信息的及时性和共享性

互联网上信息的传输速度非常快，网络信息能够迅速传递给互联网的任何用户。通过网上调研，企业可以及时、快速地掌握信息，并能够根据具体情况随时调整网络问卷、讨论话题等内容。网络调查是开放的，鼠标轻轻一点，世界任何角落的网络用户都可以参与其中，企业发布的信息可以快速地被用户获得，从用户输入信息到企业接受信息，往往只需要几秒钟。例如，通过问卷星等网络问卷调查程序，极短时间内就可以把问卷发放到各地。同时，网络调研信息经过统计分析软件处理后，可以得到阶段性调研结论，整个过程非常迅速，而传统的市场调研得出结论需经过很长的一段时间。

（二）网络调研的便捷性和低成本

互联网是一个全球性的开放网络，用户可以在任何方便的时间和地点参与调研，不受区域和时间限制。传统的市场调研的实施需要耗费大量的人力和物力，而网络营销调研只需拥有可以接入互联网的计算机或手机等移动设备。网络调研者可以在企业门户网站、专业市场调研平台上编写并发布网络调查问卷，并通过微博、邮件、微信、QQ等社交媒体发送给网络用户，最后通过计算机及统计分析软件对收集的网络问卷进行分析和整理，整个过程仅需少量的人力和物力即可实现。

> 微阅读

从 8 周到 72 小时，宝洁如何网住消费者需求

网络使用户的消费行为变得迅速而复杂。企业不但要对这种变化保持高度的洞察力，还必须具有强大的动态反应能力，对千变万化的用户行为做出迅速甚至实时的响应才能留住客户。要在竞争高度激烈的消费品行业中领先，就要求宝洁能摸准全球消费者的脉搏。从芝加哥到加拉加斯，从布鲁塞尔到北京，宝洁的产品开发人员和销售人员必须要比竞争对手更了解消费者的需求。宝洁也必须将这些需求与创新力量相衔接，帮助他们迅速地生产出可满足客户需求的新产品和新解决方案。

宝洁确定了以互联网中心的新数字战略，涉及业务运营的所有方面：了解消费者、优化供应链、消除非增值成本并提高员工效率。它使公司形成了与消费者、客户和员工间更紧密的关系，业务决策过程也有所加快。宝洁向 130 多个国家中的将近 50 亿消费者销售着大约 250 个品牌的产品。以前，宝洁在全球进行数千理念测试和消费者调查时，需要 6～8 周的时间，现在借助互联网在 48～72 小时即可完成，而且可靠性相同，甚至更高。这使宝洁与消费者得以保持"零距离"的接触，更好地满足消费者的需求。

资料来源：百度文库，《从 8 周到 72 小时，宝洁如何网住消费者需求》，略有编辑整理。
https://wenku.baidu.com/view/ffe64d3c87c24028915fc36f.html?_wkts_=16787637891238&bdQuery=%E4%BB%8E8%E5%91%A8%E5%88%B072%E5%B0%8F%E6%97%B6%2C%E5%AE%9D%E6%B4%81%E5%A6%82%E4%BD%95%E7%BD%91%E4%BD%8F%E6%B6%88%E8%B4%B9%E8%80%85%E6%B1%82。

（三）网络调研的交互性和充分性

网络的最大特点就是交互性，在进行网络调查时，被调查者可以通过即时通信、电子邮件等方法及时就问卷的相关问题与调查者沟通，提出自己的看法和建议。调查者也可以根据反馈第一时间调整问卷设计，减少因问卷设计不合理而导致的偏差问题。此外，网络用户可以在互联网上充分自由地表达自己的观点，不受时空的限制，这是传统市场调研不能做到的。

（四）网络调研结果的可靠性和客观性

企业站点的访问者一般都对企业产品有一定的兴趣，所以这种基于顾客和潜在顾客的市场调研结果是客观和真实的，它在很大程度上反映了消费者的消费心态和市场发展的趋向。

传统的市场调查中的拦截询问法，实质上是带有一定的强制性的。一方面，实施网络调查时，被调查者是完全自愿参与调查的，调查的针对性更强。调查问卷的填写也是自愿的，不是传统调查中的强迫式，填写者一般对调查内容有一定的兴趣，回答问题相对认真，所以问卷填写可靠性高。另一方面，网上市场调研可以避免传统市场调研中人为因素所导致的调查结论的偏差，被访问者是在完全独立思考的环境中接受调查的，能最大限度地保证调研结果的客观性。

（五）网络调研信息的可检验性和可控制性

进行网上调研、收集信息，可以有效地对采集信息的质量实施系统的检验和控制。首先，网络市场调查问卷可以附加全面规范的指标解释，有利于消除被访问者因对指标理解不清或调查员解释口径不一而造成的调查偏差。其次，利用计算机根据设定的检验条件和控制措施对问卷进行自动复核检验，可以有效地保证对调查问卷的复核的客观性和准确性。最后，通过对被调查者的身份验证技术可以有效地防止信息采集过程中的舞弊行为。

4-2 视频：
当当网预测
诺贝尔文学奖

三、网络市场调研的内容

市场营销的关键是发现和满足消费者的要求。为了判断消费者的要求，实施满足消费者需求的营销策略计划，企业管理者需要对消费者、竞争者和市场上的其他力量有相当的了解。网络市场调研能够帮助企业在第一时间掌握消费者需求进而进行相关生产。

（一）网络营销环境调研

从微观环境的角度考虑，需要了解供应商、竞争者、网络营销中介、网络公众等微观营销环境的信息。例如，企业可以通过访问竞争者的网站或应用程序收集竞争者发布的信息，从其他网站择取竞争者的信息，从专业信息平台中获取竞争者的信息。

企业仅仅了解一些与其密切相关的微观环境信息是远远不够的，特别是在做重大决策时，还必须了解一些宏观环境的信息，包括政治法律、经济、文化、地理、人口、科技等信息，这些信息的获得有利于企业从全局的角度、从战略的高度考虑问题。对于政治信息，可以通过一些政府网站和一些互联网内容提供商站点来查找；对于其他宏观环境信息，可以利用搜索引擎、专业信息平台、图书馆电子资源等方式获得。

（二）网络市场需求调研

网络市场需求调研是指对产品或服务进行市场需求信息的收集、分析和数据整理，以此作为产品开发和项目的决策依据，也用来指导企业的生产、销售。市场需求调研的目的在于掌握市场需求量、市场规模、市场占有率等，根据调研数据的综合分析，对市场前景做出预测等。

（三）网络消费者及其消费行为调研

网络消费者及其消费行为调研主要是为了解购买本企业产品或服务的消费者的情况。网上消费者的需求特征，特别是需求的重大变化，将直接影响到企业经营的方针和战略。消费需求及其变化趋势调研是网络营销调研的重要内容。利用互联网了解消费者的需求状况，首先要识别消费者的个人特征，如民族、年龄、性别、文化、职业、地区等。除此之外，还应调研各阶层顾客的购买欲望、购买动机、个人爱好、购买习惯、购买时间、购买地点、购买数量、品牌偏好等情况，以及顾客对本企业产品和其他企业提供的同类产品的欢迎程度。

网络消费者的家庭、地区、经济、文化、教育等发展情况对用户需求产生着重要影响。网络营销给我们提供了虚拟市场，在线消费者在网络中也具有了在现实生活中的买卖行为。不同地区和不同民族的用户、不同地域的用户生活习惯和生活方式是有所区别的，企业在进行网络市场调研时，务必了解当地用户的生活风俗和习惯。具体分析谁是购买商品的决定者、使用者、参与者及他们之间的相互关系。

（四）网络营销组合调研

网络营销组合即企业的网络营销手段，包括产品、价格、促销和渠道等。对网络营销组合的调研是对企业的产品、价格、促销和渠道信息进行收集、分析和数据统计，从而更好地制定并优化营销策略，例如，了解产品供求状况、市场容量、市场占有率、商品销售趋势、消费者满意度等内容。

四、网络市场调研的策略

（一）识别访问者并获取访问者信息

传统的市场调研无论是普查、重点调查、典型调查，还是随机抽样调查、非随机抽样调查及固定样本持续调查，尽管调查的范围不同，但对调研对象，如区域、职业、民族、年龄等都有一定不同程度的针对性。而网络市场调研却没有空间和地域的范围，一切都是随机的，调研人员既无法预期谁是企业站点的访问者，也无法确定调查对象的样本，即使是对于在网上购买企业产品的消费者，确知其身份、职业、性别、年龄等，也是一个非常复杂的问题。因此，网络市场调研的关键之一是如何鉴别并吸引更多的访问者，使他们有兴趣在企业站点上进行双向的网上交流。例如，企业可以利用智能算法追踪网络访问者，并向其发送企业相关信息，引起其兴趣。

（二）充分发挥网络调研的技术优势

1. 调整调查问卷内容组合以吸引访问者，检测问卷完成情况

利用互联网进行调查，可以不受时间和空间限制，调查者可以根据被调查的反馈随时调整、修改调查问卷的内容，可以组合调研内容，如产品的性能、款式、价格，以及网络订购的程序、如何付款、如何配送产品等。营销调研人员应通过各种因素组合的测试，分析判断何种因素组合对访问者是最重要和最关键的，进而调整调查问卷的内容，使调查问卷对访问者更具吸引力，并可通过软件自动检测访问者是否完成调查问卷。

2. 跟踪监控消费者的在线行为

利用智能算法跟踪在线网络用户。企业的营销调研人员可以通过监控在线服务来观察访问者主要浏览了哪类企业、哪类产品的主页，挑选和购买了何种产品，以及他们在每个产品主页上耗费的时间长短等。通过研究这些数据，分析得出顾客的地域分布、产品偏好、购买时间、购买习惯以及行业内产品竞争状况等信息，为决策提供一定的依据。

（三）奖励受访者以激发其参与调研的积极性

如果企业能够提供一些奖品、免费商品或给受访者一定的购买折扣优惠，就会较容易从访问者那里获得更多想要了解的信息，包括姓名、联系方式和电子邮件地址等。在网络营销调查实践中，这种策略被证明是有效可行的，因为它不仅能吸引更多的受访者访问站点，而且还能减少因受访者担心个人隐私被侵犯而提供不准确信息的行为。这可以使企业得到更真实的信息，提高调研的工作效率和准确性。

（四）在网络上建立情感纽带

企业站点在展示产品的图片、文字等信息的同时要有针对性地提供网络公众感兴趣的内容，例如时装、游戏、音乐、电影、动漫及宠物等有关话题。企业站点以大量有价值的、与企业产品相辅相成的信息和免费软件吸引受访者，促使受访者愿意告诉企业有关个人的真实情况。调研人员可以逐步在网上加强联系并建立友谊，达到网上市场调研的目的。

（五）公布保护个人信息声明

网络消费者对个人信息都有不同程度的自我保护意识，所以调研人员要想获得这些信息，一定要让受访者了解企业的调研目的，并确信个人信息不会被公开或者用于其他任何场合。

（六）与传统市场调研相结合

网上市场调研具有一定的优越性，但也应看到，网上调查并不是万能的，调查结果有时会出现较大的误差。网上调查也不可能满足所有市场调研的要求，应根据调研的目的和要求，采取网上调研与线下调研相结合的调查方式。

第二节　网络商务信息

一、网络商务信息的特点

在商务活动中，信息通常指的是商业消息、情报、数据、密码、知识等。网络信息是指通过计算机网络传递的信息，包括文字、数据、表格、图形、影像、声音以及内容，能够被人或计算机察知的符号系统，限定了信息传递的媒体和途径。

网络商务信息是指存储于网络并在网络上传播的与商务活动有关的各种信息的集合，是各种网上商务活动之间相互联系、相互作用的描述和反映，是对用户有用的网络信息。网络营销商务信息，不仅是企业进行网络营销决策和计划的基础，而且对于企业的战略管理、市场研究以及新产品开发都有着极为重要的作用。除了具有一般信息共有的可传递性、可复制性、可共享性等特点外，还具有时效性、便于存储和检索难度大等特点。

（一）时效性

在传统市场调研中，信息获取需要经过很长一段时间，信息传递的速度慢、传递渠道不畅，有可能获得信息的时候信息就已经失效了。在互联网上信息传递速度非常快，同时网络信息可以不受时空限制地更新，只要信息收集者及时发现信息，就可以保证信息的时效性。

（二）便于储存

现代经济生活的信息量非常大，如果仍然使用传统的信息载体，存储起来难度相当大，而且不易查找。网络营销信息可以方便地获取，通过计算机、手机等进行信息管理。此外，作为一种网上在线存储的模式，云存储也很好地体现了网络商务信息便于储存的特点。

（三）检索难度大

商务信息瞬息万变，同时由于商务生产分散和传播渠道多元且无序，商务信息非常分散。虽然网络系统提供了许多检索方法，但在海量、多变、分散的信息中迅速地找到自己所需要的信息，经过加工、筛选和整理，把反映商务活动本质的、有用的、适合本企业情况的信息提炼出来，对于企业有一定的难度，需要丰富的经验和专业技术支持。

二、网络商务信息的收集

网络商务信息的收集一般是利用先进的网络检索设备，使用科学的信息收集方法，由精通业务的网络信息检索员进行收集。网络商务信息收集是从网络上对商务信息的寻找和调取，是一种有目的、有步骤地从互联网上查找和获取信息的行为。网络营销对网络商务信息收集的要求是及时、准确、适度和经济，必须能够保证源源不断地提供适合于网络营销决策的有效的网络商务信息。

虽然互联网为企业收集各种商务信息提供了便利快捷的渠道和手段，但是互联网所涵盖的信息远远大于任何传统媒体所涵盖的信息，世界各个国家和地区发行的报纸、杂志、政府出版物、新闻公报、人口与环境分析报告、市场调查报告、工商企业的供求信息与产品广告都会发布到网络上，如何快速、准确地从浩如烟海的信息资源中找到自己最需要的信息成为企业面临的新挑战。市场营销调研人员需要掌握搜索引擎的运用技巧和一些相关的网站资源分布，才可以在互联网上搜索到大量有价值的商务信息。

（一）利用搜索引擎收集商务信息

搜索引擎是一个对互联网信息资源进行搜集整理，并提供查询的系统。用户利用搜索引擎，只需在检索框内输入检索关键词，或者按照分层类目依次选择，就可以获取含有相关信息的大量页面。企业只要建立了自己的网站，并在搜索引擎进行注册登记，用户就可以找出该企业的网址，然后通过直接访问目标网站查询相关信息。它提供了一种快速、准确地获取有价值信息的解决方案，成为互联网上使用得最普遍的网络信息检索工具。

利用搜索引擎可以收集到市场调研所需要的大部分资料，如大型调研咨询公司的公开性调研报告，大型企业、商业组织、学术团体、报刊等发布的调研资料，政府机构发布的统计信息等。在网络调研之前要选择方便适用的搜索引擎，不同的搜索引擎有不同的检索方式和内容。搜索过程的特征影响着搜索结果的质量，企业应该根据市场调研对象和内容的不同进行选择。

1. 检索综合性商务信息网站收集商务信息

大量、全面、系统、准确、时效性强并且有较高使用价值的信息可以在中国经济信息网（www.cei.cn）、国务院发展研究中心（www.drc.gov.cn）、中华商务网（www.chinaccm.cn）等综合性商务信息网站上检索。例如，国务院发展研究中心信息网（简称"国研网"）由国务院发展研究中心信息中心主办，创建于1998年3月，是中国著名的大型经济类专业网站。广泛与各类智库、研究机构合作，以"专业性、权威性、前瞻性、指导性和包容性"为原则，全力打造以宏观大数据产品、宏观经济业务软件、课题研究和咨询服务为核心的服务，为国家建设中国特色新型智库提供全方位信息技术支撑，为中国各级政府部门、研究机构和企业提供决策参考（见图4-1）。

2. 检索地区性商务信息网站收集商务信息

目前，各省市均建有体现本地区经济发展、经济数据和商务特色的经济信息网站，该类网站由地方信息服务机构创建和维护，网站数量更多，内容更丰富，如北京经济信息网（www.beinet.net.cn）、上海经济网（www.shcew.cn）、浙江省经济信息中心（www.zjic.gov.cn）等。

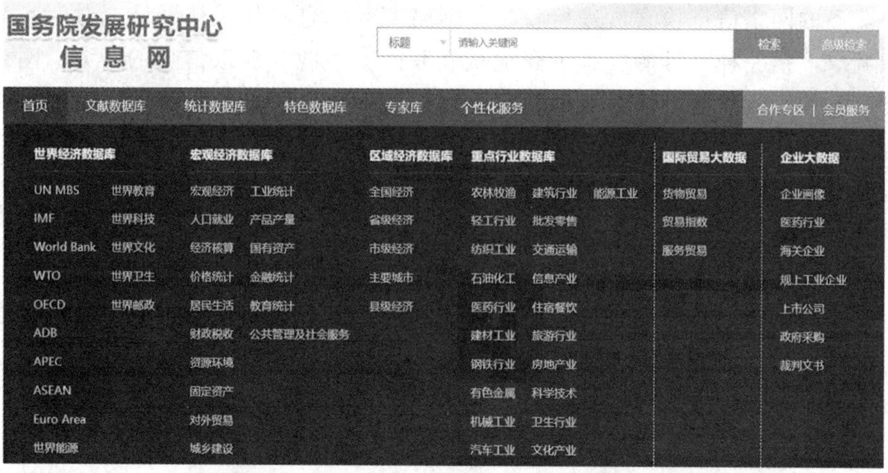

图 4-1　国务院发展研究中心信息网主页

3. 检索专业性商务信息网站收集商务信息

这类网站由政府或一些业务范围相近的企业或某些网络服务机构组建，面对本专业技术领域，专业针对性强、内容翔实、信息面较窄、向精深方向发展，如中国价格信息网（www.chinaprice.conm.cn）、中国纺织经济信息网（www.ctei.cn）等。专业性商务信息网站是开展商务活动的重要信息源，用户可以通过搜索引擎、商务类指南性网址大全网站或相关网站提供的友情链接、大学图书馆提供的网络导航等途径快速找到所需网站。

4. 使用专业性搜索引擎直接检索商务信息

可以使用 AltaVista、谷歌搜索引擎查找国外商务信息，搜索准确度高、内容丰富；可以使用百度、搜狗等搜索引擎检索国内商务信息。

（二）利用网上专题讨论组收集商务信息

专题讨论方式是借用话题组、邮件列表和网络论坛、社区等形式进行的。网络话题组是一些有着共同爱好的网络用户为了相互交换信息而组成的用户交流群组。邮件列表是指建立在互联网或新闻组网络系统上的电子邮件地址的集合。利用这一邮件地址的集合，邮件列表的使用者可以方便地利用邮件列表软件将有关信息发送到所有用户的邮箱中。

（三）利用商业门户网站收集商务信息

商业门户网站一般拥有完善的搜索功能，用户可查找产品、供求、服务等市场信息。例如，阿里巴巴网站（www.1688.com）连接了全球 200 多个国家和地区的商业用户，为中小企业提供了海量的商业机会、产品信息和公司资讯。

（四）利用专业市场调研公司收集商务信息

专业调研公司如零点调查、乐调查等提供全面的市场调查、企业调查、传媒调查和舆论调查等服务。此类市场调研公司网站会公布针对各行业、各（大）类产品已完成的市场调查报告。企业可搜索已完成的各种市场研究报告、市场研究的技术和方法、业内动态、问题咨询等栏目，并可随时参与各种在线调查。

（五）利用网络数据库来收集商务信息

通过网络数据库特别是利用专业的商情网络数据库可以获得比较专业、精准和前沿的信息。国外著名数据库有 SpringerLink、EBSCO 等，其包括商业资源电子文库、学术期刊全文数据库等。国内比较常用的网络数据库有万方、维普、中国知网等。

> **微阅读**
>
> **利用搜索引擎查找商务信息的小技巧**
>
> 首先，选好关键词和主题词，特别应注意标准术语。其次，学会使用布尔逻辑运算号"or、and"及特殊符号（如双引号、空格），如给关键词加上" "，这样搜索引擎会反馈和关键词完全吻合的搜索结果。如果不加双引号" "经过搜索引擎分析后可能会拆分。最后，充分利用范畴限制词（特别是冒号的使用）缩小检索范围，如"Intitle：关键词"，指检索内容出现在网页标题内；"Inurl：关键词"，指检索内容仅出现在网页的网址内；"Intext：关键词"，指检索内容出现在网页正文内；"URL：关键词"，用于检索地址中带有某关键词的网页；"Image：关键词"，仅用于检索图片。显然，懂得搜索引擎的这些技巧的使用，可大大提高搜索的效率和准确性。
>
> 资料来源：刘芸，《网络营销与策划》，清华大学出版社，2020。

第三节 网络市场调研的流程与方法

一、网络市场调研的一般步骤

从市场调研的程序上来说，网络营销调研与传统的市场调研没有本质的区别，只是采用的信息收集方式有所不同。为保证网络营销调研的有效性，网络营销调研应遵循一定的方法与步骤。

（一）确定调研目标和制定调研计划

虽然网络市场调研的每一步都是很重要的，但调研问题的界定和调研目标的确定是最重要的一步。在进行网络市场调研前，首先要明确调查的问题，希望通过调查得到什么样的结果。确定调研目标可以有效缩小调研范围、确定调研主题和调研需求，做到有的放矢。只有清楚地定义了网络市场调研的问题，确立了调研目标，才能正确地制订调研提纲。调研提纲可以将网上调研的思路具体化、条理化，将企业与受访者两者结合在一起，调研计划内容包括资料来源、调查方法、调查手段、抽样方案和费用预算等。

（二）选择调查方法和手段

网上市场调查的方法可分为网上直接调查法和网上间接调查法两种，企业可根据自身情况进行选择。网上直接调查法是指为了达到特定目的，利用互联网直接收集一手资料或原始信息的方法。主要有问卷调查法、观察法、实验法、专题讨论法、数据挖取等。网上间接调查法是通过网络信息查询收集所需的二手资料或信息，这种方法比较快，也比较准确。主要有利用搜索引擎、利用网络数据库、利用相关专业性网站等。

（三）确定调研对象

确定调研对象是保证调研信息来源准确的重要环节。一般来说，网络调研对象主要包括企业产品的网络消费者、企业的竞争者、网络公众、相关行政事业单位、行业组织和行业研究机构等。

（四）整理调研资料

以网络问卷调查为例，调查资料的整理包括问卷的复核检验、被调查者身份验证、数据的分类与汇总、统计图表的生成等，一般由计算机根据设定的软件程序和控制条件自动完成。因此，与传统的市场调研相比，网络调研在这一步骤上要更加节省人工和时间。

（五）分析调研数据

利用专业统计分析软件或专业网络调查平台提供的数据处理和分析功能对所收集的调查数据进行统计分析，并根据数据显示需要设计相应的数据报表和可视化图表。对数据和相关资料进行对比、回归等研究，基本上传统的市场调研所能采用的研究方法在网络市场调研中都可以采用。

（六）撰写调研报告

撰写调研报告是整个调研活动的最后一个阶段，通过网络营销调研获取相关数据信息后，市场调研人员应根据调研目的、实施范围和被调查对象、调查内容与反馈等撰写调研报告，以供企业决策者参考。在数据资料的整理和分析过程中，要注意剔除不真实的内容，运用定性和定量的方法进行信息的分析与处理，全面、准确地掌握产品市场营销活动的动向和发展变化趋势，为下一步的新产品开发或产品推广策略的制定提供有效参考。需要注意的是，调研报告是市场调研成果的集中体现，不应该仅仅是数据和资料的简单堆砌。

二、网络市场调研的方法

（一）直接调查法

如前所述，网上直接调查法是指通过互联网直接进行调查收集一手资料，从而进行市场研究的方法。网上直接调查法根据调查方法和采用技术两种分类标准，按照不同的分类方法划分不同的类别。

1. 按照调研方法分类

根据调研方法的不同，网上直接调查法可以分为网上问卷调查、网上观察法、网上实验法、网上专题讨论法、数据挖取，调研过程中根据调研目的和需要选择不同的调查方法。

1）网上问卷调查法

网上问卷调查法在网络市场调研中应用最为广泛。网上问卷调研法是将问卷在网上发布，被调研对象通过网络完成问卷调研。网上问卷调研一般有以下途径：企业网站发布问卷，网站弹出式调查，利用专业调查平台，讨论组调查，E-mail 调查等。例如，目前已有众多专业调查平台可以为个人或企业提供便捷的在线问卷调查服务，包括问卷星（www.wjx.cn）、问卷网（www.wenjuan.com）、见数（www.credamo.com）等。

2）网上观察法

观察法是指在被观察对象不知情的前提下进行的市场调研的方法。基于网络环境的观察法主要是观察者通过浏览各大门户网站、在线论坛等途径，通过观察在线用户发表的文章或参与的评论等方式获得信息的方法。网上观察法最大的优点在于其直观性、情境性、客观性及及时性。被观察对象没有意识到他们正在接受观察调研，结论往往是真实可信的，因此，网上观察法被认为是网络市场调研中最客观的一种方法。但同时，网上观察法也存在调查时间较长、费用较高等不足。

3）网上实验法

基于网络的实验法即探索"诱因—反应"之间的关系，通过有目的地控制一定的条件或创设一定的情境，引起互联网用户的某些心理活动和行为反应，探究变量之间的因果关系。企业可以利用网上实验法测试网页、促销活动等效果。相比线下实验，网上实验的不足在于对实验条件的控制更弱。例如，无法确定被测试者的有关年龄、种族和性别等方面的特征，以及他们是否认真参与实验。

4）网上专题讨论法

网上专题讨论法是通过新闻组、邮件列表讨论组、邮件列表、BBS 讨论组、QQ 群聊、微信群聊、网络会议等进行讨论，从而获得资料和信息。一般步骤是：确定调查的目标市场、确定讨论话题、在相应讨论组发布调查项目、参与者发布观点并讨论、整理加工信息。网上专题讨论的结果需要调研者提炼归纳总结，这种方法对调研结果总结能力要求较高，难度较大。

5）数据挖取

数据挖取是人工智能和数据库领域研究的热点问题，是指从大量的数据中通过算法搜索隐藏于其中信息的过程。网络营销调研中的数据挖取主要采取以下两种方法：一是利用八爪鱼、火车头、集搜客等爬虫软件；二是利用编程语言自编爬虫程序，例如 Python 是一种非常流行的编程语言，也是编写爬虫程序的一种常用工具。

2. 按照采用技术分类

按照网上直接调查采用的技术不同可以分为站点法、E-mail 调研法、随机 IP 法和视讯会议法等。

1）站点法

站点法调研是将调研问卷放置在访问率较高的互联网站点的页面上，由对该问题感兴趣的访问者完成并提交。该方法是网上调研的基本方法。

2）E-mail 调研法

E-mail 调研是将问卷直接发送到被访者的私人电子邮箱中，吸引被访者的注意和兴趣，使之主动参与调研。类似于传统调研中的邮寄问卷调研，E-mail 调研需要调研者收集目标群体的电子邮箱地址作为抽样样本。E-mail 调研的优点是覆盖面大、成本低、便利快捷。E-mail 调研的不足之处主要有两个方面：一是问卷一般是以文本格式为主，无法实现跳答、随机化、错答检查等较为复杂的问卷设计；二是调研的质量在很大程度上取决于抽样框的完备性和回收率。

3）随机 IP 法

随机 IP 法以 IP 地址为抽样框，采用 IP 自动拨叫技术，邀请用户参与调研。例如，可将 IP 地址排序，每隔 100 个进行一次抽样，被抽中的用户会自动弹出一个小窗口，询问其是否愿意接受调研，回答"是"，则弹出调研问卷；回答"否"，则呼叫下一个 IP 地址。

4）视讯会议法

视讯会议法是将分散在不同地域的被调查者通过互联网视讯会议功能虚拟地组织起来，通过网络会议或网络实时交谈进行访问，被调查者在主持人的引导下讨论调查问题，该调研方式适合于对关键问题的调研或典型调研。

（二）间接调查法

企业广泛使用网络市场间接调研方法。网上间接调查法主要利用互联网收集与企业市场营销相关的市场、竞争者、消费者以及宏观环境等信息。该方法简单方便，可以节约调研成本及时间。该方法的信息源包括企业内部和企业外部，外部信息源包括政府出版物、公共图书馆、贸易协会、市场调研公司、金融机构、专业团体等。间接调查主要有利用搜索引擎、利用网络数据库、利用相关专业性网站等。

> 微阅读

舆情监测系统：从"听说"到"了解"，做好舆情信息收集分析

舆情监测是指对社会公众的态度、情感、评价等信息进行收集、分析、解读和应对的过程。舆情监测可以帮助企业更好地了解市场、客户和竞争对手的动态，预测和应对危机和风险，提高品牌形象和市场竞争力。以下是如何做好舆情信息收集分析的一些关键步骤和要点：

1. 确定关键词和渠道

企业需要确定自己关心的关键词和舆情监测渠道，包括新闻媒体、社交媒体、论坛、微博、微信公众号等方面。这有助于企业更好地定位舆情信息的来源和受众，精准地进行舆情监测。

2. 建立舆情监测系统

企业需要建立相应的舆情监测系统，包括信息收集、分析、解读和应对等方面。这有助于企业快速有效地获取和处理舆情信息，及时预警和应对潜在危机和风险。

3. 分析和解读舆情信息

企业需要对收集到的舆情信息进行分析和解读，包括情感分析、观点分析、趋势分析、关键人物分析等方面。这有助于企业更好地了解受众的态度和情感，预测和应对潜在的市场和竞争风险。

4. 应对和管理舆情信息

企业需要制定相应的应对和管理策略，包括危机管理、声誉管理、品牌管理等方面。这有助于企业快速有效地应对潜在危机和风险，维护品牌形象和提高市场竞争力。

5. 持续监测和改进

企业需要持续监测和改进舆情监测系统和应对策略，不断提高舆情监测的精准性和效果。这有助于企业更好地了解市场和受众的动态，维护品牌形象和提高市场竞争力。

资料来源：五节数据研究院，2023-03-21，略有编辑整理。

本章小结

互联网的发展使商业数据爆炸式增长，企业如何采取有效手段从海量的数据中提取有效信息，消化这些信息进而为营销活动服务成为关键。互联网作为高效、快速、开放的信息传播媒介大大提高企业收集信息的效率和效用，而且可以作为企业有效地直接获取市场信息的渠道。为了适应信息传媒的变革，企业必须积极开展网络市场调研。现阶段，新技术、新法规、新方法等对企业开展网络市场调研提出了更高要求。本章通过《Netflix是如何利用大数据打造爆款神剧的？》的案例说明了准确地开展网络市场调研对于企业网络营销工作的意义；介绍了网络市场调研的含义、特点；阐述了网络商务信息的定义、特点及收集方法；较为全面地介绍了网络市场调研的方法、一般步骤和具体内容。

习 题

一、单选题

1. 以下关于网上市场调查的观点中错误的是（　　）。
   A. 网上市场调查具有可检验性和控制性的特点
   B. 收集市场消费者信息主要采取网上直接调查法
   C. 网上问卷调查的效果受到调查对象的限制
   D. 网上市场调查法只能收集关于互联网市场的信息

2. 以下不属于网上直接调查的是（　　）。
   A. 在问卷星发布问卷来收集信息
   B. 调整网站设计，记录用户访问、互动等行为的变化
   C. 访问国家统计局网站，从而收集信息
   D. 通过线上访谈，收集信息

3. 以下不属于网络市场间接调研方法的是（　　）。
   A. 利用搜索引擎收集信息
   B. 利用用户论坛收集信息
   C. 利用行业网站收集信息
   D. 利用相关数据库收集信息

4. 以下属于网上间接调查法的是（　　）。
   A. 通过 E-mail 发布问卷来收集信息
   B. 设置 BBS 供访问者讨论，从而收集信息
   C. 通过搜索引擎检索有关站点，从而收集信息
   D. 记录顾客在企业网站上的访问、购买、互动等行为

5. 营销人员根据具体情况可以随时调整网络问卷、讨论话题等内容，这体现了网络市场调研的（　　）特点。
   A. 及时性
   B. 便捷性
   C. 交互性
   D. 可靠性

6. 营销人员利用计算机根据设定的检验条件和控制措施对问卷进行自动复核检验，这体现了网络市场调研的（　　）特点。
   A. 及时性　　　　　　　　　　　　B. 便捷性
   C. 交互性　　　　　　　　　　　　D. 可检验性及可控制性

7. 以下属于网络市场调研步骤第一阶段工作的是（　　）。
   A. 调研问题的界定和调研目标的确定　　B. 选择调查方法和手段
   C. 确定调研对象　　　　　　　　　　D. 整理调研资料
   E. 分析调研数据

8. 使用百度、搜狗、谷歌等检索国内商务信息，这类方法属于（　　）。
   A. 检索综合性商务信息网站收集商务信息
   B. 检索地区性商务信息网站收集商务信息
   C. 检索专业性商务信息网站收集商务信息
   D. 使用专业性搜索引擎直接检索商务信息

9. 以下不属于利用网上专题讨论组收集商务信息的是（　　）。
   A. 话题组　　　　　　　　　　　　B. 邮件列表
   C. 网络论坛及社区　　　　　　　　D. 企业网站

10. 以下不属于利用商业门户网站收集商务信息的是（　　）。
    A. 天猫商城　　　　　　　　　　　B. 京东商城
    C. 问卷星网　　　　　　　　　　　D. 唯品会

二、多选题

1. 网络市场调研的特点有（　　）。
   A. 信息的及时性和共享性　　　　　B. 便捷性和低成本
   C. 相互性和充分性　　　　　　　　D. 可检验性和可控制性
   E. 可靠性和客观性

2. 网络市场调研的内容包括（　　）
   A. 网络市场需求调研　　　　　　　B. 网络营销环境调研
   C. 网络消费者及其消费行为调研　　D. 网络营销组合调研

3. 发放网络调研问卷的工具包括（　　）。
   A. 专业调查平台　　　　　　　　　B. 企业网站
   C. 论坛　　　　　　　　　　　　　D. 其他企业或组织网站
   E. 聊天室

4. 网络市场调研的对象包括（　　）。
   A. 网络消费者　　　　　　　　　　B. 企业的竞争者
   C. 网络公众　　　　　　　　　　　D. 相关行政事业单位
   E. 行业组织和行业研究机构

5. 下列属于网络市场间接调研方法的是（　　）。
   A. 网上观察法　　　　　　　　　　B. 网上专题讨论法

C. 利用搜索引擎法　　　　　　　D. 利用网络数据库法
E. 网上实验法

三、判断题

1. 间接性问题是通过假设某一情景或现象而向被访者提出的问题。（　　）
2. 网上市场调查具备效率高、成本低、交互性强等优点，但是也依然具有一定的局限性。（　　）
3. 进行网上市场调研可以不用遵循调研流程，直接收集信息就可以。（　　）
4. 与传统市场调研相比，网络市场调研收集的信息具有及时性。（　　）
5. 有了网络信息技术的支持，企业可以任意采集和使用用户个人信息来制定战略和实施策略，实现精准营销。（　　）

四、简答题

1. 简述收集网络商务信息的方法。
2. 举例谈一谈网络市场调研的具体内容。
3. 与传统市场调研相比，简述网络市场调研有哪些特点。
4. 简述网络市场调研的步骤。
5. 简述网络市场调研的策略。

五、论述题

互联网的信息瞬息万变、数量庞大，假设你是某企业的市场调查专员，将如何从如此庞大的信息量中快速检索到有价值的商业信息？

六、案例分析

婚庆市场用户行为数据采集爬虫分析报告（以小红书为例）

小红书作为网友的"种草基地"，里面有来自全国各地的婚礼策划企业，新人们会选择在平台上进行了解，收集自己想要的服务。本文对"小红薯"们的笔记展开分析，探索新人们在关注什么？

随着人们生活水平的不断提升，精神享受成为生活的一个重要组成部分。在物质需求满足的今天，越来越多的人开始向往精神上的需求，比如办一场终生难忘的婚宴、来一次浪漫的蜜月等。由于精神层面的追求，人们在消费前就会进行一个周密计划，然后结合自身可以做出一个合理而有效的预算。基于以上背景，tecdat（拓端）研究人员对小红书里面的婚策笔记数据进行分析，探索在分析选择策划公司时，"小红薯"在考虑什么。分析结论：

1. 用户的行为（收藏和点赞）随着婚礼风格色彩浓度有较大的差异

总体上看，用户的收藏次数要比点赞次数和评论次数多，在豪华风格的婚礼氛围下，达到最高，表示豪华风格是用户喜欢的婚礼。结合用户行为之间的关系可得知，在婚礼风格上，用户更多的是将风格收藏起来，并没有很明确地表明自己对婚礼风格的态度。用户的点赞和评论次数少于收藏次数，但是二者都偏向于粉色和黄色。因此用户在婚礼色彩风格中更倾向于粉色和黄色。

2. 婚策公司地点分布情况

所采集数据里面的公司，大部分是分布在沿海地区或一线城市，如浙江、江苏、北京、上海、广东，湖南、江西、安徽、河南和山西较少。

3. 用户首要考虑的因素

婚礼笔记下用户关注价格、地点、联系方式、外地是否接单和婚礼布置材质，在小红书笔记里评论问得最多的是价格。虽然越来越多的用户追求精神层面的享受，但是地理条件的限制和婚礼本身费用很高，给这些用户带来了很大的担忧。因此，价格和外地是否接单成为用户首要考虑的因素。

资料来源：《婚庆市场用户行为数据采集爬虫分析报告（以小红书为例）》，拓端研究室（TRL），2020-8-19。

阅读案例请思考：研究人员利用爬虫对小红书里面的婚策笔记数据进行挖取并分析，这属于哪种网络调查方法？你认为该网络调查方法有哪些优点及价值。

第五章
Chapter 5

网络营销产品策略

◤主要知识结构图

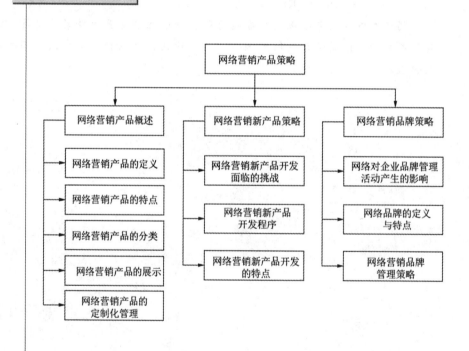

◤教学目标

　　·帮助学生掌握网络营销产品的定义与分类，理解适合网络营销的产品的特点，能够辨析主要网络营销产品的分类，理解网络营销产品展示与定制化管理的意义及相关策略。

- 帮助学生理解当前网络营销新产品开发面临的挑战，掌握网络营销新产品开发的程序，了解网络营销新产品开发模式的创新特点。
- 帮助学生理解网络发展对企业品牌管理活动产生的主要影响，了解网络品牌的定义与特点，掌握网络营销品牌从定位、塑造到推广的全流程管理策略。
- 引导学生紧密结合中国互联网企业新产品开发的优秀理论及实践成果，帮助学生树立创新意识。针对网络营销品牌管理中的域名保护，培养学生的法律意识。

开篇案例

"互联网＋文化＋旅游"打造西安文旅新篇章

以互联网为代表的现代信息技术发展带动了一轮又一轮的旅行服务创新。过去游客们线上找旅行社、查出游攻略，后来通过网络预约景区门票。随着大数据、云计算、物联网和5G等新一代信息技术在旅游业的加速应用，旅游业开始升级转型，推动数字技术与文化旅游深度融合，通过紧密连接G端（政府侧）、B端（企业侧）、C端（用户侧），搭建起良性共赢的合作生态链，满足游客的体验和需求，不断提升旅游质量和旅游服务品质，真正实现游客旅游体验自由自在，成为旅游业的发展新方向。

作为西安市文化和科技融合的重镇，曲江新区从建区之初，就探索着文化和科技融合下的旅游发展新模式。

1. 提供景区智慧旅游服务

为帮助游客们更好地体验曲江各景区的文化氛围和景点，曲江新区开发嘿呦旅行智慧旅游导览系统，为游客提供多形式的情景导航讲解，并提供包括景区预约、票务预订、文创购买及旅游产品推荐、订购等附加服务。自从智慧旅游导览系统上线以来，累计使用客户已超过50万人次。

2. 创新消费场景

云录制、云展览等逐渐成为新的旅游消费场景。2020年以来，曲江文化旅游打开"云上空间"，XSO西安交响乐团推出系列"云上国宝音乐会"，先后走进陕西历史博物馆，登上华山之巅，用音乐向全球观众展示陕西自然风光和人文历史，播出的8场"云上音乐会"累计播放量达8000万次，让人们足不出户即可享受文化盛宴。

3. 利用数字技术，提供沉浸式体验

得益于AR、VR、云服务和5G技术的日益成熟，传统博物馆开始逐步向智能数字化转型。曲江艺术博物馆与互动技术公司合作，打造《实幻印象——印象派艺术互动展》，借助VR技术将这些印象派大师的画作和光影幻境完美融合；曲江红色记忆博物馆借助VR虚拟现实数字技术，在"云端"

为文博爱好者打造一个随处可以参观体验的全新博物馆。声光影的沉浸式互动体验给观众们带来更丰富的视听体验。

4. 搭建云直播平台，开启云旅游方式

各大景区、文化场馆以及在线旅游平台纷纷搭建起"云直播"平台，为足不出户的用户带来缤纷多彩的视觉旅游模式。2021年1月，曲江新区特别推出"2021不倒翁小姐姐冯佳晨的博物馆奇妙夜"活动，通过直播的方式带领大家一起走进博物馆。春节期间，大唐不夜城、西安城墙、大唐芙蓉园等景区通过线上直播的形式，用三场别开生面的灯会点亮西安，方便更多民众"云"赏灯。

随着消费升级，人们外出旅游会更加注重文化、创意和科技的应用。加快互联网技术在旅游领域的落地应用，提供更高水平、更加丰富的旅游产品，使人们在高质量的旅游体验中感受家国文化，会是旅游行业转型升级的发展方向。

资料来源：文化产业发展中心，《跨界融合，"文化＋科技"开启文旅产业发展新篇章》，西安曲江新区管理委员会官网。

第一节　网络营销产品概述

一、网络营销产品的定义

产品策略是企业市场营销组合的核心，是企业市场营销活动的支柱和基石，是价格策略、分销策略和促销策略的基础。企业成功与发展的关键在于产品能在多大程度上满足目标市场的需要。随着社会经济的发展，消费者需求特征的日趋个性化以及市场竞争的日益激烈，产品的内涵和外延也在不断扩大。与传统营销一样，网络营销通过为顾客提供满意的产品和服务来实现企业营利。网络营销中的产品可以界定为（通过互联网）提供给市场以引起人们注意、获取、使用和消费，从而满足某种欲望或需要的一切东西。但是网络营销活动中的企业面临的营销环境发生了改变：在网络环境中开展营销活动，企业面对的是与传统市场有差异的网上虚拟市场，企业与消费者之间的互动大大增强，消费者提出多样化与个性化的需求，要求企业必须从网上消费者的需求特征出发去设计开发和提供产品，因此网络营销产品内涵与传统营销产品内涵有一定差异性，主要表现在产品层次的大大扩展。在网络营销中，顾客在产品设计和开发中的地位日益重要，顾客的个性化需求越来越受到重视，消费者购物的主动性、选择性也大大加强，因此，网络营销的产品概念不应再停留在"企业能为消费者提供什么"的理解上，而应树立起"消费者需要什么，消费者想要得到什么"、真正以消费者需求为导向的产品整体概念（见图5-1）。这使得网络营销产品必须更加重视顾客期望产品层次与潜在产品层次，以满足顾客的个性化需求特征。

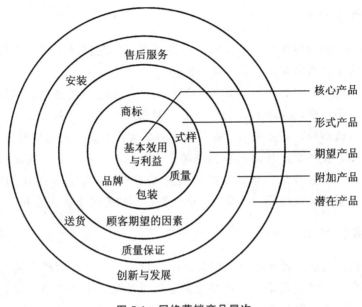

图 5-1 网络营销产品层次

（一）核心产品

核心产品是产品整体概念中最基本的层次，是购买者购买某一特定产品时追求的基本效用与利益，是顾客需要的中心内容。一般来说，消费者追求的基本利益大致包括：① 功能价值，即产品所能提供的物质利益；② 非功能价值，即产品提供的心理满足。消费者对前者的要求是出于实际使用的需要，而对后者的要求则往往是出于社会心理动机。

企业营销人员向顾客销售的任何产品，都必须具有反映顾客核心需求的基本效用或利益。网络营销强调以消费者为中心，网络时代的产品开发必须立足于消费者所追求的核心利益。

（二）形式产品

形式产品是核心产品的存在形式和载体，是产品实体和服务的外观，它通常向购买者展现出一些可以使人感知的特征，主要包括品牌、式样、特色、品牌与商标、包装、质量等。产品的基本效用必须通过特定形式才能实现，而具有相同效用的产品在存在形态上却可能有较大的差别，这种产品形式的不同和多样化，可以满足不同用户的或变化了的需求。因此，企业在立足于用户所追求的核心效用的基础上，应注意通过产品的差异化与多样化策略，努力寻求更加完善的外在形式，提高产品的市场适应能力，使之更能满足用户的需求。

在网络营销中，顾客对产品的辨识与挑选主要依赖于品牌，同时由于交易活动的跨时空，顾客关注产品质量，产品的包装与配送要考虑到全球性与区域性的相关因素，这都对网络时代企业有形产品的设计与开发提出了要求。

（三）期望产品

期望产品是指消费者在购买产品时，所期望得到的与产品密切相关的一整套属性和条件，它代表了消费者希望产品具备的特性。

在网络营销中，顾客处于主导地位，消费呈现出个性化的特征，不同的消费者可能对产品的要求不一样，即顾客在购买产品前对所购产品的质量、使用方便程度、特点等方面的期望值不同，企业必须了解消费者的期望，并将这种期望赋予自己的产品，在产品的设计和开发环节必须满足顾客这种个性化的消费需求。为满足这种需求，对于物质类产品，要求企业的设计、生产和供应等环节必须实行柔性化的生产和管理；对于无形产品如服务、软件等，要求企业能根据顾客的需要来提供服务。

（四）附加产品

附加产品指的是消费者或用户在购买某一特定的形式产品时所得到的其他方面服务与利益的总和，包括咨询服务、产品介绍、提供信贷、免费送货、安装调试、技术培训、产品保证、售后服务等。附加产品代表了企业之间竞争的延伸。

在网络营销中，对于物质产品来说，附加产品层次要注意提供满意的售后服务、安装、送货、质量保证等，这是由网络营销产品市场全球性的特点决定的，如果不能解决这些问题势必会影响到网络营销市场的拓展。对于可借助网络进行配送的无形产品而言，重点在于产品的质量保证和技术保证。

（五）潜在产品

潜在产品是指随着科学技术的发展和消费者需求的变化，现有产品包括所有附加产品在内的可能的创新与变化，可能发展成为未来最终产品的潜在状态的产品。

在高新技术发展日益迅猛时代，有许多潜在需求和利益还没有被顾客认识到，这需要企业通过引导和支持更好地满足顾客的潜在需求。潜在产品指出了现有产品的可能的演变趋势和前景。对企业来说，要保持产品对消费者的吸引力，占据市场主导地位，就需要时刻注意潜在产品的发展。

二、网络营销产品的特点

在电子商务快速发展的今天，人们可以在网上方便地购买到种类丰富的产品，比如服装饰品、电子数码产品、图书音像制品、家居电器等，以及享受方便快捷的在线服务，如影视娱乐、预约订票、求职招聘、证券理财、中介租赁等。但是由于网络交易的特点决定了不同种类的商品在网络上营销时具有相异的适应性，目前并非所有产品都适合开展网络营销。一般来说，目前适合在互联网上销售的产品通常体现出以下特性：

（一）产品信息具有较好的网络易传播性

顾客选择购买产品的前提是充分了解产品或服务的相关信息，在此基础上作出尽可能明晰的产品性价比判断。因此产品信息越容易通过营销媒介传播，被顾客关注和购买的可能性就越大。网络营销与传统营销的一个重要区别在于其跨时空性：传统营销方式下，顾客通过销售终端可以实际观察、试用产品，综合各种感观、知识和经验来判断产品的性价比；网络营销方式下，顾客仅仅通过视觉和听觉来获取产品信息，触觉、嗅觉等部分感观无法作用于网络平台，由此可能带来产品信息的失真和限制。如果产品的信息可以主要通过文字、视频图片与声音来表达，顾客只需要通过视觉和听觉捕捉信息，或者"失效"的感观在产品评价过程中的作用微不足道，网络时空隔断的性质不会对产品购买造成明显负面影响，这类产品就具备优良的网络易传播性，适合开展网络营销。

影响产品信息的网络易传播性的相关因素主要有：

1. 产品的形态

从产品形态来看，产品可以划分为实体产品与虚体产品。其中虚体产品包括软件和服务，可以实现形态上的无形化、数字化，使得产品本身容易通过网络宣传、购买和配送，如音乐、游戏等。顾客通过网络可以很方便地收集产品信息，甚至试用产品或服务，这类不具有具体物质形态的产品都具有较好的网络易传播性。

2. 产品的购买参与程度

网上销售的产品不仅仅是虚体产品，对于实体产品来说，如果产品属于标准化产品，顾客购买参与程度较低，仅关注少数通过网络传递的信息就能决定购买，触觉、嗅觉等感观在分析和评价产品时基本派不上用场，这类产品也具有较好的网络易传播性。比如，实体书的网上销售只需要标注书名、作者、出版社、版本、价格、内容简介等信息，顾客就足以决定是否购买。但是，如果产品的购买参与程度较高，顾客在购买之前需要实际体验、试用，网络模式下"失效"感观在购买行为中起到重要作用时，仅凭文字或图片不足以表现产品功能、性质、使用效果等，顾客就不愿意在网上购买产品，这类产品的网络易传播性较差。比如，消费者挑选钻戒时通常需要试戴来感受效果好坏，网络销售渠道难以提供这样的体验，因此钻戒不太适合进行网络营销。

3. 顾客对产品评价的核心属性

不论实体产品或虚体产品，顾客在选择不同产品时，可能关注的信息有所区别，在评价产品时注重的核心属性可能发生转变。对某些产品，顾客可能重视质量；对另一些产品，顾客可能重视外观。同样的，不同顾客在选择同类产品时，关注和评价的产品核心属性也有所区别，有些人重视品牌，另外一些人可能重视服务承诺。总之，不同的属性判断对各种感观的要求程度并不一致，要确定产品是否具有网络易传播性、网络信息就顾客作出购买决策而言是否足够充分，对不同的顾客可能有不同的结论。因此企业需要明确目标群体，并把握其购买行为中关注与评价产品的核心属性，这样有利于评估具体产品的网络易传播性。

（二）产品价格相对低廉

产品的价格代表顾客为得到产品所付出的货币成本，考虑到产品配送，这里的价格是指含运费的价格。一般来说，如果产品的价格较低，意味着顾客需要承担的成本较少，而且购买风险相对较小，即使购买决策错误也不会带来多少损失，顾客就容易实施购买行为。这就导致价格低廉的产品具有较强的网络适应性。即使是那些购买前需要尝试与体验的产品，如果价格足够便宜，也可能成为网络消费者乐于购买的产品。

国家商务部发布的《2022年中国网络零售市场发展报告》显示，2022年18类监测商品中服装鞋帽类商品网上交易额占比最高。虽然此类商品需要在购买前提前试穿体验，但由于与现实购买服装相比，网上服装总体价格较低，即使存在购买后不合身或不喜欢的可能，消费者仍然愿意在网上挑选和购买式样丰富、具有明显价格优势的服装类产品。因此，低价格有利于产品开展网络营销活动。

但是，对于那些在现实中价格就较低的产品来说，如果运费过高，在产品价格中占据较大份额，会遏制消费者的购买欲望，这类产品就不适合网络零售。

（三）产品营销对网络效益优势的利用程度高

除了前文所列举的两种特征，如果产品能够充分发挥网络优势，在互联网上取得比传统营销更好的宣传与销售效果，这类产品也适合开展网络营销，主要包括：

1. 传统市场中搜索成本高的产品

对于某些产品来说，顾客在购买之前，需要花费大量时间、精力、金钱去搜索相关信息，才能做出购买决策。但是对网络消费者来说，可以借助网络搜索系统和数据库完成信息搜索工作，这将大大节省交易成本，很好地发挥网络营销购买便利、信息齐全的优势。

传统市场环境下，导致搜索成本高的原因主要有两个方面：

（1）商品搜索过程复杂。传统市场环境下，有些商品信息结构复杂，内容多而分散，如旅游产品涉及旅游景点、旅行社、交通、住宿、饮食以及文化等多个方面的因素。这些因素相互关联，并且为不同的机构和个体所承载，并且都对旅游产品的营销产生直接或间接的影响。在传统的市场环境下，顾客为了获取这些信息就必须支付高额的搜索成本。

（2）长尾商品。在传统的市场环境下，厂家大都追求销售品种少、销售量大的商品，而放弃品种多、单件商品销售量小的利基商品。Anderson Christ 提出互联网长尾理论后，人们发现长尾商品非常适合于在网络上营销。长尾商品适合于网络营销的原因在于：一方面从厂商的角度来看，发布商品信息的成本低廉；另一方面，从顾客的角度来看，利用网络搜索和导航等功能找到长尾商品很容易，所支付的成本非常低廉。

2. 地域特色产品

互联网覆盖全球的特点为具有浓郁地域特色的产品提供了宽广的营销舞台。在传统环境下，那些带有地方风情却不具有高知名度的特色产品面临高额的市场推广成本与渠道建设费用，难以进入他国或其他地区市场。但是在网络环境中，特色产品通过遍布全球的互联网开展信息传播与在线销售，大大降低了进入新市场的难度。网络消费者乐于寻找与尝试新奇商品的心理也有助于特色产品的网络营销活动。消费者在淘宝、京东等网络购物平台上能够检索和购买来自全国各省、自治区、直辖市的特产，从山东章丘大葱、浙江野生水竹笋、潍坊青萝卜等农产品到北京稻香村糕点、武汉鸭脖、黑龙江蓝莓果干等零食，品种繁多，琳琅满目。2012年5月纪录片《舌尖上的中国》横空出世，带动大批"吃货"对地方特色美食的向往，网上购物成为他们最快最方便的选择。便捷的网络渠道与旺盛的网络购买力为地域特色产品打开了通往全新经营领域的大门。为响应国家扶农助农政策，拼多多、淘宝、抖音、快手等平台涌现一大批农产品直播间，电商直播成为地方特色农产品销售的全新舞台。

3. 隐私类产品

网络环境和传统环境比较起来，还具有私密性强、不用抛头露面的优势。对于顾客来说，人们对于与自己有关的个人信息很敏感。网络是虚拟的空间，顾客网上搜寻的匿名性具有很大的诱惑，有时人们要排长队去购买自己所需的商品，甚至不得不在公众场合或众目睽睽下公开隐私，暴露隐情。而在网上基本可以免除这些麻烦和尴尬，可以避开旁人好奇的目光，不用面对售货员的欲言又止。这类商品往往是受人青睐、诱人回顾，但又不太容易设店贩卖的特殊商品。网络可以减轻客户在购买该类商品时担心暴露隐私的心理压力，缓解心理和行为之间的矛盾。比如成人用品就属于隐私性强的商品，比较适合进行网络营销。

微阅读

淘宝公布2022年度十大畅销产品

2022年12月14日，淘宝公布2022年度十大宝贝：飞盘（年度配饰）、冰墩墩（年度奢品）、露营三件套（年度家具）、手机壳（年度时装）、考研教材（年度载具）、陆地冲浪板（年度旅行）、电热毯（年度魔法）、儿童厨具（年度文具）、阳台种菜机（年度科技）、瑜伽裤（年度收纳）入选！

资料来源：《淘宝公布2022年度十大宝贝！有没有你买过的？》，微信公众平台。https：//mp.weixin.qq.com/s?__biz=MjA3NDQ5Mjc0MQ==&mid=2652909911&idx=6&sn=42b71f2ff1ee0709bf17cf28052d56dc&chksm=484d597d7f3ad06b89d5f188bd5cf5f77f8b23f93c0493f3b700e876391bdcee1a246799d844&scene=27。

三、网络营销产品的分类

在网络上销售的产品,按照产品形态的不同,可以分为两大类:实体产品和虚体产品。如表 5-1 所示。

表 5-1 网络营销产品分类

产品形态	产品品种		产品
实体产品	普通产品		消费品、工业品、旧货等实体产品
虚体产品	数字化信息产品		数据信息
		软件	计算机系统软件、应用软件
	服务	普通服务	远程医疗、法律救助、航空火车订票、入场券预定、饭店旅游服务预约、医院预约挂号、网络交友、在线游戏等
		信息咨询服务	法律咨询、医药咨询、股市行情分析、金融咨询、资料库检索、电子新闻、电子报刊、研究报告、论文等

(一)实体产品

所谓实体产品,是指具有具体物理形状的物质产品。日常生活中人们购买和使用的大部分产品都属于实体产品。与传统购物方式相比,通过网络销售实体产品的过程中没有顾客与销售人员的面对面交流,顾客获取产品信息与购买产品都通过网络完成:顾客可以浏览企业网站,了解感兴趣的产品信息;当决定购买时,顾客可以填写企业网络系统提供的产品订购单(主要包括品种、数量、支付方式、送货地点等)进行购买,同时选择在线支付或者货到付款等方式履行支付,企业则按照顾客的要求,将产品送达顾客。

(二)虚体产品

所谓虚体产品是相对于实体产品而言,这种产品一般是无形的,不具备具体的产品形态,但有时也会通过某些载体而体现出一定的形态。比如:读者在图书馆办理借阅证,所获得的产品是无形的——借阅图书、查找馆藏资料的权利,但这种无形的产品需要通过借阅证这一载体表现出来,借阅证就是读者享受相关服务产品的凭证。

在网络上销售的虚体产品是指信息、计算机软件、视听娱乐产品等可数字化表示并可用计算机网络转输的产品或劳务。可以分为两大类:数字化信息产品和服务。

1. 数字化信息产品

数字化信息产品是指能够以数字化方式表现并传播的信息类产品,主要包括数据信息与软件。软件主要包括计算机系统软件和应用软件。应用软件又可以按照功能与用途分为游戏娱乐软件、图形图像软件、交流软件、办公与商务软件、杀毒软件等类别。以往企业对软件类产品的销售采取类似实体产品的销售方式，即将软件产品通过一定的介质（光盘、磁碟等）有形化，然后销售给顾客。随着网络营销活动的发展，越来越多的软件产品通过网络为顾客提供直接下载，免去了线下配送的不便，体现出无形产品在网络销售上的优势。但是这种销售方式必须保证顾客下载的速度。为了吸引顾客，软件销售商可以针对相关软件在网上设置一定时间的免费试用期，供顾客尝试以刺激购买。

2. 服务

服务可以分为普通服务和信息咨询服务两大类，普通服务包括远程医疗、法律救助、航空火车订票、入场券预定、饭店旅游服务预约、医院预约挂号、网络交友、在线游戏等，而信息咨询服务包括法律咨询、医药咨询、股市行情分析、金融咨询、资料库检索、电子新闻、电子报刊、研究报告、论文等。

对于普通服务来说，顾客不仅注重所能够得到的收益，还关心自身付出的成本。通过网络这种媒体，顾客能够尽快地得到所需要的服务，免除恼人的排队等候的时间成本。同时，消费者利用浏览软件，能够得到更多的信息，提高信息传递过程中的效率。

对于信息咨询服务来说，网络是一种最好的媒体选择。用户上网的最大诉求就是寻求对自己有用的信息，信息服务正好提供了满足这种需求的机会。通过计算机互联网络，消费者可以得到包括法律咨询、医药咨询、股市行情分析、金融咨询在内的咨询服务和包括资料库检索、电子新闻、电子报刊、研究报告、论文在内的信息服务。

四、网络营销产品的展示

产品展示是企业促进消费者购买决策的过程中不可或缺的一部分。传统营销中，消费者可以通过观察、触碰、试用等亲身体验的方式来了解产品性能和特点。但是在网络营销中，消费者无法实际接触产品，只能通过虚拟体验来获取产品信息，这就要求网络营销企业必须依据不同产品的特性提供有效的网络营销产品展示，为消费者提供良好的产品体验。

（一）确定目标受众

在进行产品展示之前，企业需要了解自己想要吸引的目标受众。因此，企业需要对目标受众的特征进行分析，包括年龄、性别、地区、职业、兴趣爱好等信息，并根据这些信息制定针对性的展示策略。例如，如果目标受众主要是年轻人群，那么可以选择在社交媒体上展示有趣、时尚的产品，或者使用微信小程序等移动端技术进行推广。

（二）选择展示技术

一般来说，关于产品特性的信息依据消费者获取信息的方式可以分为两类：一是搜索特性信息，比如外观、成分、技术参数等，这类信息可以通过图片、视频、文字等形式传递，并很方便地为消费者所了解；另一类是体验特性信息，比如味道、操作舒适度与流畅感等，需要消费者亲身试用产品才可能了解。针对后一类，企业需要选择虚拟现实（VR）技术、可旋转 3D 演示技术等全方位进行产品展示，尽可能地为消费者提供所需信息。

（三）确定展示渠道

为提升产品展示效果，吸引消费者关注和了解产品，网络营销企业可以选择多种产品展示渠道向消费者传递产品信息，比如在企业官网、微博、微信、抖音等平台发布内容，也可以与有影响力的博主、网红等合作，请他们在自己的社交网络平台上宣传产品。

5-1 视频：
天猫 3D 样板间

五、网络营销产品的定制化管理

（一）大规模定制

"以顾客为中心"已经成为当前网络营销企业奉行的准则，企业必须以尽可能低的成本满足每位顾客的个性化需求，这催生了网络大规模定制化营销的理念，以实现大规模生产带来的规模经济与满足顾客个性化需求的良好结合。大规模定制（mass customization）是一种旨在快速响应客户需求，同时兼顾大规模生产效益的运作战略，将顾客个性化定制生产的柔性与大规模生产的低成本、高效率相结合，寻找两者的有效平衡点。

（二）大规模定制策略

为了实现大规模定制，确保以低成本提供个性化的定制产品与服务，企业可以依据自身情况，选择以下策略：

1. 以标准化产品和服务为基础，提供定制化服务

为了避免增加不必要的成本和经营环节，企业可以选择以标准化的产品和服务为基础，在价值链后端的销售与交付环节，提供定制化服务，按照顾客个性化需求对产品进行一定的调整，使得每一位顾客能获得自己所期待的特别关注。

2. 针对顾客的特殊需求，创建可定制的产品和服务

企业可以通过网络与顾客沟通合作，共同确定顾客的需求，并提供相应的特别定制产品和服务，满足顾客特定的需要。

3. 实现时间与地点上的定制

企业可以缩短周期时间，提供多样性产品，提供交货点的选择，在顾客需要的时间和场所提供他们想要的任何产品或服务。

> **小案例**

担心买到的"千篇一律"？不怕，海尔智家帮您场景定制化

5G时代已经到来，很多人在装修的时候都会考虑采用一整套智能家居方案，期待智能科技可以提升我们的生活质量，而在实际的选择智能家居方案的过程中，为了保障各种智能电器之间的联动流畅，往往只能选择一家品牌，不能达到最全面优越的使用体验。

海尔智家围绕用户体验，形成了大规模定制的互联工厂，完成了制造能力的柔性化、数字化、智能化升级。用户由消费者变成了"产消者"，用户订单直达工厂，即使一台定制化产品订单也可以迅速完成生产。同时，互联工厂设计、制造、配送等全流程也对用户可视，用户可以随时查看产品诞生的整个过程。

海尔智家推出全球首个场景品牌"三翼鸟"，在智慧家庭的场景之中，和很多的厂商进行了合作，几乎覆盖了目前市面上所有的品牌，可以做到将不同品牌的家电都联动到一起，对于消费者选择非常友好。同时，"三翼鸟"分别针对家中的房间、厨房、洗手间等搭建了独立的智慧场景，每个空间场景都有属于自己的设计，可以快速帮助用户实现想要的功能。以智慧厨房为例，冰箱能主动提供健康饮食完整建议、设计饮食菜单，并通过线上一键下单全球各类生鲜食材；各个厨电可智能联动，冰箱屏幕显示定制食谱，成套厨电联动并根据菜谱自动调节，为用户开启了一种新的厨房生活方式。

5-2视频：海尔智家

资料来源：根据网络资料整理。

第二节　网络营销新产品策略

一、网络营销新产品开发面临的挑战

新产品开发是企业获取顾客和市场份额的重要支撑。网络的发展推动了信息与知识的共享，使得技术与新产品扩散的速度较快，传统时代"一招鲜，吃遍天"的竞争

理念不再适用，网络营销企业的竞争由以往的产品竞争转变为不断开发新产品能力的竞争。互联网的发展也使得网络营销企业的新产品开发面临新的挑战，成功的难度增大。

（一）不断分裂的市场

网络发展开辟了全新的市场空间，也带来新的全球性市场竞争。日趋激烈的竞争导致市场不断分裂。同时，消费者在购买过程中的主动性增强，个性化消费成为主流。各个企业不得不致力于开发相对较小的目标市场，而不是整个市场，这意味着产生相对更低的销售额和利润额。

（二）缺乏重要的新产品构思

部分科学家认为，随着时间推移，在汽车、医药、电脑等多个行业领域内进行可行性的创新会日益困难。未来的新产品构思必须适应网络时代的需要，很多传统优势企业面临严峻挑战。

（三）新产品开发的成本昂贵，开发完成的时间缩短

为了应对日益加剧的网络市场竞争，企业要找到少数几个值得投资并切实可行的良好构思，首先需要获得许多新产品构思，在整个新产品开发过程中会投入越来越多的研发费用、制造费用与推广费用。此外，很多企业可能同时得到同样的新产品构思，为了取得最终胜利必须缩短产品开发完成的时间，以抢先上市，占领市场。

（四）成功新产品的生命周期缩短

即使企业成功开发了新产品并推向市场，往往也无法避免竞争对手迅速模仿，从而导致新产品的生命周期大为缩短。

（五）来自政府与社会的限制

企业的新产品开发还要考虑政府与社会的要求。绿色可持续发展的理念已经深入人心，新产品必须遵循节约资源、保护环境、满足公众利益的准则。

二、网络营销新产品开发程序

网络营销新产品开发不但要有严密的组织和管理，还必须有一套系统科学的程序，以避免和减少失误。一般来说，网络营销中的新产品开发可以分为以下几个阶段。

（一）网络营销新产品构思与概念形成

网络营销新产品开发的首要前提是新产品构思和概念形成。在每一个阶段，都有一些伟大发明推动技术革命和产业革命，这个时期的新产品构思和概念形成主要是依靠科研人员的创造性推动的。

1. 分析市场需求，形成新产品构思

新产品的构思可以有多种来源，可以是顾客、科学家、竞争者、公司销售人员、

中间商和高层管理者，但最主要还是依靠顾客来引导产品的构思。因此要寻求新产品构思，离不开对市场需求的研究。对顾客的观察和倾听能够帮助企业发现好的产品构思。网络营销的一个最重要特性是与顾客的交互性，它通过信息技术和网络技术来记录、评价和控制营销活动，来掌握市场需求情况。网络营销通过其网络数据库系统处理营销活动中的数据，并用来指导企业营销策略的制定和营销活动的开展。利用网络营销数据库，企业可以很快发现顾客的现实需求和潜在需求，从而形成产品构思。

2. 筛选新产品构思，形成新产品概念

企业需要对形成的产品构想加以评估，研究其可行性，并筛选出可行性较高的产品构想。在进行构思筛选时，一般要考虑以下两类因素：一是外部环境因素，涉及市场的规模与构成、产品的竞争程度与前景、国家的法律与政策规定等方面；二是企业内部因素，主要包括企业发展目标与企业资源条件。从企业发展目标角度考虑主要是考察新产品构思是否与企业的战略任务、发展目标和长远利益相适应，涉及企业的战略任务、利润目标、销售目标、形象目标等方面；从企业的资源条件角度考虑主要是考察企业在现有资源基础上是否有足够能力开发与实施该产品构思，包括经营管理能力、人力资源、资金能力、技术能力、销售能力等方面。通过新产品构思筛选，企业可以找到那些成功机会较大的创意，结合数据库分析，从消费者的角度对产品创意进行性能、外观、价格、包装等方面的详细描述，形成产品的概念。

（二）网络营销新产品研制

与过去新产品研制与试销不一样，顾客可以全程参加概念形成后的产品研制和开发工作。顾客参与新产品研制与开发不再是简单的被动接收测试和表达感受，而是主动参与和协助产品的研制开发工作。与此同时，与企业关联的供应商和经销商也可以直接参与新产品的研制与开发，因为网络时代企业之间的关系主流是合作，只有通过合作才可能增强企业竞争能力，才能在激烈的市场竞争中站稳脚跟。通过互联网，企业可以与供应商、经销商和顾客进行双向沟通和交流，可以最大限度地提高新产品研制与开发速度。

值得关注的是，许多产品并不能直接提供给顾客使用，它需要许多企业共同配合才有可能满足顾客的最终需要，这就更需要在新产品开发的同时加强与以产品为纽带的协作企业的合作。

（三）网络营销新产品试销与上市

网络市场是新兴市场，网络消费群体一般具有很强的好奇心和消费领导性，比较愿意尝试新的产品。因此，通过网络营销来推动新产品试销与上市，是比较好的策略和方式。但须注意的是，网上市场群体还有一定的局限性，并不是任何一种新产品都适合在网上试销和推广的。一般对于与技术相关的新产品，在网上试销和推广效果比较理想，这种方式一方面可以比较有效地覆盖目标市场，另一方面可以利用网络与顾客直接进行沟通和交互，有利于顾客了解新产品的性能，还可以帮助企业对新产品进行改进。

利用互联网作为新产品营销渠道时,要注意新产品能满足顾客的个性化需求的特性,即能针对网上市场不同顾客需求生产出功能相同但又能满足个性需求的产品,这要求新产品在开发和设计时就要考虑到产品式样和顾客需求的差异性。因此,网络营销产品的设计和开发要能体现产品的个性化特征,适合进行柔性化的大规模生产,否则再好概念的产品也很难在市场让消费者满意。

三、网络营销新产品开发的特点

在互联网时代,产品的生产者与消费者在网络技术的帮助下前所未有地紧密联系在一起,构成了产品服务生态系统,企业创新也从机械式的创新体系向有机式的创新生态系统演变。参与创新的主体不断增加,创新组织网络化,创新过程开放化,使得企业新产品开发呈现出开放式创新、用户参与、产品迭代升级的特点。

(一)开放式创新

在20世纪80年代以前,企业主要通过封闭式创新模式进行产品研发,即完全依靠自身力量建立企业内部研发实验室,配置先进设备,招聘优秀员工,通过投入大量资源的方式解决新产品开发的问题。随着技术复杂度的提高、产品生命周期的缩短和竞争的日益全球化,单个企业难以满足创新中的资金和技术要求,企业需要与外部合作,利用互补资源来开发新技术,传统的完全依靠企业自身资源进行创新的"封闭式"模式举步维艰。加上全球化在更大的广度和深度上塑造了创新要素的空间联系和相互作用,有利于企业在全球范围内有效获取所需资源,因此越来越多的企业通过合作开发、联盟、并购、外包等方式获取外部的知识、信息和人才等创新要素。2003年,美国学者亨利·切萨布鲁夫提出了"开放式创新"的概念,认为企业要利用内部、外部两条渠道进行创新,将内部和外部的资源有机集合起来。

开放式创新是指企业在技术创新过程中通过与外部组织的广泛合作,整合内外部创新资源以提高创新效率与效益。开放式创新强调开放企业创新的流程,才能有效引入外部资源,从而获得更快的创新速度和更高的回报率。

5-3 视频:
开放式创新

数字经济条件下,创新活动不再是仅仅依靠企业内部资源进行的单纯技术创新行为,而是多元创新主体及其与环境之间相互联系和作用的结果。企业不再是创新活动的唯一主体,政府、大学、科研院所、个人开发者甚至用户均可以通过网络空间参与整个创新过程,并推动整个创新生态系统的动态演化。

封闭式创新和开放式创新之间的差异,如表5-2所示。

表 5-2 封闭式创新和开放式创新比较

比较维度	封闭式创新	开放式创新
创新来源	聚集最优秀的员工为企业工作	并不是所有优秀的员工都为企业工作,而是企业与内部、外部所有的优秀人士合作

续表

比较维度	封闭式创新	开放式创新
创新来源	为了研发获利,企业必须自己进行产品开发并推向市场	依靠外部研发工作创造巨大价值,借助内部研发工作,有权利分享其中的价值
创新的商业化运用	企业依靠自身研发力量就能率先将新产品推向市场	企业并非必须自己研发
	最先把新技术转化为产品的企业取得胜利	建立更有效的企业模式比把产品抢先推向市场更重要
	企业竞争获胜源自企业的创意最多	企业竞争获胜源自能够充分利用内部和外部的创意
	企业应控制自身的知识产权,不能让竞争对手从中获利	企业应从别人对其知识产权的使用中获利,如果能提升或改进企业绩效模式,同样应购买别人的知识产权

(二)用户参与

新产品开发离不开对顾客需求的研究。当前顾客需求多样化、个性化的趋势越来越明显。以往的创新模式已不能满足多样化的需求,企业需要向用户咨询产品构思、开发以及完善的意见,即用户参与创新。网络技术的发展降低了参与的成本与门槛,为顾客全程参与产品研发工作提供了技术条件和平台。以小米手机操作系统(MIUI)为例,小米公司就利用了互联网模式邀请客户密切参与产品设计开发,研发团队通过网上平台与客户密切讨论,每天推出一个内测版供"发烧友"(核心客户)试用,以判断该功能是否真正符合他们的需求,并用投票的方式征集用户意见,依据用户反馈来决定功能去留。在客户的参与下,小米推出了200余项符合国人使用习惯的设计,真正贯彻了"为发烧而生"的品牌战略。

(三)产品迭代升级

由于网络时代技术更新周期缩短、行业动荡与融合加剧,企业对顾客的需求更难把握,产品失败的风险加大,传统的产品创新方式面临巨大挑战。企业必须以更快的速度、更加灵活的方式进行产品开发与创新。

产品迭代是指产品快速地适应不断变化的需求,不断推出新的版本满足或引领需求。如果说传统产品开发模式是一种追求在流水型长周期内依据对客户需求的预测、严格遵循开发过程开发出客户所需产品的"瀑布式开发",那么迭代式开发则追求"快速迭代,随做随发",将产品开发周期划分为多个小周期,即多个迭代,根据对用户需求和反馈的密切追踪及时进行调整,不断推出新的版本以更贴合市场需求。开放性、持续性、容错性、及时的反馈和改进是迭代式开发的重要特征。海尔集团创始人张瑞敏认为迭代式开发是"一边开发一边与用户交互、一个用户参与试错的过程"。为了更好地满足用户需求，实现无边界迭代"体验升级"，海尔集团构建了"10＋N"创新生态体系，搭建青岛、上海等10大研发中心和N个根据用户痛点随时并联的创新中心，打造HOPE创新生态平台。海尔旗下海尔智家智慧家庭场景品牌"三翼鸟"已经迭代了400多个智慧场景解决方案，包括1000多个生活场景，超过2000个生活技能，方便用户根据自身需求，自由定制梦想之家。

第三节　网络营销品牌策略

一、网络对企业品牌管理活动产生的影响

品牌自诞生之日起，在企业营销活动中就扮演极为重要的角色。品牌的形成不仅取决于产品本身的特性，更取决于消费者对品牌的理解和认知。互联网的兴起建立了品牌与消费者的全新沟通方式——一种体验式的、互动式的沟通方式。网络在赋予品牌更多内涵的同时，也给企业品牌管理活动带来了深远影响。

（一）网络使得企业品牌直接面对全球范围的目标顾客

随着网络在全球范围内的渗透与发展，网上市场不断扩大。企业发展网络业务，需要打造强有力的网络品牌来形成差异化优势，引导消费者识别和购买特定的商品。网络的全球性让品牌的国际化程度越来越高，一方面很多线上品牌一开始就具备全球化的特征，另一方面网络是很多传统品牌实现国际化的重要工具。

（二）网络推动了企业品牌构建的消费者导向

网络信息技术的发展重塑了企业与消费者之间的关系，与传统消费者相比，网络消费者更为主动地寻找信息和感兴趣的话题，更注重产品的文化、精神附加值能否带来个性化的、快乐的消费体验，互动性和参与性成为新时代消费群体的需求。从4Ps到4Cs的转变代表了企业网络营销活动以消费者为中心，网络时代的品牌构建也必然遵循消费者导向，体现在利用互联网展开与消费者互动和提供品牌体验，建立消费者与品牌相互作用的深度关系。人们在网络上可获得更丰富、详细的品牌信息，参与和体验带来了远比传统媒体构建品牌更强有力的影响，为每一个访问者创造了一个实实在在的品牌，使品牌联想更明确。

（三）网络为企业品牌个性化与品牌形象丰富化提供了发展路径

网络的交互性与针对性可以使企业实现更加精确的品牌定位，吸引目标受众以自己喜欢的方式参与互动交流，与品牌建立更个性化的关系。网络的多媒体工具可以使企业更加生动形象地向消费者展示其品牌，多元化多层次的网络体验能提升品牌与顾

客间的感情联系。网络可以实现信息的低成本、高速度、大范围的传播，有助于企业进行低成本、大范围的品牌宣传。

（四）网络大大缩短品牌塑造的时间，也使得网络品牌塑造更具挑战性

互联网作为一种新兴的技术与传播媒介，给企业的宣传推广、渠道建立、沟通方式等方面带来了全新的改变，也使得网络环境下的品牌能够较快地获得顾客的了解和认可。以往，一个传统品牌的形成需要很长的时间，少则数十年多则上百年。我国的老字号企业片仔癀、稻香村、六必居，国外杜邦公司、可口可乐、麦当劳等世界知名企业，无不历经上百年的时间，经过了无数次市场竞争优胜劣汰，才成长为具有高知名度与认可度的品牌。互联网时代，产品生命周期"加速"，企业可以凭借个性化的产品横空出世，无需漫长的积累等待。腾讯公司于1998年创立，以不可思议的速度发展，2004年在港交所成功上市，快速成长为举足轻重的互联网巨头。

网络为企业品牌发展壮大提供了全新的舞台，但也要求品牌时刻关注消费者新的需求变化，不断打造更加超值的品牌价值。多种在线工具如搜索引擎、Web广告、社交媒体等为企业品牌推广与运营提供更加丰富和高效的媒介选择，也增加了企业整合不同媒体上的品牌战略的难度，企业需要更加努力协调每一媒体平台的品牌活动以保持品牌一致性。

小案例

"钟薛高"的网红之路

用3～5年的时间，走完前辈数十年甚至上百年的发展道路，这不是什么天方夜谭，而是发生在这一轮网络新品牌崛起浪潮中的真实故事。2018年3月诞生的雪糕品牌"钟薛高"就演绎了这样一场网络爆红神话，成立16个月营收就突破了1亿元，2020年"双十一"战胜"洋巨头"哈根达斯，达成天猫冰品类目销售额第一。

1. 定位于中式雪糕

"钟薛高"谐音"中雪糕"，寓意"中国人自己的高端雪糕"，抓住国潮的兴起，使用传统中式瓦片设计，形成特有的品牌辨识度，也是对"家"文化的细微呈现，加深新国货品牌的印象。

2. 重视用户共创

好产品离不开用户的体验，基于对用户的深度洞察，"钟薛高"在产品设计、口味制造、营销传播、场景形成等方面，都留足了能与消费者们共创的互动空间。"钟薛高"经常主动邀请消费者通过聊天、试吃等方式参与新口味产品的研发、包装与品名设计，通过用户共创，更加接近用户的切实需求，也激发了消费者的主动性与积极性。

3. 不断制造话题，实现社交媒体裂变营销

互联网背景下诞生的"钟薛高"非常注重品牌记忆点的打造与营销传播策划，充分利用社交媒体实现品牌"种草"。以小红书为例，"钟薛高"通过大量 KOL（关键意见领袖）和素人体验产品、发布"种草"笔记和试吃视频，吸引了用户注意，快速形成了品牌从"种草"到购买的闭环。

资料来源：根据网络资料整理。

二、网络品牌的定义与特点

（一）网络品牌的定义

美国市场营销协会对品牌的定义是："品牌是一种名称、术语、标记、符号或者设计，或是它们的组合运用，其目的是借以辨认某个销售者或者某群销售者的产品或服务，并使之同竞争者的产品和服务区别开来。"

从品牌的内涵来看，品牌包括个性、展示和绩效三部分：①"个性"指品牌所蕴含的文化和价值观念，直接影响顾客对品牌的认可程度；②"展示"指用于表现品牌的产品属性及非产品属性，使顾客了解品牌的基本特征；③"绩效"指品牌能为顾客创造的利益与价值，是影响顾客购买的重要因素。可见品牌是一个复合概念，包括一切影响和构成顾客对产品的认知和看法的要素。

通过对品牌内涵的分析，可以认为，网络品牌就是企业在网络消费者心目中建立的认知和形象总和，其组成要素包括网络品牌价值观、网络品牌符号、网络品牌体验。

（二）网络品牌的特点

网络品牌是企业在互联网上传递给用户的独特认知和形象，是网络营销效果的综合表现。与传统品牌相比，网络品牌具有以下特点。

1. 网络品牌具有互动性

得益于互联网的交互性，网络品牌可以与消费者进行直接交流，消费者能够随时随地对品牌进行评论和反馈，品牌也可以通过网络与消费者进行互动。从品牌定位到品牌传播，再到消费者反应，网络品牌与消费者即时交互的过程就是消费者心中品牌形象创建的过程，也是品牌不断优化完善的过程。

2. 网络品牌提供更丰富、个性化的消费者体验

网络品牌的创建与传播以网络为载体，包括网站、网络广告、论坛、博客、SNS等多种形式，可以通过文字、声音、图片、视频等多媒体工具生动形象、全方位地展示品牌形象。在网络技术的支持下，网络品牌强调为顾客提供个性化的产品和服务，可以根据顾客的特点和需要设计有选择的个性化。网络品牌体现了为用户提供的全方位的信息与服务。

3. 网络品牌以网络营销全流程的业务融合为支撑

网络营销的各个环节都与网络品牌有直接或间接的关系，因此，网络品牌的建设和维护存在于网络营销的各个环节。从网站建设推广、信息发布、在线销售到消费者关系管理，每个领域的网络营销活动无不与网络品牌息息相关。因此，网络品牌建设是一项依靠网络营销各环节长期持续进行的工作。

三、网络营销品牌管理策略

由于网络市场与传统市场存在差异，传统强势品牌不能简单延伸至网络市场。万科、耐克等知名品牌的网站访问量并不高，这意味着传统的品牌优势并不代表企业一定会在网上取得成功，企业必须针对网络市场打造网络品牌。

（一）网络品牌定位

确定网络品牌的目标消费群体是网络品牌定位的起点。网络虚拟市场中的消费者在个体特征、消费需求、消费偏好与行为习惯等方面都会有别于传统市场中的消费者。网络营销企业需要对自己所面对的网络消费者进行筛选和定位，确定主要的目标消费群体，从而明确企业所应采取的品牌策略，并谋求与这部分目标消费群体建立良好的关系。

然后，企业需要确定网络品牌的利益和价值，即通过网络能够为目标消费群体提供哪些有价值的信息或服务，这是定位网络品牌利益的内容。网络品牌必须依据消费诉求提出明确的利益主张，并在第一时间向消费者明确这种主张。一个有明确主张的网络品牌一方面能够让消费者很快明白品牌所能提供的利益，节省获取信息的时间，也有助于消费者深入了解品牌所提供的产品与服务；另一方面有利于企业策划和管理网络品牌塑造与推广的相关内容。

（二）网络品牌塑造

网络品牌主要由网络品牌价值观、网络品牌符号和网络品牌体验三要素构成，分别表现为：① 网络品牌价值观，主要包括品牌理念、定位、文化等，这是网络品牌的核心部分；② 网络品牌符号，主要包括品牌名称、域名、标识、图标、标识符号、形象代表、包装、广告歌与广告语等，这是网络品牌的有形部分；③ 网络品牌体验，主要包括个性、服务、自我形象等，这是网络品牌中被消费者感知和诠释的部分。

网络品牌的塑造首先要建立独特的品牌价值观，然后设计富有表现力的品牌名称、符号，注册相关域名，最后通过优化网页设计、提供在线服务等完善顾客的网络虚拟体验。

1. 建立独特的、有吸引力的品牌价值观

品牌价值观是指品牌在追求经营成功的过程中所推崇的基本信念和奉行的目标，是品牌经营者一致赞同的关于品牌意义的终极判断。品牌价值观决定着品牌存在的意义和发展方向、品牌组织的形态和作用，以及企业内部各种行为和企业利益之间的相互关系,是品牌文化的核心。品牌价值观决定了品牌的个性,影响消费者对品牌的最终理解和感觉。

网络世界中的消费者被纷繁复杂的产品信息所淹没,对广告与促销活动的反应变得麻木,只有独特的、与他们的价值观和个性相呼应的产品信息才有可能唤起消费者的关注,并使之留下深刻的印象。这表明了建立独特的、有吸引力的品牌价值观的重要性。Google 是当前最成功的网络品牌之一,追求创意、自由包容贯穿于企业文化之中,也形成了服务用户、做到最好、个性自由的品牌价值观,最终体现为搜索领域中的强大表现,成为全球家喻户晓的品牌。

2. 网络品牌命名

品牌命名是品牌创建与推广的起点。所谓"名不正,则言不顺,言不顺,则事不成",一个响亮的名字,是企业一笔永久的无形资产。好的品牌名称不仅可以引起消费者的独特联想,还可以准确反映品牌的特点,有强烈的冲击力,刺激消费者的消费心理,增强消费者的购买欲望。对于企业而言,好的品牌命名还可以提升自己和产品的形象。品牌的用途已远远超过早期的识别范畴,成为消费者与商家沟通情感的纽带,成为增强企业竞争能力的重要手段。品牌命名与设计是实现品牌定位的重要环节,也是展开品牌推广工作的前提。通过这一步骤,企业制定了以核心价值为中心的品牌识别系统,使企业的品牌推广行动具有可操作性。

网络品牌命名主要是指企业用于在网络上推广的品牌命名,它建立在企业网络品牌定位的基础上,主要表现为:① 传统的产品与企业品牌;② 完整体现企业品牌形象的网站名称及 URL 命名(即域名品牌)。从这个角度来看,网络品牌的命名实际上包括对产品品牌的命名和对域名品牌的命名。由于域名担当着索引的角色,是网络消费者进入并了解品牌的重要"入口",企业一般会使域名品牌命名与网络产品品牌名称或企业名称保持一致性,以便在网络消费者心中建立起统一的网络品牌形象。

知识链接

域 名

我们所使用的网络是基于 TCP/IP 协议进行通信和连接的,每一台主机都有一个唯一的标识固定的 IP 地址(internet protocol address),以区别在网络上成千上万个用户和计算机。IP 地址是一个 32 位的二进制数,通常被分割为 4 个"8 位二进制数"(也就是 4 个字节)。IP 地址通常用"点分十进制"表示成(a.b.c.d)的形式,其中,a、b、c、d 都是 0~255 之间的十进制整数。例:我们常用的搜索引擎网站"百度"的首页 IP 地址为 202.108.22.5。由于 IP 地址是数字标识,使用时难以记忆和书写,数字也不能显示地址组织的名称和性质,因此在 IP 地址的基础上又发展出一种符号化的地址方案,来代替数字型的 IP 地址。每一个符号化的地址都与特定的 IP 地址对应,这样网络上的资源访问起来就容易得多了。这个与网络上的数字型 IP 地址相对应的字符型地址,就被称为域名。比如百度网站的域名是 www.baidu.com,与上面的

IP地址相对应，共同指向百度站点。

域名（domain name），又称网域、网域名称，是与IP地址相对应的一串容易记忆的字符，用于在数据传输时对计算机的定位标识，通常由若干个从a到z的26个字母及0到9的10个阿拉伯数字及"—"""."符号构成并按一定的层次和逻辑排列。也有一些国家在开发其他语言的域名，如中文域名（如".中国"）。在字母与数字构成的域名中，大小写是没有区分的。域名是分层的，以"."隔开，一般不能超过5级，从左到右域的级别越高，最右边的部分，即域名最后一点之后的部分，被称为顶级域名（中英文顶级域名或TLD）。域名在整个Internet中是唯一的，当高级子域名相同时，低级子域名不允许重复。IP地址如同电脑的身份证号码，而域名地址则相当于电脑的姓名，方便记忆和使用。一台服务器只能有一个IP地址，但是却可以有多个域名。

顶级域名主要包括：

（1）国家顶级域名（national top-level domain names，简称nTLDs），200多个国家和地区都按照ISO3166国家代码分配了顶级域名，以两个字母的后缀表示该域所在的国家或地区，例如中国大陆是.cn，美国是.us，日本是.jp等。.cn类英文域名于1997年12月31日诞生并开通，注册局为CNNIC。以.cn结尾即中国国内域名，适用于其国内各机构、企业。

（2）通用顶级域名（Generic top-level domain，gTLD），是互联网名称与数字地址分配机构（Internet Corporation for Assigned Names and Numbers，ICANN）管理的顶级域（TLD）之一。通用顶级域在1985年1月创立，当时共有6个通用顶级域，主要供美国使用：

.com	.net	.org	.edu	.gov	.mil
公司企业	网络服务商	非营利组织	教育机构	政府部门	军事部门

随着互联网向全世界的发展，除了.edu、.gov、.mil一般只在美国专用外，另外三个大类.com、.net、.org则成为全世界通用。

由于社会对域名的兴趣和使用需求不断提高，通用顶级域名的数量也随之增加。ICANN于2000年11月公布了7个新的通用顶级域名，并于2001年6月开始使用，主要包括：

.aero	.biz	.coop	.info	.museum	.name	.pro
航空机构	商业机构	商业合作	信息提供	博物馆	个人网站	医生等专业人员

随着网络业务的不断丰富，新的顶级域名（New gTLD）不断涌现，比如通用的.xyz、代表"高端"的.top、代表"人工智能"的.ai等。

二级域名是指顶级域名之下的域名，在通用顶级域名下，它是指域名注册人的网上名称，例如sina、yahoo、microsoft等；在国家顶级域名下，它是表示注册企业类别的符号，例如com、edu、gov、net等。各国企业及其他组织机构往往选择通用域名（如.com）作为二级域名，与所属国家的国家域名（如.cn）为顶级域名，以此识别域名对应网站的网站类型与归属国家。以www.baidu.com为例，.com为通用顶级域名，baidu为二级域名；而对www.stats.gov.cn（国家统计局官网）这个域名来说，.cn为国家顶级域名，.gov为二级域名，stats是三级域名。

域名代表一个通过计算机登上网络的组织在该网中的地址，是网上组织和个人在网络上的重要标识，起着识别作用，便于他人识别和检索某一企业、组织或个人的信息资源，从而更好地实现网络上的资源共享。除了识别功能外，在虚拟环境下，域名还可以起到引导、宣传、代表等作用。域名不仅代表了企业在网络上的独有的位置，也是企业的产品、服务范围、形象、商誉等的综合体现，是企业无形资产的一部分。同时，域名也是一种智力成果，它是有文字含义的商业性标记，与商标、商号类似，体现了相当的创造性。一个公司如果希望在网络上建立自己的主页，就必须取得一个域名。

5-4视频：
域名注册

依据CNNIC发布的《第51次中国互联网络发展状况统计报告》，截至2022年12月，我国域名总数约为3440万个。其中，".CN"域名与".COM"域名在现有域名中使用占比排名第一、二位。中文类".中国"域名数量约为18.6万个，占我国域名总数的0.5%；新通用顶级域名（New gTLD）数量约为377万个，占我国域名总数的11.0%（见表5-3）。

表5-3 我国分类域名数量（截止至2022/12）

分类	数量（个）	占域名总数比例
.CN	20,101,491	58.4%
.COM	9,019,281	26.2%
.NET	762,969	2.2%
.中国	185,576	0.5%
.INFO	40,614	0.1%
.ORG	39,668	0.1%
.BIZ	20,253	0.1%
New gTLD	3,769,824	11.0%
其他（包含".CO"".TV"".CC"和".ME"等域名）	460,807	1.3%
合计	34,400,483	100.0%

（资料来源：CNNIC《第51次中国互联网络发展状况统计报告》及网络资料整合。）

首先，网络品牌的命名仍然需要遵循传统品牌命名的前提：① 准确地针对企业所定位的网络目标客群；② 准确把握企业所面向的网络目标客群的特征。建立真正符合消费对象需要的品牌名称，要求对消费对象的特征、购买行为、消费方式等有准确的了解。企业在网络品牌定位阶段需要完成上述关于目标消费者的分析，并把这些分析作为网络品牌命名与设计的基础。

网络品牌的命名要遵循以下原则：

（1）与企业已有品牌名称保持相关性。对于那些在传统市场中已经建立品牌的企业来说，在设计网络品牌时，可以延用与传统品牌名称一致的命名，或者该命名可以令消费者产生关于企业品牌的相关联想，这一方面便于消费者识别品牌；另一方面，如果品牌已有相当的知名度，便可以借助其已有的影响力在网络空间获得品牌延伸。基于统一的品牌策略的考虑，这种命名原则应是企业首要考虑的原则。如苏宁公司所创建的电子商务网站被命名为"苏宁易购"。

（2）名称要体现产品的优点和特性，最好能提示所属品类。这样的网络品牌容易带给消费者暗示，使之产生有关产品的正面联想，在虚拟空间的推广中是非常具有优势的。快节奏和信息过量是网络空间信息传播的特征，一个能进一步提示所属品类的品牌名称，无疑向消费者提供了关于品牌更进一步的线索，引导消费者进行品牌识别与选择。

（3）名称应尽量简洁，易于记忆和使用。品牌名称的字数对品牌认知有一定的影响，品牌名称越短越有利于传播；越简化的品牌，消费者的信息认知度越高。不难发现，世界上许多著名的品牌都很简洁醒目，容易引起消费者注意。简洁的名称对于互联网品牌来说，比网络外的品牌来说更为重要。因为用户通常需要在电脑上键入企业的品牌名或者网址，所以一个简短和易拼写的命名更容易让用户记住和使用。

（4）名称应该具有独特性，与众不同。名称应尽可能保持独一无二，不只是在同行业里，这个原则应扩大到全部商业世界，重复的品牌名会给品牌识别带来麻烦，这是所有的互联网品牌名应避免的。在网络发展了几十年后的今天，数以万亿计的大小网站，足以使一个毫无特色的网站名称湮没在网络信息的洪潮中。企业在设计域名品牌时要尽量选择那些有震撼力、容易被消费者记住的名称。

（5）名称应该具有亲和力，有利于口碑传播。口碑传播是所有传播方式中最有效的。尤其是在更具交互性和开放性的网络空间，消费者对品牌的影响力日益增强，口碑传播在发挥着越来越重要的作用。因此，给品牌取个具有亲和力、易于为大众所接受、易于口碑传播的名字将更加有利于品牌的传播。

（6）注意命名的国际性与审美价值。网络营销使企业的商务活动跨越了国界，网络品牌的命名就不能只考虑适应本国市场，还要考虑即将面临的国际市场，适应品牌的国际化发展，特别是品牌主要面向的不同地域的市场。所以当前网络域名大多使用英文字母与数字的形式，以方便在全球市场的宣传和推广。同时品牌名称应富有美感，带给消费者愉悦、美好的联想，给公众留下良好的印象。

（7）从法律角度考虑网络品牌命名。一方面，网络品牌命名不能违反相关的法律法规；另一方面，要保护网络品牌中域名品牌的独特性。域名是企业在网络上的"门牌号码"，是企业在网络市场商业活动中的唯一标识，作为互联网的单位名称和在网络上使用的网页所有者的身份标识,具有商标属性。域名注册采用注册在先的原则,这意味着任何一家公司一旦抢先注册,其他公司就无法再注册同样的域名。如果企业未能及时依据品牌注册相关域名,他人就可能会发生"域名抢注"行为。同时,由于域名命名的限制和申请广泛,极易出现类似域名的现象,减弱域名的识别和独占性,导致品牌识别受到影响,因此,即使企业已经注册了自己所需要的域名,仍然要同时申请多个类似的相关域名以保护品牌资源不受侵害。

3. 提供虚拟体验

消费者访问企业网站所获得的体验直接影响网络品牌形象的建立与推广。如果企业通过精心设计、有明确主题贯穿始终的一系列活动,引导消费者达到精神、情绪、智力等的某一特定水平,产生愉快、美好的感觉,在此过程中把暗含企业品牌的知识与形象传达给消费者,使其留下深刻印象,这就是成功的网络品牌创建与推广。

虚拟体验主要包括:

(1) 浏览体验,主要表现在网站设计的方便性、结构布局与排版的美观、网站与消费者的互动性等,带给消费者休闲与乐趣。

(2) 学习体验,主要表现在网站能够方便、高效地提供丰富的、图文并茂的信息,让消费者能够愉快地获得所需要的知识,建立对企业产品的认知。

(3) 自我实现体验,主要表现在网站提供给消费者满意可靠的产品以及购买服务,满足消费者的需求,实现"理想的自我"。

(4) 归属体验,主要表现在网站设计消费者网上交流的环节,便于消费者寻求网络支持和分享感受,从而建立归属感,增加网站的黏度。

(三) 网络品牌推广

网络品牌创建后,还需要开展品牌推广来扩大品牌的影响力,实现品牌价值。实施网络品牌推广的主要方法有:

1. 网络广告推广

网络广告与传统广告相比,除了制作成本低、更换周期灵活、投放的广告更有针对性之外,还具有传播范围广、打破时空限制、互动效果较为明显等优点。随着消费者对粗放式网络广告"轰炸"的厌恶感上升,在大数据技术辅助企业对网上市场开展深入分析的基础上,网络广告日益基于地理位置与消费者行为精准化投放发展。企业可以借助搜索引擎、企业网站、电子邮件、社交媒体等多平台进行网络广告传播。

2. 网络公关推广

企业可以开展网络公关活动,利用一切有价值的事件和机会,利用公关造势建立和推广品牌形象。网络信息传播的"病毒式"特点使得网上的热点事件、新闻、企业特色活动等很容易大规模扩散开来,激起市场和社会的广泛反应。2021年小米公司请著名设计师原研哉操刀,重新设计小米logo。由于新logo似乎只是由方变圆,引发全网调侃,有网友建议雷军"当场报警",#小米新logo#一时成为网络热门话题,小米乘势推广,保持网络热度,并在全国5000余家"小米之家"同步开启"帮小米之家换logo"活动,小米的新品牌logo很快深入人心。

3. 线下推广

传统的电视、杂志等也可以用于推广网络品牌。如果企业网站受众广泛，比如淘宝网、苏宁易购等综合类网上商城，则可以利用传统媒体开展线下宣传，能够在较短的时间内达到较大的传播普及率。

本章小结

互联网时代网络消费者的个性化需求正在崛起，对网络营销企业的产品策略提出了更高要求，能否按照消费者的需求提供定制化的产品与服务成为企业网络营销竞争成功的关键。本章通过《"互联网＋文化＋旅游"打造西安文旅新篇章》的案例说明了利用网络技术优化用户体验对于产品与服务创新的意义，阐述了网络营销产品的定义、特点与分类，说明了实施网络营销产品展示与定制化管理的要点，在分析网络对企业新产品开发和品牌管理活动产生影响的基础上，对网络新产品开发的程序与特点、网络品牌的定义以及相关策略作了较全面的说明。

习 题

一、单选题

1. 网上商家为消费者提供"七天无理由退货"服务承诺，这属于（   ）。

   A. 核心产品   B. 期望产品
   C. 附加产品   D. 潜在产品

2. 产品的特性会影响到网上销售，以下最适合网上销售的产品是（   ）。

   A. 生鲜食品   B. 图书
   C. 家具   D. 高端服饰

3. 当前电商直播的发展带动了农产品直播热潮，以下说法中错误的是（   ）。

   A. 直播依靠视频互动进行农产品展示
   B. 农产品的品种、外观、营养成分等属于搜索特性信息
   C. 文字、图片等方式无法对农产品进行展示
   D. 直播间可以带领消费者来到田间地头，通过"沉浸式体验"完成对农产品的展示

4. 具有（   ）特点的产品不属于网络营销的首选产品。

   A. 网上市场大   B. 价格昂贵
   C. 可以通过网络传递   D. 标准化产品

5. 以下不属于网络大规模定制营销特点的是（   ）。

   A. 批量生产   B. 快速响应顾客的个性化需求
   C. 大规模生产   D. 低成本、高效率

6. 在开发新产品的过程中，企业引入大学研究所的科研力量参与产品创新，这体现出（　　）的特点。
　　A. 开放式创新　　　　　　　　B. 用户参与
　　C. 企业协作研发　　　　　　　D. 迭代升级

7. 在网络时代，成功产品的市场生命周期（　　）。
　　A. 变长　　　　　　　　　　　B. 不变
　　C. 变短　　　　　　　　　　　D. 皆有可能

8. 与传统营销相比，网络新产品开发实现的难度（　　）。
　　A. 变大　　　　　　　　　　　B. 不变
　　C. 变小　　　　　　　　　　　D. 皆有可能

9. 在下列一级域名中，最适合用于公司域名的是（　　）。
　　A. net　　　　　　　　　　　　B. mil
　　C. org　　　　　　　　　　　　D. com

10. 以下不属于网络品牌塑造范畴的是（　　）。
　　A. 建立品牌价值观　　　　　　B. 网络品牌命名
　　C. 网络品牌传播　　　　　　　D. 提供网络体验

二、多选题

1. 下列产品形态中，属于虚体产品的是（　　）。
　　A. 化妆品　　　　　　　　　　B. 电子游戏软件
　　C. 网上订票　　　　　　　　　D. 金融咨询
　　E. 天气预报

2. 以下具有（　　）特点的产品适合开展网络营销。
　　A. 可以数字化　　　　　　　　B. 具有价格优势
　　C. 购买参与程度较低　　　　　D. 通过网络能有效降低检索成本
　　E. 通过网络能够将目标市场扩大到更广阔范围

3. 造成互联网时代企业开发成功新产品的难度加大的原因主要有（　　）。
　　A. 缺少新产品构思　　　　　　B. 开发成本昂贵
　　C. 成功新产品的生命周期缩短　D. 新产品开发的完成时间过长
　　E. 来自政府与社会的限制

4. 迭代式开发的特征主要有（　　）。
　　A. 开发性　　　　　　　　　　B. 持续性
　　C. 跨越性　　　　　　　　　　D. 容错性
　　E. 及时的反馈和改进

5. 下列域名中，属于通用顶级域名的是（　　）。
　　A. net　　　　　　　　　　　　B. edu
　　C. org　　　　　　　　　　　　D. gov
　　E. cn

三、判断题

1. 网络营销让企业的产品销售跨越了地理和时空的限制，所有的产品都应该在互联网上销售以利用这种优势。（　　）
2. 消费者介入程度高的产品或服务往往可以直接通过网络进行交易。（　　）
3. 在技术发展的助力下，互联网时代的企业产品创新与传统时代相比更为容易，创新度更大，属于跨越式创新。（　　）
4. 传统市场中的优势品牌同样也是网上市场的优势品牌。（　　）
5. 域名具有唯一性，企业只需要注册自己将要使用的域名就可以起到保护域名的作用。（　　）

四、简答题

1. 适合开展网络营销的产品具有哪些特点？
2. 说明大规模定制的内涵，简述大规模定制策略。
3. 网络营销新产品开发面临哪些挑战？
4. 网络新产品开发过程中的顾客参与体现在哪里，请举例说明。
5. 网络品牌命名要遵循哪些原则？请结合实例说明。

五、论述题

目前，越来越多的企业采用合作开发、用户参与等方式进行网络营销新产品开发，请结合新产品开发实例，分析参与开发的主体与开发过程的变化，谈谈你对网络营销新产品开发的特点与未来发展趋势的看法。

六、案例分析

乐纯酸奶：网红品牌的诞生

当能够有效消灭大肠内腐败细菌的"保加利亚乳酸杆菌"被科学家发现，酸奶这一能够满足消费者对肠道健康需求的产品就不断发展和普及。从传统老酸奶，到增添食品添加剂以提供多样化口味的风味酸奶，我国酸奶产品层出不穷。其中乐纯酸奶以其高客单价、高复购率和高销售额成为本行业新一代网红品牌。

2014年，乐纯酸奶诞生。与其他酸奶相比，乐纯敏锐地发现了消费者一边享受食品添加剂带来的口味多样一边担心影响产品"天然健康"的矛盾心理，主打"干净的配料表"（无糖、奶粉、奶油、添加剂），只通过添加各种新鲜谷物和水果来满足消费者对口味的需求，聚焦于"天然健康＋口味丰富"的产品开发，追求最好的食材和有层次感、有回味的口感。

为了保证能够持续开发口感醇厚、口味新奇又好吃的产品，乐纯通过微博公众号发布文章，吸引了最初的一批种子用户，他们的任务就是每天来试吃乐纯的酸奶。用户给出反馈之后，乐纯立刻改进调整出下一批酸奶，请用户继续试吃。这批用户就这样成为乐纯的种子用户，参与到乐纯最初的产品生产、开发、口味迭代和调整中。乐纯通过社交平台保持与品牌粉丝互动，交流酸奶的研发过程。

2015年，乐纯在北京三里屯开设了第一家35平方米的实体店，开业不久发布了一篇文章《三里屯从此多了一家价格很奇葩的乐纯酸奶公司》，与用户分享乐纯酸奶的品牌故事，从产品配方、研发生产到定价，不断拉近与消费者的距离，并提供了在线预订服务。这篇文章在24小时内阅读量就超过10万次，带动线上线下产品全部售出。从此，乐纯正式踏上成为网红品牌的道路，一方面立足"健康＋品质＋口味"的产品内核，通过与用户生活场景结合进行产品延伸，推出节日限量口味、365天不重样的乐纯早餐活动等，完善对产品自身的打造；另一方面持续邀请用户以及KOL参与试吃，不断扩大在社交平台的品牌影响力。

与高品质的产品相呼应，乐纯也在考虑如何利用消费者的力量推出高品质的包装。当酸奶销量达到20万盒的时候，乐纯将产品包装壳的背面做成了一个人人可以投稿的"小杂志"，邀请每个人都参与包装的设计和创意，然后从这些包装和创意中，选择了30个在微信上进行投票，最终决定了乐纯的产品包装原型。乐纯的产品包装以自然清新的设计迎合了当代消费者的审美，还附上酸奶的配方、制作步骤与食用小贴士，成为另类的"美食小杂志"。

当前，乐纯通过持续追踪与满足用户需求，已经从一开始的4个口味发展到现在的19个口味，不但在线上持续热销，也进驻线下星级酒店和高端超市，获得越来越多的认可。

资料来源：根据网络资料整理。

（1）互联网时代消费者需求产生了哪些方面的变化？它对企业产品开发造成什么影响？

（2）请分析乐纯的新产品开发策略，并说明其新产品开发的特点。

（3）你觉得乐纯成为网红品牌的原因主要有哪些？

第六章
Chapter 6

网络营销价格策略

主要知识结构图

```
                       网络营销价格策略
                              │
          ┌───────────────────┴───────────────────┐
     网络营销定价                              网络营销定价策略
       概述
                                              低价定价策略
     互联网与价格
                                              定制生产定价策略
     网络营销定价
       的定义                                  个性化定价策略

     网络营销定价                              使用定价策略
       的特点
                                              拍卖定价策略
     网络营销定价
       的影响因素                              免费定价策略

                                              心理定价策略
```

教学目标

- 帮助学生了解互联网对价格策略的影响。
- 帮助学生理解网络定价内涵和特点。
- 帮助学生掌握影响网络定价的因素以及网络定价策略。
- 紧密结合恶意低价竞争等案例,帮助学生树立正确的价值观和职业道德观。

> **开篇案例**

线上会议室要收费了

三年来，居家办公、学习需求激增，线上会议的需求也呈现高速增长的态势，钉钉、腾讯会议、飞书、ClassIn等软件占据了大部分的市场份额。来自第三方数据机构Quest Mobile的数据显示，截至2022年9月，钉钉月活用户数达2.2亿，企业微信达1.1亿，飞书达840万。腾讯2022年财报显示，一季度腾讯会议注册用户数达3亿，月活用户数突破1亿。2021年全年用户参会次数超过40亿次，已覆盖国家和地区超过220个。

最近，各大在线会议软件纷纷传出收费消息。继2022年9月腾讯会议部分高级功能开始收取每月30元的会员费后，飞书推出了针对企业收费的企业版和旗舰版。12月5日，钉钉也宣布收取会员费，面向中小企业的专业版价格高达每年9800元。这让很多已经习惯网络"免费餐"的个人和企业措手不及。

随着越来越多的人在线上开展教学、处理工作，一些线上会议软件开始"撑不住了"。11月27日，网络平台上有部分网友称，使用腾讯会议时一直显示"当前高峰时段，系统线路拥挤"的提示。"腾讯会议崩了"的话题一度引发热议。11月28日中午，"钉钉崩了"话题也登上微博热搜，其软件界面一直显示"公共会议通道爆满，暂无法创建新会议"的字样。

12月5日，钉钉发布了正式收费的通知，专业版每年的会员费用为9800元；免费的基础版的功能仅限于聊天、通讯录、考勤打卡等，这对于高校的网课需求来说远远不够。腾讯会议也针对个人和企业推出了不同的收费版本。对个人用户，免费个人版仍能使用45分钟的群组会议等功能。个人会员版目前有四种付费方式，其中30元/月的个人用户会员版，可以让30人至60人同时开启摄像头，包括不限时字幕、不限时自动会议纪要、不限时实时转写、高清1080P画质等功能。对于公司用户，腾讯会议还推出了4788元/年起的商业版和需要具体询价的企业版。

记者使用腾讯会议发现，目前线上会议等基础功能仍能免费使用，但自动会议纪要、实时转写等曾经可以免费使用的功能已经改为只能限时使用10分钟/场。与免费版相比，腾讯会议会员版不仅可以同时开启视频的人数更多、视频画质更高，还可以设置两位联席主持人，有更丰富的专属虚拟背景、会聚模式场景等。

资料来源：金台咨询，《线上会议室要收费了》，2022-12-30，略有编辑整理。

第一节　网络营销定价概述

价格是企业营销组合中十分重要但是企业却较难有效控制的因素，也是唯一为企业提供收益的因素，是企业竞争的重要手段之一。价格十分敏感，随市场变化而上下波动，与企业利益紧密相关。事实表明，定价是否恰当，会直接影响甚至改变消费者的购物原则，进而影响到企业产品的销量和利润额。因此，如何制定合适的价格，已经成为许多企业竞相关注的焦点。无论是传统营销还是网络营销，价格都作为营销组合中极其关键和活跃的因素。网络环境不同于传统营销环境，网络环境下消费者的购买心态和行为也相应地发生了变化，因此网络营销价格的形成会受到多种因素的影响和制约，在很多传统营销的定价策略得以应用的同时，也有许多新的定价策略应运而生，网络营销价格策略变得越来越复杂。根据影响网络营销价格因素的不同，企业在进行网络营销决策时必须对各种因素进行综合考虑，从而采用相应的定价策略。

一、互联网与价格

（一）从买方视角看

1. 互联网增强了网上市场中价格的透明度

借助于搜索引擎，用户可能很容易发现企业在网上销售中的差别定价，并认为是价格歧视而拒绝这家企业。互联网使客户讨价还价方面的能力得到显著提高，他们通过一些专业的商业搜索引擎或比价网站，可以从高到低迅捷地列出所搜寻产品的全部价格。当然，如果所有的消费者都认识到网上产品价格的差异化，那么，这种差异化的局面就很难维持下去。

2. 互联网降低了消费者交易成本

网络的发展和技术的进步使消费者很容易在购物网站上得到相关商品的价格信息并进行比较，既能同时比较不同购物网站的价格，也能对线上和线下的价格进行比较。在很大程度上改变了消费者原先处于信息弱势地位和信息不对称的状况，大幅降低了商品的交易成本。此外，网络上的一站式购物和自助式服务也大大节省了消费者的交易时间。

3. 互联网加强了消费者之间的交流

在互联网，不受时间和空间的限制进行沟通与合作，增强了消费者的议价能力和对消费过程的控制，有利于实现顾客主导定价。像一般的网络拍卖，由卖方给出底价，买方则根据这个价格往上出价，价最高者得。

（二）从卖方视角看

1. 互联网降低了企业生产成本

由于网上的销售商没有传统经营所需要的店铺和实现物理展示的设施，也不需要建立分销网络，网络销售商可以提供比传统市场中竞争对手更低的价格。此外，通过互联网可以减少采购过程中人为因素和信息不畅通的问题，在很大程度上降低采购成本。利用互联网将生产信息、库存信息和采购系统连接在一起，企业可以根据需要实时订购，最大限度地降低库存，不仅可以减少资金占用，降低仓储成本，还可以避免价格波动对产品的影响。企业利用互联网可以实现远程虚拟生产，在全球范围内寻求最适宜的生产厂家生产产品。此外，互联网为描述产品的差异化或提供附加值服务创造了机会，将导致更具竞争性的定价。

2. 互联网有助于产品价格的精准定位

互联网为动态定价带来了机遇，企业可根据市场需求的变化迅速对产品价格进行调整。一些市场认同度较高的产品，经常会根据需求动态地改变产品的价格，以取得良好的收益。

微阅读

低成本快速搭建永不落幕的数字云展

数字云展，随时随地想逛就逛。近几年疫情暴发，让数字化的智能云展一时兴起。为促进经济回暖，各地方逐渐辗转反侧，从线上入手，开启探索数字化云展的新形势。为丰富展览会呈现方式，不断将有创意的VR全景作为云展会的核心。其沉浸式的交互体验方式，快速的传播推广效果，不再受时间、空间限制的线上洽谈、预约和下单方式，恰好是云展会所需的。随着互联网技术的蓬勃发展，"云展会"不仅仅是疫情之下的"备选方案"，还是信息时代展览会产业发展的大势所趋。

低成本快速搭建永不落幕的展会。数字云展的优势是不会受到时空限制，用户使用一部手机就可随时随地云逛展。进到参展商的VR展厅入口，能够全方位了解企业规模整体实力。如有兴趣，在VR展厅中以"在线客服/联系电话"就能与商家迅速取得联系。利用5GVR直播实现线上数字云展作为一个新颖的呈现方式，是VR全景的商务功能之一，一经推出便得到了广大用户的青睐。不断接受用户满意度反馈，升级并更新，使云展平台功能越来越完善，让客户体验更符合业务需求。

资料来源：https：//mbd.baidu.com/newspage/data/landingsuper？context＝％7B％22nid％22％3A％22news＿10125593577563633054％22％7D&n＿type＝1&p＿from＝4。

二、网络营销定价的定义

狭义上说，价格就是为了获得某种产品或服务所付出的货币数量。广义上讲，价格是消费者为了换取拥有和使用某种产品或服务的收益而支付的所有价值的总和，包括货币、时间、精力和心理成本等。尽管近些年来在商业活动中非价格因素对消费者行为的影响变得越来越重要，但是价格仍是决定企业市场份额和盈利水平的最重要因素之一。互联网的发展不仅为现代企业提供丰富、及时的信息，使企业获得信息越来越便捷和低成本，同时也使得消费者能够搜寻到大量同类商品或替代品，减轻或者消除了供求双方的价格信息不对称，使消费者拥有了定价权，消费者地位得到大大的提升。网络时代市场通过价格杠杆来配置资源，买方和卖方共同决定产品的价格，市场的主动权由卖方转移到买方。互联网时代，企业要想获取更多利润必须转变定价策略。

网络营销定价是指给网上营销的产品和服务制定价格的过程，是企业在网络营销过程中买卖双方成交的价格。网络营销价格的形成过较为复杂，受到如传统营销因素和网络自身对价格的影响等诸多因素的影响和制约。

三、网络营销定价的特点

互联网使企业、消费者和中间商对产品价格信息形成比较充分的了解，提升了需求方的地位，与传统定价相比网络营销定价有很大的特殊性。

（一）低价位化

互联网成为企业和消费者交换信息的渠道，网络营销能使企业绕过许多中间环节和消费者直接接触，进而使企业产品开发和营销成本大大降低；消费者可以通过开放互动的因特网掌握产品的各种价格信息，并对其进行充分的比较和选择，消费者可以从网上以最低廉的价格购买到满意的商品。互联网发展可以从诸多方面来帮助企业降低成本费用，从而使企业有更大的降价空间来满足顾客的需求。

（二）全球化

网络营销市场面对的是开放的和全球化的市场，世界各地的消费者可以直接通过网站进行交易，而不用考虑网站所属的国家或地区。企业的目标市场从过去受地理位置限制的局部市场，一下拓展到范围广泛的全球性市场，这使得网络营销产品定价时必须考虑目标市场范围的变化带来的影响因素。一方面，企业产品国际间的价格水平将趋于统一化或国别间的价格差别将大大缩小。例如，顾客不仅能够将网上商店的价格与传统零售商的价格相比较，还可以登录比较网站或通过购物代理商方便地比较网上产品的价格与特色。另一方面，企业面对全球性的网上市场，很难以统一的标准化定价来面对差异性极大的全球市场，必须考虑遵照全球化和本土化相结合的原则来开展营销活动。为了解决这类问题，企业可以采用本土化的办法，在有较大规模潜在市场的国家建立地区性网站，以适应不同地区网络营销活动的要求。

（三）动态化

互联网的互动性，使得顾客和顾客之间可以进行直接沟通，顾客和企业之间可以就产品的价格进行协商，价格透明度越来越高，企业越来越失去对价格的控制。企业还可以根据每个顾客对产品和服务提出的不同要求，制定不同的价格。以往传统的静态的定价策略在网络环境下已不能完全适用，为取得在竞争中的优势地位，企业就需要以不断变动的价格来应对。因此，价格的动态化就成为网络营销的重要特点。在网络经济时代，产品或服务的价格会伴随市场变化呈现出动态化的特点，许多的企业网站都是用了动态定价软件，采用动态定价策略。

（四）顾客主导化

在传统市场营销中，由于信息不对称消费者处于被动地位，价格由供给方制定，消费者议价能力较弱。互联网的发展为消费者提供大量信息，大大降低了消费者信息收集的成本，消费者很容易全面掌握同类产品的不同价格信息，通过综合这些信息决定是否接受企业报价并达成交易，商家不再具有信息上的优势，价格更趋于透明化。因此，在定价时，企业必须考虑消费者的心理特点和价格预期，以消费者为中心，将价格定在消费者愿意支付的水平上，以获得消费者的接受和认可，使其产生购买欲望，实现双赢。

6-1 视频：
"美团外卖"
再现价格歧视
大数据杀熟
何时能休？

四、网络营销定价的影响因素

市场营销理论认为，产品价格的上限取决于产品的市场需求水平，产品价格的下限取决于产品的成本费用，在最高价格和最低价格的范围内，企业能把产品价格定多高，则取决于竞争对手同种产品的价格水平、买卖双方的议价能力等因素。可见，市场需求、成本费用、竞争对手产品的价格、交易方式等因素对企业定价都有着重要的影响。在网络营销环境下，既要考虑传统的影响因素，又要考虑互联网带来的新的影响因素。

（一）定价目标

企业的定价目标是指企业希望通过制定产品价格所实现的目的。它是企业选择定价方法和制定价格策略的依据。不同企业有不同的定价目标，同一企业在不同发展阶段也有不同的定价目标。不同的定价目标有着不同的含义和运用条件。刚进入网络营销市场企业的主要目标是占领市场求得生存发展机会，然后才是追求企业的利润。企业定价目标的不同直接影响价格高低。网络营销市场中企业的定价目标一般有以下几个方面。

1. 以维持企业生存为目标

当企业生产能力过剩、面临激烈的市场竞争或者试图改变消费者需求时，企业可以把维持企业生存作为主要的定价目标。此时，企业的价格策略主要是保本价或低价。这种目标只能是企业面临困难时的短期目标，长期目标还是要获得发展，否则企业终将破产。

2. 以获取当前最高利润为目标

有些情况下，一些企业价格的制定以追求当期利润最大化为目标。一般而言，需求价格弹性较大的产品能够做到薄利多销，所以希望实现利润最大化可以制定低廉的价格；而对于需求弹性较小的产品，则可以通过高价策略，实现当期利润最大化。选择此目标，必须具备一定的条件，即当产品声誉好而且在目标市场上占有竞争优势地位时，方可采用，否则还应以长期目标为主。

3. 以市场占有率最大化为目标

有些情况下，企业试图通过价格策略的实施赢得某一商品最高的市场占有率，以赢得某一商品绝对的市场竞争优势，从而做到最低成本和最高长期利润的营销效果。在此情况下，企业一般制定尽可能低的价格来追求高市场占有率的领先地位。一般而言，当企业以市场占有率最大化为目标时，需要具备的条件是：该产品需求价格弹性较大，产品销量会随着价格的降低而快速增长；该产品的生产或销售规模经济效益明显，产品成本会随着销量的增加而下降，利润会因销量的增加而上升；企业有足够的实力承受短期内低价所造成的经济损失；低价能阻止现有的或可能出现的竞争对手。

4. 以应付和防止竞争为目标

有些企业为了阻止竞争者进入自己的目标市场，故意将产品的价格定得很低。这种定价目标一般适用于实力雄厚的大企业。有些中小企业在激烈的市场竞争中，为了维持自己的市场地位，跟随市场主导企业的降价行动，也实施降价策略，从而消除竞争对手降价对自己造成的威胁。

5. 以树立企业形象为目标

有些企业的定价目标实行的是"优质优价"，以高价来保证高质量产品的地位，以此来树立企业的形象。

（二）成本因素

成本是网络营销定价的最低界限，对企业网络营销价格有很大的影响。对于企业来说，成本在任何时候都是定价的必须考虑因素之一。而对于网络营销企业，还应关注产品在网络环境下的成本新表现。在网络营销战略中，企业一般从两个方面来分析网络营销对企业成本的控制和节约：一是降低营销及相关业务管理成本费用；二是降低销售成本费用。产品成本是由产品在生产过程和流通过程中耗费的物质资料和支付的劳动报酬所形成的，企业通常用在生产、销售和分销产品中生产的总成本来界定产品和服务的最低价格。毫无疑问，与传统营销相比，互联网提供了一种减少营销成本的机会。网络营销降低企业的采购、库存、生产及与客户沟通的成本，但同时也增加了网络化建设、网站推广、配送、客户服务等成本。

(三)需求因素

市场需求规模以及消费者的消费心理、感受价值、收入水平、对价格的敏感程度、消费者的议价能力等都是影响企业定价的主要因素。经济学中因价格和收入变动而引起的需求的相应变动率称为需求弹性，需求弹性一般来说可以分为需求收入弹性、需求价格弹性、交叉价格弹性和顾客的议价能力等几类。

(四)供给因素

首先，企业产品的生产成本、营销费用是影响企业定价的主要因素。产品的价格必须能补偿产品生产、分销、促销过程中发生的所有支出，并且要有所盈利。其次，企业生产产品的供给和需求的关系也是营销企业定价的重要因素，当企业的产品在市场上处于供小于求的卖方市场条件时，企业产品可以实行高价策略；反之，当企业的产品在市场上处于供大于求的买方市场时，企业应该实行低价策略。最后，企业生产产品的功能、质量、款式等是否能够更好地满足消费者需求，也在一定程度上影响企业定价。

(五)竞争因素

竞争因素对价格的影响，主要考虑商品的供求关系及其变化趋势、竞争对手的定价目标和定价策略以及变化趋势。在网络营销实践中，以竞争对手为导向的定价方法主要有三种：一是低于竞争对手的价格；二是随行就市与竞争对手同价；三是高于竞争对手的价格。企业应进行充分的市场调研，以改变不利的信息的劣势。对待竞争者应树立一种既合作又竞争、共同发展的竞争观念，以谋求双赢。

(六)产品生命周期因素

任何一种产品从进入市场到退出市场通常会经历导入、成长、成熟和衰退四个阶段，产品价格在各个阶段通常要有相应的变化。网上销售的商品也符合产品生命周期的基本规律，网络在一定程度上缩短了大部分产品的生命周期，因此，企业在制定价格时，也要考虑产品所处的阶段，灵活地制定价格。在新产品导入期，产品的价格影响产品的定位，所以要选择以合适的价格推出产品。在成长期则应该注意原创新者的定价，一般来说，采用低于创新者的价格策略为宜。在成熟期，产品的定价应该尽量避免价格竞争，更多地采用非价格竞争方式。当然，在必要时也可以在遵循价格弹性的原则下，针对那些需求价格弹性大的产品采用降价策略。产品进入衰退期，竞争已经迫使市场价格不断降低到接近于产品的变动成本，只有在成熟期不断降低成本的那些企业才能维持下来。同时，企业应注意及时退出这一市场。总之，根据产品的生命周期对产品价格实施统一管理，能够使价格对产品的循环周期进行及时的反应，更好地随循环周期进行调整。根据所处产品生命周期阶段的不同，寻求投资回收、利润、市场占有的平衡。

第二节　网络营销定价策略

企业定价策略是指企业在充分考虑影响企业定价的内外部因素的基础上为实现企业预定的定价目标而采取的价格策略。制定科学合理的定价策略，不但要求企业应对成本进行核算、分析、控制和预测，而且还要求企业根据市场供求、消费者心理及竞争状况等因素做出恰当的判断与选择。随着网络营销的发展，为了适应网络环境，很多传统营销定价策略在网络营销中得到应用，同时也得到了创新。另外，一些新的适合于网络环境的定价指导思想、新的定价策略也开始出现，从而使得企业可以以多种价格手段面对新的环境。

一、低价定价策略

借助互联网进行销售，比传统销售渠道的费用低廉，因此网上销售价格一般来说比流行的市场价格要低。低价策略是指网络营销企业将所经营的产品或服务以相对较低的价格出售的一种定价策略。一方面，互联网大大降低了企业相关成本和费用，使企业能够采取一种更具竞争力的价格；另一方面，消费者选择网上购物，除了网上购物比较方便，还因为网上可以获得更多的产品信息，从而以最优的价格购买商品。因此，低价的策略是网络营销定价中除了免费定价外，对消费者最具吸引力的企业定价方式。低价定价策略包括以下三种。

（一）直接低价策略

直接低价策略是指产品价格在公布时就比同类产品定的价格要低。它一般是制造商在网上进行直销时采用的定价方式，如戴尔公司电脑定价比同性能的其他公司产品低10%～15%。采用低价策略的前提是开展网络营销、实施电子商务为企业节省了大量的成本费用。

（二）折扣低价策略

它是在原价的基础上进行折扣来定价的。这种定价方式可以让顾客直接了解产品的降价幅度，以促进顾客的购买。这类价格策略常用在一些网上商店的营销活动中，一般按照市面上的流行价格进行折扣定价。例如，很多淘宝店铺都标有在原来价格基础上进行折扣的价格，而且折扣力度较大。

（三）网上促销低价策略

网络消费者范围很广，为了拓宽网络市场，企业在将产品以既定价格销售给顾客的同时通过某些方式给顾客一定的实惠，变相降低销售价格。比较常用的促销低价策略包括有奖销售和附带赠品销售等策略。这种策略常常会在企业拓展网上市场，但产品价格又不具备竞争优势时被采用。

> **微阅读**
>
> ### 亚马逊在至暗时刻坚定选择不涨价
>
> 2000—2001年正值全球互联网泡沫破裂，持续亏损的亚马逊股价一落千丈，增加现金流、实现盈利成为亚马逊当时最重要的事情。涨价似乎成为缓解亚马逊盈利压力的一个现实措施。
>
> 然而亚马逊CEO贝佐斯认为，涨价不仅不是解决现金流问题的方法，还会伤害亚马逊的企业价值观——"以客户为中心"，他认为低价才能创造用户价值，才能留住用户。于是他决定坚持"天天低价战略"，跟竞争对手展开低价比拼，还宣布占据当时业务量50%以上的图书和音像制品降价20%~30%。
>
> 同期，贝佐斯构建了亚马逊的"增长飞轮"，即以更低价格吸引更多顾客，带来更多销量，从而吸引更多第三方销售商到亚马逊网站，赚取利润，降低固定成本并提高效率。赚取更多利润后，亚马逊进一步降低价格，吸引了更多顾客。
>
> 随着时间的积累，至今"增长飞轮"不断迭代和延展，使亚马逊超越了电商范畴，成为涉足云服务、线下生鲜零售、出版、影视、供应链、大数据等多个行业的"巨无霸"科技公司，它还利用人工智能和机器学习等新技术不断改进商业模式。
>
> 资料来源：新浪科技，《三次大危机，亚马逊如何实现逆势增长？》，2021-01-18，略有编辑整理。

二、定制生产定价策略

定制一词起源于萨维尔街，意思是为个别客户量身剪裁。萨维尔街（Savile Row）是一个在伦敦中心梅费尔（Mayfair）的购物街区，因为传统的定制男士服装行业（bespoke tailoring）而闻名。随着时代发展，定制一词的意义也逐渐被丰富起来，比如定制礼品、定制蔬菜等，迎合了人们追求品质和个性的心理，定制才是真正的个性化消费。定制化生产就是按照顾客需求进行生产，以满足网络时代顾客个性化、多样性需求。定制化生产根据顾客对象可以分为面对工业组织市场的定制生产和面对消费者的定制生产两类。消费者的个性化需求差异性大，加上消费者的需求量又少，因此企业实行定制生产必须在管理、供应、生产和配送各个环节上，适应这种小批量、多式样、多规格和多品种的生产和销售变化。

定制生产定价策略是建立在定制生产的基础上的。企业具备定制生产条件的基础上，利用网络技术和辅助设计软件，帮助消费者选择配置或者自行设计能满足自己需求的个性化产品，同时承担自己愿意付出的价格成本。按照顾客需求进行定制生产是网络时代满足顾客个性需求的基本形式，例如，戴尔公司的用户可以通过其网页了解本型号产品的基本配置和基本功能，根据实际需要和能承担的价格水平，配置出自己满意的产品。企业采用个性化定制定价策略，可极大地提高经济效益。

三、个性化定价策略

个性化定价是企业对顾客实行个性化服务的一个内容。个性化定价，指的是针对同一件商品，为不同的顾客提供不同零售价的定价策略。个性化定价起源于电子商务网站。个性化定价的内在基础是价格歧视。价格差异是指不同的商家对同一商品制定不同的价格，而价格歧视则是同一商家在同一时间对同一商品制定不同的价格。商家的手段一般是：让选择不同价格的消费者浏览不同的界面。另一种比较隐蔽的手段是价格比较机制。价格歧视的首要条件是存在不同价格弹性的细分市场。一个细分市场是整个目标市场中的一个分支或部分，具有独特的需求或成本特征。厂商细分市场的常用方法包括身份、性别、年龄、地区、时间、用途、购买量、追求的利益、消费偏好、生活方式等。

四、使用定价策略

使用定价策略，就是顾客通过互联网进行必要的注册后，无须完全购买就可以直接使用企业的产品或服务，企业则按照顾客使用产品的数量或接受服务的次数进行计费。顾客每次只是根据使用次数付款，减少了购买产品、安装产品、处置产品的麻烦，节省不必要的开销。

这种策略不仅大大降低了企业的生产和营销成本，而且顾客也节约了购买成本。随着经济的发展，人们的需求变化越来越快，产品更新换代周期越来越短，许多产品购买后使用几次就有可能被新产品所替代，或者顾客对某种产品的使用只是偶尔的几次，对于这些产品顾客只需要根据使用次数付款，这将极大地降低顾客某些顾虑，促使顾客积极使用企业的产品。

采用按使用次数定价的方式，主要应考虑产品是否适合在互联网上传输，产品使用过程中是否可以实现远程调用。目前，比较适合的产品有电脑软件、音乐、电影、电子刊物等。例如，我国的用友软件公司推出网络财务软件就采用这种定价方式，顾客在网上注册后就可以在网上直接处理账务，而无须花费全额购买软件或担心软件的升级、维护等问题。

五、拍卖定价策略

拍卖是一种古老的市场交易方式，经济学认为拍卖可以使市场形成最合理价格。拍卖市场定价是指商品的成交价格由买方以公开竞价的方式来确定，在规定的时间内出价最高者赢得商品的购买权。网上拍卖定价也是网络营销活动中经常运用的一种定价方式。在线拍卖不仅节约了交易费用，而且交易灵活，交易范围广泛，是一个庞大的市场。近几年，越来越多的企业采购甚至政府采购行为通过网上拍卖的形式来实现。网络拍卖的方式主要有竞价拍卖、竞价拍买和集合竞价三种。

网上竞价拍卖一般属于 C2C 交易，主要是二手货、收藏品或者一些普通物品等在网上以拍卖的方式进行出售，它是由卖方引导买方进行竞价购买的过程，一般适用于拍卖周期较长的拍卖。网上竞价拍买是竞价拍卖的反向过程，它是由买方引导卖方竞价实现产品销售的过程。在预定拍买过程中，顾客提出计划购买商品或服务的质量标准、技术属性等要求，并提出一个大概的价格范围，大量的商家可以以公开或隐蔽的方式出价，消费者将与出价最低或最接近要价的商家成交。集合竞价模式是一种很多购买者联合下单购买同一类商品而形成一定购买规模，而该商品订购价格随参与人数的增加而不断下跌，最终所有人都将获得优惠售价的交易方式。

? 小思考

二手帕萨特网络拍卖纠纷

30 岁出头的陈仲以 116 元竞拍一部二手帕萨特，拍卖公司否认，陈仲向法院起诉，请法院判决赛洛公司继续履行合同，以维护其合法权益和网络交易的正常秩序。庭审中，又提出了反诉，要求法庭撤销原告与被告之间诉争的二手帕萨特汽车的交易。被告以工作人员失误为由反驳此事非其真实意思表示。此案经过多次开庭，最终在法庭的主持下，双方达成了书面和解协议，同意撤销该电子买卖合同；由被告一次性补偿原告交通费、误工费等经济损失。

目前，网上的竞拍活动很多，如网上竞价、网上议价、网上竞标、网上争购等，其实质都是以股票竞价的形式拍卖。虽然我国拍卖法对拍卖的规则、程序、拍卖标的物等都有严格的规定，但网上竞拍目前仍无法可依。如果要求网站承担拍卖人的角色，对标的物进行认真审核，严格管理，以及要求其具备拍卖公司的资质等，显然要求过高。但倘若任其无序发展，势必混乱不堪，甚至影响和阻碍整个网络业的前进步伐。

资料来源：刘芸.网络营销与策划[M].3 版.北京：清华大学出版社，2020.

想一想：请站在拍卖公司角度分析如何改进网上拍卖流程。

六、免费定价策略

免费产品具有易于数字化、无形化、零制造成本、成长性、冲击性、间接收益等特点。

免费价格策略就是为了实现某种目的，将企业的产品和服务以免费的形式提供给顾客使用，满足顾客的需求。在传统营销中，免费价格策略主要用于促销和推广新产品，是短期的、临时性的营销活动。在网络营销中，免费价格策略还可以作为一种有效的产品和服务定价策略，长期执行。采用免费策略通常是利用产品成长推动占领市场，帮助企业通过其他渠道获取收益，为未来市场发展打下基础。企业在网络营销中采用免费策略一般有两个主要目的：一个目的是让消费者免费使用形成习惯后再开始收费，如公司允许消费者在互联网下载限次使用的软件，这种免费策略主要是一种促销策略，与传统营销策略类似；另一个目的是想发掘后续商业价值，它是从战略发展的需要来制定定价策略的，主要目的是先占领市场，然后再在市场上获取收益。

6-2 案例：互联网的5大免费营销策略

（一）完全免费

完全免费即产品或服务购买、使用以及售后服务所有环节都免费提供，例如，百度、腾讯视频、360等软件初期提供完全免费的在线资源服务。

（二）有限免费

有限免费即产品或服务可以被有限次使用，超过一定期限或者次数后即不再享受免费。例如，某些网站提供一次免费资料下载，用完之后就需要付费下载。

（三）部分免费

部分免费是指对产品整体某一部分或服务全过程某一环节的消费可以享受免费的定价方式。例如，一些著名研究公司的网站公布部分研究成果，如果要获取全部成果则必须付款；一些电影、电视剧免费播放某一片段，要想观看全部内容，则需要付费。

（四）捆绑式免费

在购买某种产品或服务时可以享受免费赠送其他产品和服务的待遇。例如，美容院为了促进美容药品的销售，在顾客购买药品后可以享受免费美容服务。

> **微阅读**
>
> **谷歌免费电话号码查询服务**
>
> Google 就采用了一种为使用者免费提供电话查号的服务,让美国的用户不再需要花钱去查号,只要在 google 上就可以免费快捷地查到号码,因此用户非常愿意使用,用户数量多到惊人的程度。而 google 的收益呢?它不仅仅收获了大量点击率带来的广告收益与更大的知名度,更重要的是获得了需要找调查公司花上千万美元才能获得的数据资料,这些资料是 google 下一步打算进军手机语音搜索市场所必需的。

七、心理定价策略

心理定价是企业定价时根据消费者不同的心理需要和对不同价格的感受,来确定产品价格的定价策略。有意识地采取多种价格形式,以实现促进销售的目的。在消费过程中,消费者形成了多种与商品价格密切相关的消费心理特征,如以"价高质必优"的按价格排定质量的心理,以及中低收入阶层寻求"物美价廉"的心理等多种多样且十分复杂的心理。它们直接影响到消费者对商品价格乃至对商品整体的接受程度。企业在定价时,若能有效把握这些心理特点,则可大幅度提高定价实践的成功率。心理定价策略尤其适用于网络市场环境。

(一)尾数定价策略

尾数定价策略也称零头定价策略,是指在定价时保留小数点后的尾数,利用消费者对数字认知的某种心理,定价时保留价格的数字零头,可以使消费者产生便宜的感觉。对于需求价格弹性较大的中低档商品,尾数定价往往能带来需求量的大幅度增加。例如,将价格定为 19.80 元,而不是 20 元,就更有利于促进销售。网络营销中,如果消费者对产品的价值非常了解,同时产品的单价又不高,企业就应该选择尾数定价的策略,以增加消费者的认同感。

(二)整数定价策略

整数定价策略就是将产品价格采取合零凑整的办法,把价格定成整数或整数水平以上,给人以较高一级档次的感觉。例如,将价格定为 1000 元,而不是 990 元。这主要是消费者认为较高一级档次的产品能显示其身份、地位等,能得到一种心理上的满足。

网络营销中，针对消费者对产品价值不了解或具有独特属性的高价产品，一般可以采用整数定价策略。

（三）声望定价策略

企业的形象、声誉是网络营销发展初期影响顾客购买行为的重要因素，声望定价策略是针对消费者仰慕品牌产品或企业声誉的心理而采取的定价策略，对在消费者心目中享有声望的产品制定较高的价格。一些产品质量不易鉴别、产品成本不易估算的产品，比较适合采用这种方法。消费者在识别名优产品时，以价格的高低来判断产品质量的高低。这种声望定价策略不仅在零售商业中广泛应用，而且在饮食、服务、修理、科技、医疗、文化教育等行业中也应用广泛。在电子商务初级阶段，消费者对网上购物和订货往往会存在着许多顾虑。例如，顾客担心网上所购商品质量能否得到保证，货物能否及时送到等。如果网上商店在消费者心中享有较高的声望，则它所出售商品的价格可比其他商店高些。

（四）习惯定价策略

习惯定价是企业将产品的价格尽量维持在消费者习惯接受的水平上的定价策略。某些商品在消费者心目中已经形成了一个习惯价格，如一些日用消费品，其价格都是家喻户晓的，若价格稍有变动，就会引起顾客的抵触心理。为避免由此给企业造成不良影响，企业宁可通过降低生产或经营的成本，或在产品的内容、包装、容量方面进行调整，也不轻易或频繁地变动价格。

（五）招徕定价策略

这是指有些网上商店利用多数顾客贪便宜的心理，将某几种商品定很低的价格（低于正常价格甚至低于成本），以吸引顾客访问企业的网站，进而促进其他产品的销售。例如，一些网络店铺进行秒杀等优惠活动，将几款畅销产品进行处理价、大减价来销售，以招徕顾客。访问的顾客多了，在卖出低价商品的同时，更重要的是带动和扩大了一般商品和高价商品的销售。

微阅读

宝洁推出 9.9 元"新飘柔"

从推出 9.9 元"新飘柔"，到 2006 年年底飘柔精华护理系列全线 7.3 折、潘婷护发精华素降价 19% 的促销广告在央视一套、各地方卫视、地方台等黄金时段狂轰滥炸，这一切都标志着宝洁公司全面陷入洗发、护发行业价格战的泥潭之中。一直高昂着头、多年稳居行业销售冠军的"行业教父"，为何发动如此声势浩大的价格战？

在中国市场上凭借多品牌策略和广告轰炸一直高歌猛进的宝洁公司，面对知名及不知名品牌的疯狂围攻和蚕食，步伐开始显得有些凝重：宝洁公司的品牌影响力在一级市场也遭受了严峻考验，中高端消费群体以惊人的速度向强势竞品和干扰性竞品分散流失；在二、三级市场更是力不从心，首尾难以兼顾。继宝洁公司的润妍洗发水黯然退出市场之后，2006年7月面世仅两年的激爽沐浴露也宣布全面退出中国市场。仔细算来，宝洁公司除了刚进入中国时推出的几个品牌，这几年陆续推出的新品牌都无一例外地遭受打击，不是无法达成预期目标，就是对市场冲击不够，或者干脆销声匿迹。这一系列的失败打破了宝洁"神话"，"行业教父"的地位名存实亡。如果不能摆脱这种局面，重振雄风，必将在内部员工、合作伙伴、消费者等层面爆发信心危机，因此，宝洁公司势必背水一战。

资料来源：王锐. 网络营销：中国模式和新思维 [M]. 北京：北京大学出版社，2022.

本章小结

网络营销价格的形成是极其复杂的，网络营销定价与传统营销有很大的不同，体现出许多新的特点，如低价位化、动态化、全球化和顾客主导化。

由于网络环境不同于传统营销环境，网络环境下消费者的购买心态也相应发生了一些变化，网络营销价格的形成会受到多种因素的影响和制约。在很多传统营销的定价策略得以应用的同时，也有许多新的定价策略应运而生。根据影响网络营销价格因素的不同，企业在进行网络营销决策时必须对各种因素进行综合考虑，从而采用相应的定价策略。本章介绍了网络定价的定义、特点，影响网络定价的内部及外部因素，详细介绍了常见的几类网络定价策略。

习 题

一、单选题

1. 团购网站采取的定价策略是（   ）。

A. 拍卖竞价策略　　　　　　　　B. 集体议价策略

C. 捆绑定价策略　　　　　　　　D. 定制定价策略

2. 以下不属于免费产品的特性的是（   ）。

A. 直接收益　　　　　　　　　　B. 成长性

C. 零制造成本　　　　　　　　　D. 冲击性

3. 下列属于网络营销定价的最低界限的是（　　）。
   A. 成本　　　　　　　　　　　B. 定价目标
   C. 需求因素　　　　　　　　　D. 供给因素

4. 产品进入（　　），竞争已经迫使市场价格不断降低到接近于产品的变动成本。
   A. 导入期　　　　　　　　　　B. 成长期
   C. 成熟期　　　　　　　　　　D. 衰退期

5. 如果网上商店的产品在消费者心中享有盛誉，则它的价格比一般商品的要高一些，这采取了（　　）。
   A. 声望定价策略　　　　　　　B. 品牌定价策略
   C. 个性化定价策略　　　　　　D. 特殊定价策略

6. 戴尔公司电脑定价比同性能的其他公司产品的价格低10%～15%，这种定价策略是（　　）。
   A. 直接低价策略　　　　　　　B. 折扣低价策略
   C. 促销低价策略　　　　　　　D. 使用定价策略

7. 某制造业在网络上进行直销一般采用（　　）。
   A. 折扣定价策略　　　　　　　B. 优惠卡定价策略
   C. 直接定价策略　　　　　　　D. 促销定价

8. 美容院为了促进美容产品的销售，在顾客购买产品后可以享受免费美容服务。这种免费价格策略的形式是（　　）。
   A. 完全免费　　　　　　　　　B. 有限免费
   C. 部分免费　　　　　　　　　D. 捆绑式免费

9. 根据供需关系的差别，网络营销中的拍卖竞价方式有（　　）。
   A. 竞价拍卖　　　　　　　　　B. 竞价拍买
   C. 集体议价　　　　　　　　　D. 以上都是

10. （　　）是企业按照顾客使用产品的数量或接受服务的次数进行计费。
    A. 个性化定价　　　　　　　　B. 定制生产定价
    C. 低价定价　　　　　　　　　D. 使用定价

二、多选题

1. 企业的定价目标包括（　　）。
   A. 以企业生存为目标　　　　　B. 以获取当前的利润为目标
   C. 以市场占有率最大化为目标　D. 以应付或抑制竞争为目标
   E. 以树立企业形象为目标

2. 网络营销价格的特点包括（　　）。
   A. 全球性　　　　　　　　　　B. 低价位
   C. 顾客主导　　　　　　　　　D. 动态化
   E. 高价位

3. 网上定价的影响因素包括（　　）。
A. 需求因素　　　　　　　　　B. 供给因素
C. 市场竞争　　　　　　　　　D. 产品成本
E. 定价目标

4. 免费价格的形式有（　　）。
A. 完全免费　　　　　　　　　B. 限制免费
C. 部分免费　　　　　　　　　D. 捆绑式免费
E. 地区性免费

5. 网上免费产品的特性包括（　　）。
A. 冲击性强　　　　　　　　　B. 无形化
C. 零制造成本　　　　　　　　D. 成长性好
E. 易于数字化

三、判断题

1. 个性化定价的内在基础是价格差异。（　　）
2. 一般来说，所有的产品都适宜采用低位定价策略。（　　）
3. 个性化定价，指的是针对同一件商品，为不同的顾客提供不同零售价的定价策略。（　　）
4. 在某视频网站，非会员可免费试看6分钟电影，采取的就是部分免费价格策略。（　　）
5. 针对消费者对产品价值不了解或具有独特属性的高价产品，一般可以采用整数定价策略。（　　）

四、简答题

1. 互联网对价格有哪些影响？
2. 网络定价应考虑哪些因素？
3. 网络免费价格策略有哪些？
4. 企业的网络营销定价目标有哪些？
5. 网络营销定价与传统营销定价相比有哪些特点？

五、论述题

互联网的普及与网上商务活动的蓬勃发展对传统的企业营销活动带来巨大冲击，迫使企业在价格策略方面进行变革。请举例分析网络时代企业价格策略的演变，并说明网络定价与传统营销定价的区别。

六、案例分析

穷游网私人定制行程服务定价策略

穷游网是一个鼓励旅行者分享旅行目的地信息和游记攻略的平台,致力于为旅行者提供实用、全面的旅行指南。该平台将旅行者分享的文本、图片、定位等信息数据进行挖掘,并匹配给需要的用户,从而达到精准营销的目标。与核心业务在于酒店与交通预订业务的携程旅行、途牛等不同,穷游网定位于打造在线旅游内容社区,通过社交互动为用户提供高质量游记、评论、攻略、问答等内容,提供旅游决策帮助以及后续的推荐与导购。

一个大学生打算在即将到来的寒假去古都西安旅行,感受传统文化的熏陶,他特意登录了穷游网,发现居然有私人定制行程服务,只要在线提交定制意向单,提出自己的出游意向,就会收到专属行程和报价,并有规划师代订机票、酒店、保险等旅行产品,实在是太方便了,于是该学生果断选择该服务。

资料来源:根据网络资源整理。

请根据所提供的材料,思考以下问题:

请列举主要的网络产品定价策略,并分析材料中穷游网提出的私人制定行程服务采取了何种网络产品定价策略,说明这种定价策略的含义。

第七章
Chapter 7

网络营销渠道策略

主要知识结构图

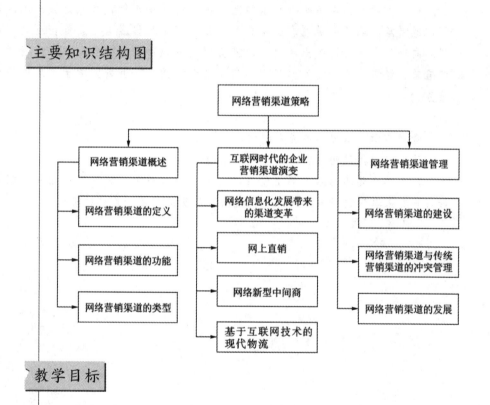

教学目标

·帮助学生掌握网络营销渠道的定义、功能与类型。

·帮助学生理解网络信息化发展推动渠道变革,理解和掌握网上直销与网络新型中间商的概念与特点。

·帮助学生掌握网络营销渠道建设的主要内容,理解网络营销渠道与传统企业渠道产生冲突的原因以及主要解决方案,了解网络营销渠道发展的新模式。

·引导学生深刻理解互联网时代以消费者为中心的营销渠道变革趋势与发展方向,帮助学生建立"以人为本、服务至上"的价值观。

开篇案例

广西北海：直播电商助特色农产品走向全国

渠道不畅曾经是我国农产品销售的"瓶颈"。在广西北海，北部湾的海边，生长着大片的红树林，潮涨潮落带来很多小鱼小虾，形成一个天然的海边牧场，当地人早在民国年间就开始养殖海鸭。在丰富的鱼虾资源喂养下，海鸭毛色鲜艳，肉质鲜嫩，海鸭蛋因其营养特别丰富、鲜美可口、一戳流油的特性成为当地的特色名片。然而，由于没有好的销售渠道，海鸭养殖户经营困难，常年只能在周边地区销售，自然也不敢继续扩大养殖规模。

为了扶持海鸭养殖业，当地政府相关部门推出了很多利民政策，引导和帮助养殖户，鼓励他们建立产品品牌，打通扶贫产品流通渠道。2012年，北海的"钦州海鸭蛋"被农业部实施了农产品地理标志登记保护，当地农户也纷纷注册自己的商标。但是销路单一的问题没有解决，海鸭蛋进入全国市场的步伐依旧非常缓慢。

偶然的机会，当地农户发现，在抖音电商上有很多来自全国各地的农户通过短视频和直播的方式来推销自己本地的特产。这带给他们很大的启发，决定也尝试使用电商直播的方式来卖货。虽然最初关注度不高，顾客较少，但经过一段时间的坚持，海鸭蛋的品质得到认同，口碑开始发酵。老客户自发的宣传和推广，为他们带来了不少新客户，来自全国各地的订单像雪片一般飞过来。短视频＋直播带货的方式改变了以往销售不畅的局面，让海鸭蛋成为大众皆知的特色食品，更促进了当地线下养殖与线上销售的完整产业链的形成，海鸭养殖业进入了良性循环，产业规模化和标准化更上一个台阶，带动了当地的就业和发展。

除了海鸭蛋，北部湾还出产优质青虾，所制作的虾滑占全国产量的60%。曾几何时，当地的青虾养殖户也面临着销售困境。广西当地品牌"逮虾记"借助电商平台进行虾滑类产品的销售，帮助当地养殖户将虾滑直接卖到各地火锅店主手中，很快做到了平台内虾滑产品销售的顶流。同时，"逮虾记"通过用户评价也发现了新商机，虾滑不仅能卖到火锅店，同样能卖到很多爱吃虾滑的个人消费者手中。很快，他们研发出了不需要解冻，开袋煎一煎就能食用的新产品，促成了产品升级，带出了更大的销路。在红极一时的"东方甄选"直播间，"逮虾记"的虾滑产品大受欢迎。

成功的经验带给广西北海更大的信心，利用电商直播渠道让更多的特色农产品走向全国。2022年，北海结合节假日，举办了"三月三直播电商节""海鲜季鱿好市"等系列线上促销活动。同时，围绕当季农产品，组织电商企业、商超、网红主播持续开展系列助农活动，例如利用6月18日国内各大电商平台年中大促，举办"618单单有你"百名主播直播带货活动，促进产品和主播的对接，发挥主播粉丝和流量的优势，带动北海的特色农产品走出北海。据悉，2021年该市参与直播电商的商品1600多万件，浏览量3亿人次，直播实现零售额3.5亿元，全区排名第三。其中，墨鱼仔、蟹柳棒、海苔肉松卷、海鸭蛋等产品单品销量20万件以上。电商带货正在重塑农产品营销的未来。

资料来源：根据农业农村部官网新闻与网易网资料整理。

第一节　网络营销渠道概述

一、网络营销渠道的定义

营销渠道是产品或服务从生产领域转移到消费领域所经过的通路。美国市场营销协会（AMA）在1960年将营销渠道定义为"企业内部和外部代理商和经销商（批发和零售）的组织机构，通过这些组织，商品（产品或劳务）才得以上市营销。"美国市场学家爱德华·肯迪夫（Edward W. Cundiff）和理查得·斯蒂尔（Richard R. Still）认为，营销渠道是当产品从生产者向最后消费者和产业用户移动时，直接或间接转移所有权经过的途径。菲利普·科特勒则认为，分销渠道是指某种货物或劳务从生产者向消费者移动时，取得这种货物或劳务的所有权或帮助转移其所有权的所有企业和个人。

从以上论述可见，传统的市场营销渠道是指使产品或服务能顺利地被使用或消费而相互联系和配合起来的一系列独立组织，由一系列的执行分销职能的相互依存的企业和个人组成。它所涉及的是商品实体和所有权或者服务从生产向消费转移的整个过程。在这个过程中，独立中间商和代理中间商等中间环节将帮助企业实现商品或服务的转移，让消费者能够方便地得到所需的产品。

随着互联网的发展，网络将给企业提供一种全新的销售渠道，它突破了传统营销渠道的地域限制，把企业和消费者连在一起。这种渠道不仅简化了传统营销中的多种渠道的层级构成，而且集售前、售中、售后服务为一体，因此具有很大的优势。

网络营销渠道是一个宽泛的概念，它是指为了能够使某一产品或服务实现其价值与使用价值而配合起来完全利用或不完全利用网络履行供应、生产、分销和消费等功能的所有企业与个人。

二、网络营销渠道的功能

生产者要与消费者通过网络顺利实现商品交换，二者之间至少要完全或不完全通过网络发生四类要素的流动：商流、物流、信息流和资金流，如图7-1所示。因此，一个完善的网络营销渠道应具备四大功能：网络订货功能、网络支付功能、网络配送功能和网络信息传播功能。

图 7-1 营销渠道内容

（一）网络商流：网络订货功能

商流是指商品所有权的流动，网络商流就是通过网络销售渠道实现商品所有权从生产者向消费者的顺利转移。网络销售渠道是通过其网络订货交易系统实现产品销售的，该系统是通过互联网实现生产者与消费者之间信息流与商流功能的一系列软件、硬件、人员等要素的总称。具体而言，其应该完成网络商务谈判、网络合同签订、网络下订单、网络订单确认、网络订单受理、网络订单处理等环节。一般而言，谈判成交、交钱付货、钱货两清、买卖完毕、商流完成。货币流、物流一般通过相对独立的系统完成，因此网络商流研究的主要内容就是网络销售渠道及其网络订货与交易系统。

（二）网络资金流：网络支付功能

消费者选择购买商品后，网络营销系统应该提供可选择的多种支付方式。这些支付方式可以分成两大类：一类是通过传统的支付方式进行支付，如现金、汇款、账户结转等，这种付款方式虽然很不方便但是比较安全；另一类是利用网络支付与结算系统进行电子支付。

（三）网络物流：网络配送功能

物流是指商品实体的流动，是独立于生产过程之外的商品的实际流通。一般来说，产品分为实体产品、数字化软件产品和服务。对于可以数字化的软件产品和服务一般可以直接通过网络进行商品物流配送。例如，现在许多软件都可以直接从网络购买和下载，流行的 MP3 格式音乐也可以直接从网络下载使用，通过互联网提供的在线服务也是如此。因此物流配送系统一般讨论的是有形产品的配送问题。虽然就实体产品而言，产品物流并非通过网络完成，但是网络营销系统需要建立起网络物流管理系统，以保证网络营销活动的顺利进行。具体而言，应该包括库存查询、收货处理、收货统计、出货处理、出货统计、退换货处理等功能。

（四）网络信息流：网络信息传播功能

网络营销渠道中的信息传播，一方面体现在生产者通过互联网接触目标顾客，获取需求信息，并在此基础上提供产品，发布产品的基本信息以及通过网络促销手段向目标顾客发布促销信息,以影响目标顾客需求,激发目标顾客购买欲望,促进目标顾客购买行为,这部分工作主要通过网站建设、网络促销等网络信息采集与发布功能完成;另一方面则是顾客为了了解特定产品,主动检索相关商品信息,并分享关于商品消费过程的体验与评价,这部分信息传播主要通过企业官方网站与新媒体渠道等商品检索、社交互动等功能完成。

微阅读

对标戴森,国产吹风机徕芬如何经营自己的网络渠道?

徕芬成立于2019年,以推出全球超高性价比的11万转高速无刷吹风机、对标行业巨头戴森而闻名,在没有线下门店的情况下在网络爆红,年销售额接近20亿。究其成功的原因,除了准确的产品定位与高明的推广策略之外,徕芬强有力的网络渠道构建也是重要因素之一。徕芬在线上建立以微信为核心的私域矩阵,在公众号、视频号、小程序均建立了私域引流渠道,另外在抖音、小红书、微博等平台都进行了不同程度的私域运营或电商转化。网络渠道帮助徕芬能够构建品牌与用户之间的亲密关系,实现线上交易。

资料来源:根据网络资料整理。

三、网络营销渠道的类型

网络营销渠道根据是否利用中间商也可分为直接渠道和间接渠道。但互联网高效率的信息交换,改变了过去传统营销渠道复杂的关系,简化了渠道的结构(见图7-2)。传统的直销市场在互联网上得到极大发展,对传统中间商产生巨大冲击,同时网络上出现了新型的中间商——电子中间商。

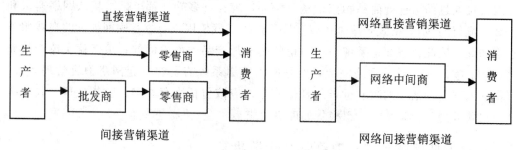

图7-2 传统营销渠道与网络营销渠道的比较

（一）网络直接营销渠道

网络直接营销渠道，就是生产企业利用互联网直接与消费者沟通，推广与销售产品。在传统市场中，由于中间商凭借其地缘优势、业务往来关系、经验、专业化和规模经营，能够在广泛提供产品和进入目标市场方面发挥最高效率，生产企业往往需要在中间商的帮助下才能进入更大的市场，提高产品销量，获取尽可能多的利润。但是互联网的全球性、虚拟性以及高效率信息交换的特点，消除了传统中间商的优势，生产企业凭借互联网就可以直接联系最终消费者，网上直销方式风靡一时，传统中间商的作用大大减低，以往的间接营销渠道被网络直接渠道所取代，过去营销渠道的中间力量转变成为直销渠道提供服务的中介机构，如提供货物运输配送服务的专业配送公司，提供货款网上结算服务的网上银行，以及提供产品信息发布和网站建设的ISP和电子商务服务商。

（二）网络间接营销渠道

虽然互联网的商业应用让许多企业从传统间接营销渠道转向网上直销，但是创建和维护网络直接渠道需要企业具有较强的网站建设和运营管理能力，拥有相应的人力和财力支持，所以很多中小型企业出于成本和可执行性上的考量，选择借助网络上的电子中间商来销售产品，部分大品牌也借助知名度高、网购渗透率高的电子商务平台如天猫超市进行产品销售，这就是网络间接渠道。融合了互联网技术的网络中间商大大提高了交易效率和专门化程度，容易获得更大规模经济，相比较而言，比某些企业通过网上直销渠道更有效。

对于直接营销渠道，无论是网络营销还是传统营销都没有中间商存在，同属零阶渠道，没有本质区别，但对间接营销渠道而言，两者有着很大的不同。传统间接营销渠道可能有多个中间环节（代理商、批发商、零售商），而网络间接渠道只需要一个中间环节，即只有一个产品交易中心（商务中心）来沟通买卖双方的信息。也就是说，网络间接营销渠道只有一阶分销渠道，不存在多阶渠道。而且，随着网络营销的发展，网络间接营销渠道的比重将会减少，直接渠道的比重会逐渐增大。

第二节 互联网时代的企业营销渠道演变

一、网络信息化发展带来的渠道变革

在网络技术的广泛运用下，网络营销渠道与传统营销渠道在许多方面有所不同，在营销渠道网络化的情况下，产品的生产者可以更多地直接面对最终用户。与传统渠道相比，网络渠道无论是从模式、成本还是作用方面都有较大的发展。

（一）互联网对营销渠道的影响

1. 互联网提供双向的信息传播模式

网络营销渠道提供了双向的信息传播模式，使生产者和消费者的沟通更加方便畅通。互联网强大的多媒体技术功能，能够实现文字、音频、视频的同时传播。对产品的生产者而言，网络是信息发布的渠道。生产者可以利用网络向用户发布企业的概况、产品的信息（产品的种类、规格、型号、价格等），开展优惠促销活动。可以不受时间、地域的限制，在任何时间为任何地点的潜在消费者和客户提供针对性更强的信息和相关的产品资料，帮助消费者进行购买决策。同时还能及时统计产品和客户资料，以便在较短的时间内根据消费者的个性化需求进行订货、进货，有效地控制库存。对消费者来说，网络渠道使最终用户直接向生产者订货成为可能，加强了生产者和消费者之间的沟通交流。因此，网络渠道使商务活动和信息流动获得了更为紧密的结合，使两者变得更有效率。

2. 互联网降低了渠道成本

企业通过互联网分销商品，无论采取直接分销渠道还是间接分销渠道，网络分销渠道的结构都相对比较简单，能够有效减少流通环节，降低交易费用，缩短销售周期，从而提高营销活动的效率。企业在利用传统的直销方式销售商品时，无论是采用有店铺直销还是无店铺直销，都需要支付高额的员工工资、日常管理费用、相关商品流通成本，间接渠道还会发生大量中介商流通费用。此外，企业还要通过电视、电台、报刊等中介媒体做大量的广告宣传，每年的广告投入也相当可观；企业还要在社区、销售现场等处举办各种促销、宣传、公共关系活动，而这些都是需要在不同的时间、场合进行的。

与传统渠道相比，网络渠道运用功能强大的互联网，首先可以有效地减少人员、场地等费用。通过网络的直销渠道销售产品，网络管理员可以代替大量的推销人员，直接从互联网上接收来自世界各地的订单，然后直接把产品发送给购买者。在这一过程中，企业只需支付网络管理员的工资和便宜的上网费，可以省去大量的场地费和推销人员的差旅费等。而网络间接渠道由于只包含一级分销商，完全克服了传统间接渠道过长的缺点。网络商品交易中心通过互联网强大的信息传递功能，完全承担了信息中介机构的作用，并将中介机构的数目减少到一个层级，同时利用各地的分支机构或其他物流配送系统，完成了批发商和零售商的作用，从而降低商品的交易流通成本。

互联网的双向信息传播功能，为企业发布信息、开展促销活动提供了更加方便的渠道，从而减少了广告宣传费用。有研究表明，如果使用互联网作为广告媒体进行网上促销活动，其结果是在增加10倍销售量的同时，只花费传统广告预算的1/10。该项研究还表明，一般来说，采用网上促销的成本只相当于直接邮寄广告花费的3%。另一项研究结果显示，利用互联网发布广告的平均费用只是传统媒体的3%。因此，融入了互联网的销售模式是对传统模式的一次根本性的变革。

3. 提高商品周转率，加快资金流转速度

网络渠道是企业销售产品、提供服务的快捷途径，它实现商品所有权转移的作用进一步加强。消费者可以在网上直接挑选和购买自己需要的商品，再通过互联网直接进行结算，就能取得商品的所有权，这比传统渠道更加快捷方便。网络渠道的在线支付功能也加快了资金流通的速度，使渠道的效率有了明显提高。

4. 具有较高的附加价值

企业通过网络渠道既可以开展商务活动，也可以对用户进行技术培训和售后服务。基于 Internet 的在线服务是企业向客户提供咨询、技术培训和进行消费者教育的平台，能对树立企业的网络形象起到很大的作用；能够加强客户忠诚度；有利于开展客户关系管理活动，符合现代营销理念、管理观念的发展方向。

（二）网络信息化带来的营销渠道变革

为了分析网络信息化的发展与应用可能造成的营销渠道变革，在此将市场的交易主体设定为生产者、中间商和消费者，那么交易渠道主要有两种：一种是从生产者到消费者的直接交易（直销模式），发生一次交易行为，假设其交易成本为 T_1；另一种是从生产者到中间商再到消费者的间接交易（间接分销模式），发生两次交易行为，假设从生产者到中间商的交易成本为 T_2，中间商到消费者的交易成本为 T_3，那么显而易见，当 $T_1 > T_2 + T_3$，市场会选择间接分销，这也是中间商存在的前提，反之，则选择直接分销。当实施网络信息化之后，对应的三种交易成本分别设定为 T_1'、T_2' 和 T_3'（见图 7-3），那么网络信息化前后营销渠道的变化就如图 7-4 所示。

	演变形式	$T_1' < T_2' + T_3'$	$T_1' > T_2' + T_3'$
网络信息化前	$T_1 < T_2 + T_3$	1 补充直销市场	3 网络中间商
	$T_1 > T_2 + T_3$	2 传统中间商面临威胁	4 补充中间商

网络信息化后

图 7-3 营销渠道及交易成本

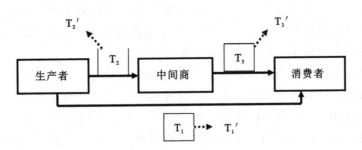

图 7-4 网络信息化前后营销渠道的演变

第一种情况，无论网络信息化前后，生产者与消费者直接交易的成本均低于间接交易的成本，中间商没有存在的必要，此时互联网对营销渠道的影响体现在进一步促进了企业直销的发展，是对直销市场的补充。

第二种情况，网络信息化前，间接分销的交易成本低于直接交易成本，传统中间商承担着产品销售的重要职能。但是网络信息化后，企业通过互联网直销的交易成本低于间接分销的交易成本，意味着企业有很大动力使用网络直销方式来取代以往的间接分销，传统中间商面临被网络直销淘汰的风险。

第三种情况，网络信息化前，企业直销的交易成本低于间接交易成本。网络信息化后，依靠新型网络中间商实现高效率交换的交易方式替代了传统直销。网络中间商作为生产者和消费者交易的中介机构，通过大规模集中交易提高交易效率，降低交易成本。

第四种情况，网络信息化前，依靠传统中间商实施间接交易的成本低于直销成本。网络信息化后，网络间接营销渠道在交易效率与成本方面依然优于直销，此时互联网对营销渠道的影响体现在中间商的创新发展，是对间接分销市场的补充。中间商为消费者提供增值服务，建立信任和稳定的交易关系。

7-1 视频：
互联网下的
电商渠道与
传统渠道

可见，网络信息技术的发展应用给中间商带来了威胁和挑战，也意味着新的机遇与空间。网络市场的快速发展推动越来越多基于网络的新型中间商的诞生与成长，以满足网络交易的需要。网络经济浪潮下，中间商依旧有存在的需要，不断涌现的新型网络中间商就证明了这一点。

二、网络直销

网络直销是指生产企业通过网络直接销售产品和服务。它是实现企业与消费者一对一沟通的有效途径。

（一）网络直销的特点与优势

1. 特点

（1）便捷性。顾客可以直接在网上订货、付款，等着送货上门，这一切大大方便了顾客的需要。生产者通过网络直销渠道为客户提供售后服务和技术支持，特别是对于一些技术性比较强的行业如 IT 业，提供网上远程技术支持和培训服务，方便顾客的同时，也使生产者降低了为顾客服务的成本。

（2）互动性。网络直销能满足当前企业与消费者的交流水平方面的不足，借助于网络，厂家在网上发布有关产品信息，使用 E-mail 等工具，及时实现与顾客一对一的互动交流。企业还可以很容易地获得快速、便宜、易加工的反馈信息，跟踪消费者的需求及其变化情况，根据他们的要求安排生产和销售，避免了传统企业在接到订单之前就已经完成了产品制造的盲目性，使企业能应对消费者的较高的可选择性。利用互联网的交互特性，网络直销从过去单向信息沟通变成双向直接信息沟通，增强了生产者与消费者的直接连接。

（3）高效性。网络直销大大减少了过去传统分销中的流通环节，免除了支付给中间商的费用，有效地降低了成本。生产者可以根据顾客的订单按需生产，做到实现零库存管理。同时，网上直销还可以减少过去依靠推销员上门推销的昂贵的销售费用，最大限度控制营销成本。

2. 优势

传统的直销方式主要有邮购、电话营销和人员直销等方式，必须花费大量的顾客接触成本和营销操作成本，并且在时效上也相对滞后，而网上直销有下面两个方面的优势：

（1）对于消费者而言，直销能调动互联网的技术手段（如多媒体技术等）充分展示企业商品的特点，消费者能够快速得到有关商品的充足信息，并能真正实现定制消费和享受到个性化服务。

（2）对于企业而言，直销有利于企业广泛收集顾客的意见，并及时给予反馈，加强企业的关系营销力度；有利于企业收集到市场的第一手资料，及时改进产品，调整竞争战略，保持动态的竞争优势；能够建立属于企业自己的顾客信息资源，为企业开展数据库营销以及各类网上促销活动提供有力的支持，能使企业享受到低成本营销的利益。

（二）网络直销的主要渠道形式

建立网络直销渠道主要有两种形式：

1. 企业自建网站

这是指企业在互联网上建立自己的网站，申请独立域名，制作主页和销售网页，由网络管理员专门处理有关产品的销售事务。国外的 Dell 公司、国内青岛海尔集团的实践，都说明企业上网建站大有可为。当然企业建立自己的网站后，还要努力推销自己，提高网站的知名度和访问量。这种方式要求企业投入大量的人力物力开展网站建设、维护与推广工作，直销效果的好坏直接受到网站流量的影响，一般适合知名度高、实力强的大型企业。

2. 依托信息服务商建设企业网店

这是指企业依靠信息服务商在其平台上开设网店，发布信息，并利用有关信息与客户联系，直接销售产品。与自建网站比较起来，这种方式成本更低，信息传播的效率更高，适合中小型企业。借助京东、天猫等电商服务平台，一大批商家开设了自己的旗舰店、直营店，依靠平台的力量将商品推送给全国甚至全世界的消费者，实现了网络销售。

（三）网络直销的未来发展趋势

分销渠道的本质在于达成生产者与消费者之间产品（服务）、信息与货币的连接。渠道层级越少，这种连接的成本就越低，生产者越容易针对消费者需求提供产品与服务。传统市场中，自建销售终端需要投入大笔费用、建设庞大的销售团队，使得很多企业选择使用间接分销渠道。但是在买方市场的压力下，各行业中的大型制造商为了减少生产和销售成本，往往通过在全国主要城市建立自己的销售公司或控股当地的批发商、直接建立经销网点、租赁零售商店或柜台等方式，缩短了分销渠道，来实现生产销售一体化。获取市场信息、捕捉需求特征、降低营销成本，这些因素共同推动企业营销渠道层级不断减少，直销在企业分销渠道中的比重越来越大。互联网的发展进一步推动了营销渠道的革新。随着可实现"人人互联、物物互联、人物互联"的物联网时代到来，互联网、移动互联网已经成为一个强大的营销平台，企业可以通过电子商务平台进行线上销售，可以通过社交媒体进行品牌宣传与客户沟通，可以在手机平台上开展促销活动等等。未来电子商务的发展，将会使得网络间接渠道减少，直接渠道的比重会逐渐增大，未来网络直销渠道的发展呈现以下趋势。

1. 网络直销中的定制化趋势

随着"90后""00后"逐渐成为消费主力，消费者的行为特征已经发生了变化，独立意识和个性化需求愈发强烈。要想赢得消费者的关注并长期保持业务往来，企业需要以差异化的方式对待每个个体，为消费者创造表达意见、展现自我的渠道，为消费者提供满足个性化需求的体验环境。网络直销由B2C的推销到C2B的定制的转型，意味着企业的营销思路和行动方案也必须随之改进。

2. 网络直销中的大数据趋势

随着近年来企业信息化的成熟、社交网络的兴起，以及新一代信息技术的广泛应用，全球呈现出数据爆发式增长的态势。在企业的线上宣传或销售平台上，消费者的浏览、购买、点评等行为都会留下足迹，碎片化的信息实时汇聚成数据的海洋。麦肯锡公司提出"大数据"时代已经到来，企业需要对海量数据进行挖掘和运用，从中精准遴选具备价值的信息，以积极争取新一波的生产率增长和消费者盈余，使数据转化为企业业绩提升驱动力。

3. 网络直销中的智能化趋势

物联网、云计算、移动互联网等技术的变革创新，为开展网络直销的企业实施营销活动的智能化升级提供了基础条件。当前网络营销向智慧营销的升级趋势日益明显。这种智能化是指以客户为中心，以战略为指导，以技术为辅助手段，以绩效为提升目标，以提高企业营销活动的感知化、精准化和效益化。感知化是指全面感知从而深刻理解客户需求。精准化是指精准获取从而充分利用有效信息。效益化是指高效投入从而合理获得回报收益。其主要措施包括：

（1）制定清晰的营销战略。企业的营销活动需要在营销战略的指导下开展，才能形成合力发挥效力。营销战略的主旨是提高企业营销资源的投资收益，使企业资源的效益最大化。开展智能化的网络营销活动首先要求企业具备清晰的营销战略。根据营销战略的目标，针对营销费用的预算金额、线上和线下渠道的分配比例等，就会相应制定出详细的计划，从而避免了营销成本盲目攀升的弊端。

（2）打造全方位客户体验。为了满足客户的个性化需求，企业努力将企业和客户进行融合，为客户深度参与企业的营销活动创造环境。全方位客户体验要求做到：在企业的产品从研发设计、宣传推广、成功销售、售后服务的全价值链条中，客户无处不在，客户与企业全程深度互动沟通，并向外界传递体验感受。企业为客户的个性化需求组织柔性生产。客户既是消费者，也是设计者，既是营销者，也是评论者。企业与客户平等互惠，双方甚至可以在交互的过程中，互为买方和卖方。

（3）构建强大营销支撑系统。营销智能化需要强大的IT支撑平台，精准遴选有效信息、衡量营销投入收益、营造全新体验环境，都要依靠业务流程与IT系统的完美融合。企业的营销部门需要与IT部门加强协作，根据智能营销模式重新构建企业的IT运营模式，甚至营销部门可能会在IT系统的设计和采购中拥有更多的话语权和决策权。

三、网络新型中间商

与网络直销相比，网络间接分销是指企业通过网络中间商把产品销售给最终用户。网络中间商是指基于网络的提供信息服务中介功能的新型中间商，又称之为电子中间商，具有很强的专业性，能根据顾客需求为企业提供多种销售服务，弥补了网上直销的不足。这类机构成为连接买卖双方的枢纽，大大提高了网上交易的效率，使得网络间接销售成为可能。阿里巴巴网站、中国商品交易中心等都是这类中介机构。

（一）网络分销的特点与优势

1. 特点

（1）以信息服务为主。利用互联网的信息交互特点，网上直销市场得到大力发展。理论上讲，每个企业都可以通过自建网站的形式实施直接销售，但是从实际来看，中小企业往往选择放弃自建网站，而通过网上商务平台来发布销售信息，这样有利于节约成本，而且专业化的电子商务平台能够更高效地完成信息推广，部分拥有自己网站的大企业也乐于利用专业商务网站进行产品宣传。从这个角度来说，网络分销的中间商主要是提供了信息交换的场所，重在为买卖双方提供信息查询、交易撮合等服务，并不参与具体的产品交易活动。

（2）只有一级中间商。由于网络的信息透明化与快速传播效应，网络分销渠道只需要一个层次的中间商，就可以为买卖双方提供所需要的中介信息服务，无须建设多级渠道，这是网络分销与传统间接分销的区别之一。

2. 优势

（1）简化了市场交易过程。假设市场中有 m 个生产者和 n 个消费者，每个生产者想要销售自己的产品需要面对 n 个消费者，每个消费者想要买到自己需要的产品也要联系 m 个生产者，在没有中间机构的情况下，整个市场的交易次数将达到 $m \times n$ 次；如果在生产者和消费者之间存在一个中间机构，每个生产者和消费者都只通过这个间接的渠道取得联系，那么此时整个市场的交易次数只有 $m+n$ 次。生产者和消费者的数量越多，网络中间商的存在就越能简化交易过程，减少交易费用。

（2）有利于交易规模化与常态化。与传统营销渠道相比，网络分销渠道能够以最短的渠道销售产品，减少渠道成本，满足消费者对降低产品价格的要求。同时网络中间商帮助生产企业在网络上进行信息传播，能够有效组织产品的批量订货，满足生产者对规模经济的要求。大批量的订单通过网站系统整合，能够实现在线交易的规模化和常态化。

（3）便利了双方信息收集过程。利用网络分销渠道，企业不必自建网站并进行持续的网站维护和站点推广，就可以轻松地通过网络查询信息，在网上谈判、确定合同条款、发出订单、获取企业信息、修改密码、更改产品信息、履行合同，完成整个网络交易过程。知名度高、影响力大的网络中间商拥有规模巨大的用户群体，网罗了海量的企业产品交易信息，吸引了众多客户浏览。买卖双方可以直接检索所需要的产品信息、用户资料、交易信息等，而不需要耗费大量时间和精力去搜索和收集相关信息。

（二）网络中间商的功能

1. 沟通供需

与传统中间商一样，网络中间商是沟通生产者与消费者的桥梁。专业化生产者生产的商品一般是种类不多而数额很大，消费者需要的商品一般是种类繁多而数量有限。网络中间商为生产者与消费者提供了双向的信息传播模式，可以帮助生产者发布企业的概况，产品的种类、规格、型号、价格以及优惠促销活动等方面的信息，帮助消费者进行购买决策，并在线购买，为生产者和消费者之间交换排除了障碍，从而较好地解决了产需之间的矛盾，降低生产者为达到与消费者交易而付出的成本的费用。

2. 促进销售

中间商的出现使生产企业将其优势和实力集中于生产上，有效地实现了企业的经济目标。网络中间商的专业化网络促销活动能帮助生产者扩大产品的销售量，也扩大了产品的市场。

3. 提供网络销售服务

网络中间商可以针对消费者的需求组织货源，在很大程度上满足消费者对商品多样化的需求。同时，中间商通过网络对商品进行针对性、精准性的宣传推广，使消费者了解商品的性能、特点、使用方法等商品知识和信息，起到了指导消费的作用。

4. 提供在线技术服务

网络中间商依靠自身的网络技术优势为生产者提供在线技术支持。并不是所有生产企业都具有开展专业网络营销活动的实力，他们需要借助网络中间商构建网上信息交流与商品交易平台，需要网络中间商提供信息检索、比较购物、支付系统、商品评价、网络信息安全等多方面的技术服务。

（三）网络中间商的类型

按照业务模式，网络中间商可以划分成不同的类型。

1. 网上商店

网上商店，一般是具有独立域名、独立接受与处理订单、独立核算的网上商务站点。网上商店主要有网上专业商店和网上综合超市等经营模式。其业务特点为进货、销售、配送和售后服务一条龙的经营模式。主要包括：① 网上专业商店，简称专营店或专卖店，是具有网上购物功能的商务网站，一般而言其经营产品范围不大、种类不多。经销的产品一般是关联度比较大的一类产品，或者某一个企业的产品，或者某一个品牌的产品，如网上书店、网上鲜花店等。② 网上综合超市，是指一般以销售大众化日用消费品为主，价格相对低廉，配送快捷方便，基本能满足顾客一次性购全的商务网站，如京东商城。

2. 虚拟商业街

虚拟商业街是指在一个站点内连接两个或两个以上的商业站点。虚拟商业街与目录服务商的区别是，虚拟商业街的定位是某一地理位置和某一特定类型的生产者和零售商，在虚拟商业街销售各种商品、提供不同服务。例如，2023年北京CBD利用数字技术，打造了一个"元宇宙·第二三里屯商街"，这是数字空间中的"第二个三里屯"，正大商城、华为、泡泡玛特、几何科技等十余个品牌商家入驻，消费者可以在线上体验沉浸式逛街，并能享受到与线下同步的新品首发和折扣活动。

3. 虚拟市场

虚拟市场一般是由一些传统中间商在网上建立的商业网站，将卖方提供的产品集中到一起，为经过身份认证的交易者提供了一个虚拟交易场所。任何符合条件的产品都可以在虚拟市场站点内进行展示和销售，买方可以在站点中任意选择和购买，站点主持者收取一定的管理费用。

4. 目录服务

目录服务是指利用互联网上目录化的Web站点提供菜单驱动进行搜索，使用户能从中方便地找到所需要的网站。目录服务的收入主要来源于为客户提供互联网广告服务，包括三种形式：① 综合性目录服务，如Yahoo！等门户网站，为用户提供各种各样不同站点的综合性索引，在这类站点上通常也会提供对索引进行关键词搜索的功能。② 商业性目录服务，仅仅提供对现有的各种商业Web站点的索引，而不从事建设和开发网站的服务。③ 专业性目录服务，即针对某一专业领域或主题建立的网站，通常是由该领域中的公司或专业人士提供内容，包括为用户提供对某一品牌商品的技术评价信息、同类商品的性能比较等，对商业交易具有极强的支持作用，如提供数字期刊目录的万方数据知识服务平台。

5. 搜索服务

搜索引擎服务商如Google和百度等，为用户提供基于关键词的检索服务，站点利用大型数据库分类储存各种站点介绍和页面内容，用户可以利用这类站点提供的搜索引擎对互联网进行实时搜索。搜索站点不允许用户直接浏览数据库，但允许用户向数据库添加条目。

6. 站点评估

在繁多、庞杂的企业站点中，消费者往往难以选择，不知该访问哪一个站点，一些对站点内容与服务进行分析、提供站点评估意见的网站应运而生。提供站点评估的站点，可以帮助消费者根据以往数据和评估等级，选择合适站点进行访问。通常，一些目录和搜索站点也提供一些站点评估服务。

7. 智能代理

如果说站点评估为用户在纷繁复杂的互联网站点中提供了选择建议，那么智能代理就是利用专门设计的软件程序，根据消费者的偏好和要求预先为消费者自动进行所需信息的搜索和过滤服务的提供者。智能代理软件在搜索时还可以根据用户自己的喜好和别人的搜索经验自动学习、优化搜索标准。专门为消费者提供购物比较服务的智能代理又被称为比较购物代理、比较购物引擎、购物机器人等。

8. 比较购物服务商

在智能代理网站的基础上，针对网络购物产生了一种新的比较电子商务模式，比较购物服务商本身不销售产品，只是通过搜索和收集在线销售同一商品的多个卖家的信息和商品的价格信息，供用户在比较后依据价格、距离和服务等选择不同的商家。比较购物服务商这一平台，起到了非常好的导航作用。

> **微阅读**
>
> ### 外国驻华大使"秒空"带货，幕后英雄原来是他们
>
> 2021年11月，多位外国驻华大使直播带货的火爆场面引起热议。"5、4、3、2、1"倒数结束，卢旺达驻华大使推销的数千斤咖啡豆、斯里兰卡驻华大使代言的锡兰红茶一上架就"秒空"。中国市场的巨大消费能力让外国友人赞叹不已，多次参与直播带货的卢旺达驻华大使詹姆斯·基莫尼奥说："还没反应过来就卖光了。"
>
> 如此大手笔的直播带货，幕后英雄竟然在海南。2020年6月1日，中共中央、国务院正式对外发布《海南自由贸易港建设总体方案》，海南自贸港应运而生。2020年6月12日，海南广播电视总台海南卫视在省外办的支持下，推出了中国首档驻华大使直播带货类节目《全球国货之光》，助力国际国内双循环，加强海南自贸港与各国之间的文化经贸交流。
>
> 《全球国货之光》建立了"大使推荐＋观众体验＋直播带货"大小屏立体互动模式，在电视端大使推介的每一个商品，网络端的带货主播同步进行同款线上售卖，同时在淘宝、抖音、微博开设线上商店，并与300多家电商达成了合作。节目开播以来，直播间观看达5000万人次，微博阅读量6500万次，直播带货累计价值5000多万元。
>
> 资料来源：海南自由贸易港官网。

（四）网络中间商与传统中间商的区别

网络中间商与传统中间商一样，作为连接生产者与消费者的桥梁，起到沟通产需，帮助生产者掌握市场情况和分销产品，帮助消费者了解产品并做出购买决策，降低双方交易成本等作用。但是网络中间商与传统中间商存在较大区别。

1. 存在的前提不同

在传统营销模式下，因为生产者和消费者直接达成交易的成本过高，为了降低交易成本而诞生了传统中间商。网络中间商的产生则是由于互联网信息技术的发展，以往高效的直销模式下的交易成本比通过网络中间商达成交易的成本更为高昂，因此网络中间商是对传统直销的替代，体现了中间商的职能在网络市场中的发展。

2. 交易主体不同

在传统营销模式下，传统中间商直接参与到生产者与消费者的交易活动中，是交易的重要主体之一，体现出中间商先与生产者交易，然后再将产品转售给消费者，从而完成整个交易活动。网络中间商主要承担交易过程中的信息服务功能，即作为交易的媒介与平台，为生产者传递产品与需求信息，为消费者传递产品与服务信息，从而促进交易高效达成。

3. 交易内容不同

传统中间商直接参与交易活动，伴随着交易的发生，中间商需要实际承担信息、资金、实物等交换活动。网络中间商作为交易媒介，主要提供信息交换的场所，交易过程中的资金、实物等交换活动由生产者和消费者实际承担，此时，信息交换与实体交换是分离的。

4. 交易方式不同

传统中间商需要承担包括资金、实物等交换活动，属于实体交换。网络中间商主要负责信息交换，属于虚拟交换。

5. 交易效率不同

借助传统中间商，生产者与消费者达成交易这一过程需要完成两次交易行为，双方之间缺乏直接交流，导致信息沟通不畅，影响交易效率。网络中间商提供信息交换，帮助消除生产者与消费者之间的信息不对称，双方可以借助网络中间商提供的信息渠道直接沟通，更高效地达成交易，极大地减少信息不对称可能造成的无效交易，从而降低交易成本，提高交易效率和交易质量。

四、基于互联网技术的现代物流

无论是网络直销还是网络间接营销，对于实体产品来说，有效管理和控制物流，在消费者完成网络订货与支付之后能够及时送货上门，是关系到顾客网购体验的关键工作。

企业可以选择自建物流系统，通过严密的组织管理与智能化系统做到高效配送，提高企业网络营销的竞争力。例如，京东2007年开始自建物流系统，2017年成立京东物流集团。截至2020年9月30日，京东物流在全国运营超过800个仓库，实现大陆行政区县近100%覆盖，90%区县可以实现24小时送达，自营配送服务覆盖了全国99%的人口，超90%自营订单可以在24小时内送达。高效的物流配送成为京东赢得顾客口碑、提升电商竞争力的有力武器。

对于没有足够力量自建物流的企业来说，也可以选择合作伙伴，利用专业物流公司完成产品配送，这也是大多数企业的选择。例如天猫网上很多商家都选择在阿里巴巴建设的菜鸟物流平台上与快递公司接洽、合作，利用第三方专业化物流服务实现产品向消费者转移。

无论企业自建物流，还是利用外部物流公司，基于互联网技术的现代物流系统通常具有以下特点。

1. 顾客直接驱动

物流系统围绕着服务顾客而运转，由顾客订单启动物流，为了满足顾客及时送货上门的需求，物流系统会采用现代化的信息技术对物流全程进行管理和控制，保证物流信息畅通，提高物流效率。

2. 全面服务性

随着网络营销的发展，网购产品的种类纷繁复杂，使用的专业性不断提高，要求物流服务内涵持续扩展。以往的网购物流配送只需做到送货上门，现在出现了延伸到桌面的增值服务，比如电子类产品的安装、售后投诉与退货等。

3. 可跟踪性

为了增强顾客对网购的信心，控制货物送货进度，需要让顾客了解货物出货、分发、配送等环节的具体时间进度以及货物的具体位置。现代物流系统对每个环节进行数字化管理，允许顾客通过订单号在互联网上直接查询和了解送货过程，这也是网络营销服务的具体体现之一。

7-2 视频：
互联网时代的
智慧物流

第三节　网络营销渠道管理

一、网络营销渠道的建设

（一）分析目标顾客

由于网上销售对象不同，网上销售渠道是有很大区别的。一般来说，网上销售主要有两种方式。一种是 B2B，即企业对企业的模式，这种模式每次交易量很大，交易次数较少，并且购买方比较集中，因此网上销售渠道建设的关键是订货系统，方便购买企业进行选择。B2B 方式，一方面企业一般都有较好的信用，通过网上结算比较简单；另一方面，由于量大次数少，配送时可以进行专门运送，既可以保证速度也可以保证质量，减少中间环节造成的损耗。第二种方式是 B2C，即企业对消费者的模式，这种模式的每次交易量小，交易次数多，而且购买者非常分散，因此网上渠道建设的关键是结算系统和配送系统。

（二）确定产品所需的服务方式

在选择网络销售渠道时还要注意产品的特性，有些产品易于数字化，可以直接通过互联网传输，脱离了对传统配送渠道的依赖。但大多数有形产品，还必须依靠传统配送渠道来实现货物的空间移动，对于部分产品所依赖的渠道，可以通过互联网进行改造，最大限度地提高渠道的效率，减少由于渠道运营中的人为失误和时间耽误造成的损失。

虽然有 Dell 成功的案例，但各种产品的自然属性、用途等不同，所以不是所有的产品都适合进行网上直接销售。如果供应者一味地打破原有经营体系，越过所有的分销商，直接与经销商和最终用户打交道，会给自己增加额外的负担，到头来不仅没有节约成本，还可能在售后服务、培训体系等方面也做得不好。所以在设计网络分销渠道时首先要分析产品的特性，确定该产品是否适合在网上进行销售以及需要什么样的网络分销体系。

在分析产品因素时主要考虑：产品的性质、产品的时尚性、产品的标准化程度和服务、产品价值大小、产品的流通特点、产品市场生命周期。如信息、软件产品可以实现在线配送、在线培训和服务，是最适合网上销售的。另外，有些产品（如生鲜食品）虽然以往不适合网上销售，但随着网络技术的发展，消费观念和消费水平的变化，物流配送系统的完善，也逐步实现了网上销售。

（三）确定渠道方案

企业在进行产品定位，明确目标市场后，在对影响网络分销渠道决策的因素进行分析的基础上，就需要进行渠道设计，确定具体的渠道方案。渠道设计包括三方面的决策：确定渠道模式、选择渠道成员和明确渠道成员的责权利。

1. 确定渠道模式

确定渠道模式，即对网络直销渠道和间接渠道的选择。企业可根据产品的特色、企业战略目标的要求以及各种影响因素，决定采用哪种类型的分销渠道：网络直销还是网络间接销售。企业也可以在采用网络直销的同时开辟网络间接销售渠道。这种混合销售模式被西方的许多企业采用，因为在目前买方市场条件下，通过多种渠道销售产品比通过一条渠道更容易实现"市场渗透"，增加销售量。

2. 选择渠道成员

在从事网络营销活动的企业中，大多数企业除建立自己的网站还同时利用网络间接渠道，如信息服务商或商品交易中介机构发布信息、销售产品，扩大企业的影响力。因此，对于开展网络营销的企业来说，要根据自身产品的特性、目标市场的定位和企业整体的战略目标正确选择网络分销商，一旦选择不当就可能给企业带来很大的负面影响，造成巨大的损失。在筛选网络分销商时，应该从它的服务水平、成本、信用以及特色等方面进行综合考虑。

（1）服务水平。网络分销商的服务水平包括独立开展促销活动的能力、与消费者沟通的能力、收集信息的能力、物流配送能力以及售后服务能力等。比如，对于一个正处于成长期的中小企业来说，它的主要精力都放在了产品的研制开发上，在网络销售中就需要一个服务水平较高的分销商，协助它与消费者进行交流、收集市场信息、提供良好的物流系统和售后服务。而一个实力较强、发展成熟的企业往往只是通过网络信息服务商获得需求信息，并不需要网络中间商开展具体的营销活动。

（2）成本。这里的成本主要是指企业享受网络分销商服务的费用。这种费用包括：生产企业给商品交易中间商的价格折扣、促销支持费用等；在中间商服务网站建立主页的费用；维持正常运行时的费用；获取信息的费用。对这些费用，不同的分销商之间的差别很大。

（3）信用。这里的信用指网络分销商所具有的信用程度的大小。由于网络的虚拟性和交易的远程性，买卖双方对于网上交易的安全性都不确定。在目前还无法对各种网站进行有效认证的情况下，网络中间商的信用程度就显得至关重要。在虚拟的网络市场里，信誉就是质量和服务的保证。生产企业在进行网络分销时只有通过信用比较好的中间商，才能在消费者中建立品牌信誉和服务信誉。缺乏信用的网络分销商会给企业形象的树立带来负面影响，增添不安全因素。因此在选择网络分销商时要注意其信用程度。

（4）特色。网络营销本身就体现了一种个性化服务，更多地满足消费者的个性化需求的特色。每个网站在其设计、更新过程中由于受到经营者的文化素质、经营理念、经济实力的影响会表现出各自不同的特色。生产企业在选择分销商时，就必须选择与自己目标顾客群的消费特点相吻合的特色网络分销商，才能真正发挥网络销售的优势，取得经济效益。

3. 明确渠道成员的责权利

在渠道的设计过程中，还必须明确规定每个渠道成员的责任和权利，以约束成员在交易过程中的行为。如生产企业向网络中间商提供及时供货保证、产品质量保证、退换货保证、价格折扣、广告促销协助、服务支持等；分销商要向生产者提供市场信息和各种统计资料，落实价格政策，保证服务水平，保证渠道信息传递的畅通等。在制定渠道成员的责任和权利时要仔细谨慎，要考虑多方面的因素，并取得有关方面的积极配合。

（四）建设网络营销渠道要考虑的其他因素

在具体建设网络营销渠道时，还要考虑到下面几个方面：

首先，从消费者角度设计渠道。从提升消费者信任感、体验感和便利性的角度来设计网络营销渠道，才能有效推动消费者上网购物，从而克服网上购物"虚"的感觉。

其次，订货系统的设计需要简洁方便，不需要消费者填写过多信息或者完成过于复杂的步骤。目前电商网站流行采用"购物车"方式模拟超市购物，为消费者提供感兴趣的产品信息，消费者能够在最短时间完成商品搜索、浏览、选购，并一次性结算。

再次，在选择结算方式时，应考虑到目前实际发展状况，尽量提供多种方式方便消费者选择，同时还要考虑网上结算的安全性。对于不安全的直接结算方式，应换成间接的安全方式。随着网银与网络安全技术的发展，网络支付与结算方式已经从以往的货到付款、银行转账等方式过渡到密码支付、免密小额支付、指纹支付、刷脸支付等更多元化、更便利的方式。

最后，建设网络营销渠道的关键是建立完善的配送系统。消费者只有看到购买的商品到家后，才真正感到踏实，因此建设快速有效的配送服务系统是非常重要的。当前，菜鸟驿站、自提柜等物流网点在我国城、县、乡等不同程度的普及，以及同城速递、次日达等快递服务业务的发展，为消费者网络购物构建了极为便利的物流配送体系，是电子商务发展的有力支撑。

二、网络营销渠道与传统营销渠道的冲突管理

网上市场的快速发展推动传统企业纷纷实现渠道转型，期待利用网络渠道获得更多的顾客。但是，传统的稳定的营销渠道依旧起到重要的分销作用，不能马上全盘使用新兴的网络渠道来取代，因此大多数企业选择新旧渠道并行的策略。如果不能妥善处理两种渠道之间的关系，这种共存往往会产生渠道冲突。

（一）渠道冲突类型及产生的原因

依据冲突双方在渠道结构中的关系，网络营销渠道与传统营销渠道的冲突可以分为渠道间冲突和纵向渠道冲突。

1. 渠道间冲突

这种冲突是多渠道并行中，不同渠道之间的矛盾。它主要归因于销售区域的重叠，主要表现在以下几个方面：① 企业在两种渠道中提供的产品基本一致，导致渠道顾客群体重叠；② 企业在两种渠道中提供的服务基本一致，导致渠道顾客群体重叠；③ 企业不能从地理上或消费层次上划分各渠道的销售区域；④ 渠道之间销售利益划分不明确。

2. 纵向渠道冲突

这种冲突指的是同一渠道系统中不同层级的渠道成员之间的矛盾。传统实体企业的运营模式无法满足网络营销渠道的运作要求是产生纵向渠道冲突的主要原因，主要体现在：① 分销渠道的层级过多，无法依照网上购物的需求高效地整合交易、配送、结算等流程；② 企业不具备JIT的即时供货速度和种类，无法实现高效率、低成本的快速产品配送。

（二）解决渠道冲突的方法

1. 渠道的隔离

当销售区域中两种渠道同时销售一种产品时，必然会出现为争夺相同的目标顾客而产生的渠道冲突。为了解决这种冲突，企业可以选择渠道隔离。一方面，企业可以

对提供给不同渠道的产品人为制造差异，比如在规格、花色上进行区别，或者为特定渠道专门制造产品，通过区分产品的方式来区分不同的渠道顾客，从而达到减少渠道冲突的目的。另一方面，企业也可以通过划分不同的销售范围来进行渠道隔离，在不同区域市场有侧重地设置两种渠道销售点比例，比如在中心城市、重要经济区域，企业选择以网络营销渠道为主，在二三线市场则相对依赖传统营销渠道。这样有助于减少渠道间销售区域的重叠，缓解渠道冲突。

2. 渠道的集成

渠道集成则是将线上线下渠道整合起来，充分利用网络渠道的便利优势与传统分销渠道的服务优势，为消费者提供更满意更便捷的产品购买体验。企业可以借助网络接触顾客，采集数据信息，完成网上订单；线下分销商则负责产品展示与试用、实物配送与结算等。消费者从认知产品到做出购买决策，很多行为与场景有较大的关联，企业需要实现线上线下渠道的整合，以做到无缝的沟通和交流，从而通过时间空间特征构建特定的场景、情境去触发消费者不同的行为。

?小思考

茶企零售终端何去何从？

茶，是中国人的传统饮品，在全球经济大环境不乐观的情况下，中国茶叶市场规模持续攀升的趋势依旧没有改变。但是茶叶消费离不开零售终端这一纽带。经历疫情考验后，茶企们依旧坚信，在茶行业，实体店的体验价值是线上电商难以替代的。一些品牌反而加大了对线下渠道的开拓，为终端门店提供专业化标准化的培训，配备讲师以提升终端服务能力。与此同时，短视频、直播等营销模式的发展，也一定程度上推动茶叶的数字化经营。因而也有部分茶企认为做电商是一种趋势，推崇开辟线上业务。

两种观点争论的焦点在于：传统渠道由于实体店铺租金较贵，产品价格会比线上渠道高，从而造成网店和实体店的冲突，引发消费者的不满。

想一想：如何解决茶企线上网店与线下实体店的冲突呢？

三、网络营销渠道的发展

单一的网络营销渠道难以满足消费者现场体验的要求，也无法提供线下渠道的亲身触及方式所能带来的情绪价值，比如逛商场带来的愉悦与社交满足。部分产品服务如餐饮受到消费场景的限制，很难转移到线上。同时，传统电商的获客成本急剧上升，互联网带来的人口红利逐渐消耗，这些因素都驱动企业探索将网络营销渠道与传统渠道融合起来。大数据、人工智能、社交媒体与移动网络技术的发展，消费者对购物体验的要求越来越高，网络销售与渠道模式必须不断转型升级。

（一）新零售模式

"新零售"概念于 2016 年提出，引起广泛关注，并很快成为零售行业转型升级的方向。近年来，线上线下融合的新零售模式得到了飞速发展，加速了中国乃至世界零售业的新变革，极大地影响和改变了人们的生产和消费方式。

1. 新零售模式的概念

新零售模式是企业以互联网为依托，在大数据、人工智能、物联网等先进技术的助力下，对零售系统的资金流、物流和信息流不断优化和升级改造，通过构建快速反应的柔性供应链和全渠道等，以消费者的体验为中心，实现运营转型升级，呈现出交互性、协同性、集成性、智能性和数字化的线上线下深度融合的运营管理新模式。

新零售的核心在于推动线上线下深度融合，为消费者提供极致的消费体验，实现电商平台与实体零售店面的协同优化，推动价格消费时代向价值消费时代全面转型。

2. 新零售模式出现的背景

（1）纯网络电商零售模式发展遭遇瓶颈。在"新零售"概念提出之际，中国网上零售交易规模由 2016 年的 4.97 万亿元（占当年社会消费品零售总额的比重为 14.95%）增长至 2017 年的 7.18 万亿元（占当年社会消费品零售总额的比重为 15%），数据显示网络电商零售的交易规模在逐步扩大，但是增速放缓。网络电商零售逐渐出现价格战、同质化竞争明显等现象，线上流量红利见顶，竞争逐渐趋向白热化，纯网络电商零售模式明显存在不足，迫切需要研究新的零售方式以吸引更多商户入驻平台。

（2）实体零售店面经营困难，亟待变革。近年来，在网络电商的竞争压力下，实体零售企业表现持续低迷，普遍面临亏损、裁员、关店潮等诸多问题。客流量减少，供应链相对落后，传统渠道模式已经逐渐无法对接新的消费需求，实体零售企业迫切需要调整零售策略，以适应互联网浪潮下的全新市场环境。与之相对，移动支付、大数据、虚拟现实等新技术促进线下场景智能终端的普及，开拓了线下场景和消费社交，为实体零售店面实现转型升级、优化零售过程与库存管理、构建丰富消费情境与体验提供了支撑。

（3）新型消费群体崛起。"80 后""90 后"以及"00 后"消费者逐步成为我国零售产业的主流消费群体。他们有着较高的学历和收入，容易接受新事物，有着较强的消费意愿和能力。他们互联网思想根深蒂固，注重产品品质和消费体验，自我意识较强，消费诉求体现出个性化、多元化的特点，从以往价格消费向价值消费转变，对零售模式与服务提出了更高要求。

3. 新零售模式的类型

（1）供应商主导型。以供应商为主导的模式主要是自身掌握整条商品供应链和价值链，提供自己的品牌，创造消费者体验升级。以小米为例，小米商城、天猫旗舰店和小米之家真正实行线上线下等价同服务策略。2017 年，小米官方数据显示小米之家的坪效排在世界第二，仅次于 APPLE 零售店，以小米手机为核心，提供多种类的周边产品，以小米之家作为线下体验，可以选择在店铺立即购买，在该实体店断货时，可以选择附近的小米之家或者小米商城网络平台下单。小米之家自身作为产品和服务的直接供应商而非中间商,直接节约了中间代理商的成本,让消费者更直观获取使用体验,更便捷获取服务和产品体验。

(2)平台主导型。以平台主导的模式主要是通过招募商户,为顾客提供商品,收取交易佣金或自营等向消费者提供商品,有强大的大数据和云服务支撑。以阿里巴巴为例,全面多手段布局,全环节改造,阿里巴巴旗下的盒马鲜生线上和实体店实现数据互通,线上APP可以获取消费者购买记录、购买偏好等数据,线上APP可以传递给线下实体店,实行线上线下打通。实体店根据顾客下单信息进行商品种类、地理位置信息等订单分配后传递给拣货员,打包交由配送人员后派送。阿里云以强大的数据运算为基础,为平台交易、物流系统进行运算,降低了成本,提高了创新效率。

(3)第三方主导型。自身物流体系强大,物流供应链的构建成本相对较低,物流数字化,通过与平台物流对接,为企业和消费者提供高效、快速的物流效率。以顺丰速运为代表,凭借自身的强大公司实力和成熟的自营物流体系,2012年顺丰成立了顺丰优选,定位中高端生鲜市场,实行预售模式,满足消费者定制需求,实现下单后产地直采,配合成熟强大的航空物流,全程冷链和顺丰直达将生鲜快速高效地配送到消费者手中。

新零售具有数字化、场景化、体验化、交互化的特点,主要体现为:新零售模式下,商品、用户和消费行为都实现了数字化,用户识别、用户服务、用户触达等全部数字化,通过数字驱动制造。通过消费者的大数据分析,企业可以深度了解用户需求,预判用户使用场景,根据场景设计与优化产品和服务功能,提升用户体验。当产品体验不足时,企业会建立适当的服务场景打动客户,通过场景来增强客户的购买欲望,促进产品与服务的销售。企业与消费者的关系从单向影响变为双向互动,实现企业端、零售端、消费端的相互影响。消费者从消费价格逐渐转向消费价值,以往追求便宜的心态向追求品质、便利以及其他心理效用等转变。

7-3视频:
九牧卫浴新
零售智慧门店

(二)全渠道模式

1. 全渠道模式产生的背景

全渠道是伴随着移动网络和大数据而产生的新概念。移动互联网的快速发展改变了消费者的消费行为,从定期购物转变为全天候购物,从定点(固定销售场所)购物转变为全空间(任何地点)购物,从被动接受商家信息转变为主动搜寻商家信息,从诱导式购物转变为主动式购物,从大众化购物转变为个性化购物。消费者开始不再忠诚于单一渠道,而是交替出现在线下实体店、线上网店、移动端商店、社交平台商店等渠道中,并希望渠道之间无缝衔接,也希望能够在不同渠道获得一致的购物体验。在此背景下,传统零售企业必须重新整合并协同多条渠道,以对接新的消费需求。

2011年,贝恩公司全球零售业务负责人里格比在《哈佛商业评论》发表题为《购物的未来》的文章指出:随着互联网、移动信息技术的发展,数字化零售也正在发生巨变,那就是目前的新领域——全渠道零售,即零售商可以通过包括实体店、直邮和目录、呼叫中心、上门服务、网站、服务终端、移动设备、社交媒体等各种渠道与客户进行互动，顾客可以利用网站进行信息比较、选择，在实体店进行试穿、试用，而在移动端实现真正的购买。

2. 全渠道的概念

全渠道（omni-channel）是指企业以消费者为中心，对尽可能多的渠道类型进行整合，有效提升消费者购物体验和销售效率，以满足消费者全天候多空间个性化购物、社交、娱乐等综合体验需求。

全渠道的概念代表了企业营销渠道整合升级的方向，一经提出就引起广泛关注。国家商务部《2012年度零售业发展报告》指出，零售企业未来战略重心不再是追求单一渠道最优或最强，而是实现不同渠道间的融合与高度协同。2016年商务部联合网信办、发改委发布《电子商务"十三五"发展规划》明确指出，通过"数据"实现"人、货、场"线上线下全渠道打通。2022年国务院办公厅印发《"十四五"现代物流发展规划》提出，促进全链条降成本。继单渠道、多渠道、跨渠道之后，全渠道融合的发展方向已经成为企业渠道变革的共识（见表7-1）。

表7-1 营销渠道演化路径

以企业为中心			以消费者为中心
单渠道阶段	多渠道阶段	跨渠道阶段	全渠道阶段
通过单一渠道（门店、网店、社交商店等）完成销售的全部功能	通过两种及以上独立的营销渠道完成销售的全部功能，每一种渠道都能完成全部而非部分功能	通过多种营销渠道共同完成销售的全部功能，每种渠道只完成部分而非全部功能	通过尽可能多的营销渠道间高度整合，为消费者提供渠道间穿梭的无缝购物体验，满足消费者随时随地购物、社交、娱乐的综合体验需求

（资料来源：根据李飞、齐永智等相关资料整理）

3. 全渠道模式的特点

（1）全渠道信息传递。移动互联网时代的消费者从接触产品到最终购买，离不开对信息的搜集、比较、选择、接受和分享。在全渠道模式中，企业借助传统商圈（线下门店）、PC互联网商圈（网店）、移动互联网商圈（移动端网店）以及个人社交商圈（微店）等，与消费者的信息接触点在广度与深度上达到最大化，使得消费者在每一个渠道都能快速便捷地获取所需信息和服务。

（2）全方位渠道融合。全渠道模式的构建，要求实现各类渠道之间的高度协同，做到制造、交易、库存、流通全环节的信息共享，使得消费者在获取商品信息与用户评论、进行价格比较、提交订单、完成支付、物流配送、体验分享以及售后诉求等。

（3）全过程数字客户关系管理。借助大数据和云端技术，企业通过不同渠道跟踪和积累每个消费者的购物全过程的相关数据，建立一个全渠道客户信息共享系统，绘制出360度的客户数字肖像，使消费者无论出现在哪个渠道都能够被精准识别，为消费者提供个性化建议，实现一对一的精准营销和服务，从而建立更为紧密持久的客户关系。

本章小结

营销渠道代表了企业触及消费者并为其提供有效的产品与服务的路径。网络技术的发展从根本上改变了消费者认知、购买和体验产品的方式，也为网络营销企业构建与优化渠道提供工具与挑战。本章通过"广西北海：直播电商助特色农产品走向全国"的案例说明了开辟网络营销渠道对于改变产品销售格局的重要性，阐述了网络营销渠道的定义、功能与类型，在分析网络信息化促进渠道变革的基础上，对网上直销、网络间接分销以及网络中间商进行具体分析，并对如何建设网络营销渠道、如何处理网络营销渠道与传统营销渠道的冲突以及网络渠道发展呈现的新模式做了较全面的说明。

习　题

一、单选题

1. 以下关于网络营销渠道的观点中，错误的是（　　）。
   A. 网络营销渠道突破了传统营销渠道的地域限制
   B. 网络营销渠道提供多种支付方式
   C. 网络营销渠道依然可分为直销和间接分销
   D. 网络营销渠道可以完全取代传统渠道
2. 网络直销实现企业与顾客一对一的互动交流，这体现了（　　）特点。
   A. 便捷性　　　　　　　　　　　B. 互动性
   C. 高效性　　　　　　　　　　　D. 数字化
3. 以下不属于网络中间商的是（　　）。
   A. 华为手机深圳旗舰店　　　　　B. 美团网
   C. 大众点评　　　　　　　　　　D. 唯品会
4. 以下关于网络中间商与传统中间商的比较中，正确的是（　　）。
   A. 网络中间商的出现是为了取代传统中间商
   B. 传统中间商和网络中间商都存在层级的划分
   C. 传统中间商和网络中间商都要承担实物、资金等交换
   D. 传统中间商要参与生产者和消费者的交易活动，网络中间商不直接参与交易活动
5. 顾客在京东下单购买一款电视，享受了送货上门与安装调试服务，这体现了现代物流系统的（　　）特点。
   A. 顾客直接驱动　　　　　　　　B. 可跟踪性
   C. 全面服务性　　　　　　　　　D. 体验性

6. 当企业面对消费者，在考虑网络营销渠道方案时应该选择的模式是（　　）。
   A. B2B　　　　　　　　　　　　　B. B2C
   C. C2C　　　　　　　　　　　　　D. B2G
7. 基于互联网的现代物流系统的特点包括（　　）、可跟踪性和全面服务性。
   A. 顾客直接驱动　　　　　　　　　B. 企业直接驱动
   C. 厂家直接驱动　　　　　　　　　D. 政府直接驱动
8. 造成纵向渠道冲突的原因可能是（　　）。
   A. 企业对不同渠道提供的产品基本一致
   B. 渠道间销售利益划分不明确
   C. 分销渠道层级过多，购物流程无法高效整合
   D. 销售区域重叠
9. 下列关于新零售的观点中正确的是（　　）。
   A. 只有互联网企业可以做新零售
   B. 新零售的出现代表线下渠道失去价值
   C. 新零售注重场景设计与顾客体验
   D. 新零售强调企业对消费者的影响
10. 在全渠道模式中，消费者无论在线下门店还是网店，或者微信公众号上，都能随时获得产品的相关信息，这体现了（　　）的特点。
    A. 全渠道信息传递
    B. 全方位渠道融合
    C. 全过程数字客户关系管理
    D. 全环节服务融合

二、多选题

1. 以下可以不依赖于传统物流配送渠道的是（　　）。
   A. 软件　　　　　　　　　　　　　B. 咨询服务
   C. 计算机硬件　　　　　　　　　　D. 纸质图书
   E. 汽车
2. 网络营销渠道的功能包括（　　）。
   A. 订货功能　　　　　　　　　　　B. 支付功能
   C. 配送功能　　　　　　　　　　　D. 信息传播功能
   E. 价格调节功能
3. 以下属于B2C平台的是（　　）。
   A. Alibaba.com　　　　　　　　　　B. 小米官网
   C. 周黑鸭天猫旗舰店　　　　　　　D. 京东自营
   E. 抖音电商直播
4. 一家服装企业以往通过在百货商场设置专柜的方式进行产品销售，后来在网上开设了网店，消费者发现在网店购买同样的服装价格更优惠而纷纷选择网购，导致商场专柜的销售一时低迷，这家服装企业可以通过（　　）方式真正解决网店与专柜的冲突。

A. 在网店和专柜分别提供不同款式的服装
B. 在大中城市重点发展网购，在三线城市以专柜销售为主
C. 为专柜设计专属会员服务，是网购用户无法得到的
D. 在网店和专柜轮流开展优惠活动
E. 将专柜与网店融合，专柜提供体验服务，网店下单

5. 以下关于营销渠道演化的观点中，正确的是（　　）。
A. 营销渠道演化的顺序是单渠道→多渠道→跨渠道→全渠道
B. 跨渠道模式下，企业通过多种独立的营销渠道完成销售功能
C. 多渠道模式下，企业通过多种营销渠道共同完成销售的全部功能
D. 全渠道以消费者为中心，提供综合体验需求
E. 全渠道将尽可能多的营销渠道高度整合

三、判断题

1. 网络营销渠道可以依据有无仓储分为网络直销渠道和网络间接营销渠道。（　　）
2. 网络间接营销渠道可以有一个或多个中间环节。（　　）
3. 网络渠道具有低成本、高效率、直接沟通生产者与消费者等优点，所以网络时代传统中间商会消失。（　　）
4. 新零售就是发生在网络平台上的零售活动。（　　）
5. 全渠道模式为消费者提供渠道间穿梭的无缝购物体验，满足消费者随时随地购物、社交、娱乐的综合体验需求。（　　）

四、简答题

1. 什么是网络营销渠道？说明其主要类型和功能。
2. 请从交易成本的角度来分析网络时代企业分销渠道的演变。
3. 什么是网络中间商？请列举网络中间商的主要类型。
4. 请说明网络渠道与传统渠道产生冲突的主要原因与解决渠道冲突的两种思路。
5. 简述全渠道的定义与特点。

五、论述题

互联网浪潮冲击下，新的企业营销理念、战略与模式不断涌现，"新零售"概念自提出以来受到高度关注，很快成为众多企业探索商业模式转型变革发展的新方向。请阐述新零售的内涵，并结合企业实例，分析新零售出现的背景及特点。

六、案例分析

大象的转身：永辉超市新零售模式探索

作为一家中国本土诞生的商超企业，永辉超市曾依靠生鲜定位扩张门店、保持高速增长，成为"农改超"的典范，被誉为"民生超市、百姓永辉"。2019年巅峰时期永辉门店达到1440家，随后逐渐滑落。究其原因，新零售、社区团购等新业态的飞速发展带来的零售模式底层逻辑的改变是关键因素。阿里巴巴、腾讯等互联网巨头在新零售领域全面布局，通过跨界超市、社区型生鲜超市、无人零售业态等新模式给传统商超上了一课。永辉超市果断融入这场新零售变革，开始"大象的转身"。

1. 开发新零售经营业态

面对互联网带来的消费行为与经营模式变革，永辉通过开设"超级物种"店、"永辉mini店"，针对不同的消费群体设计不同的消费场景，开始了新零售领域的探索。"超级物种"店着力打造"高端超市＋生鲜餐饮＋O2O"的混合新业态，并以门店为中心提供三公里半径的配送到家服务。小型门店"永辉mini"，定位为"家门口的永辉"，多开在社区旁，试图打造高频、中低客单价的消费场所。同时，永辉还推出了提供送货上门的"永辉生活·到家"社区型便利店。

2. 全面数字化

数字化是零售商发展变革中一项举足轻重的内容。永辉超市原有的ERP到POS终端销售很多都是采用第三方系统，各业务板块形成信息孤岛，不利于发展线上业务，亟待全面数字化整合。永辉聚焦全渠道业务转型，推出"永辉生活"APP，不仅支持线下门店支付与会员积分服务，更可以为消费者提供在线活动和商品推荐。当消费者在"永辉生活"下单后，APP后台会自动识别，并向收货地址附近的门店或者店仓合一的前置仓发送订单，要求其发货配送。永辉用数字化将线下团队和线上团队深度融合在一起，实现全场景的数字化。

3. 与平台合作攫取流量

流量的获取是新入市的电商平台的最大困扰，为获取稳定、大规模的流量入口，永辉超市一方面积极与京东进行合作，开设永辉京东旗舰店，把原本线下实体门店经营的商品嫁接到京东，通过京东自营物流进行配送，吸引线上消费者；另一方面积极与腾讯合作，利用腾讯强大的社交流量进一步促进"永辉生活"APP的发展。

4. 源头直采，打造垂直化供应链

永辉超市以"源头直采"为基础，实行多样化的采购模式，打造高效生鲜供应链。对于大部分生鲜食品，永辉超市综合考虑不同地区与自身不同业态的需求，实施统采、源头直采、当地农贸市场采购、供应商采购以及海外直采等多样化采购模式并行。此外，永辉超市还积极与供应链上游的供应商

进行合作，与其进行股权绑定或是形成利益共同体，这种零供战略联盟也有效推进了供应链垂直化转型。

资料来源：网络资料整理。

（1）新零售为何出现？传统商超面临哪些压力？

（2）你如何看待永辉超市经营模式的变革？

（3）你觉得新零售的核心是什么？传统商超实施新零售转型应该注意哪些方面？请说明理由。

第八章
Chapter 8

网络营销促销策略

主要知识结构图

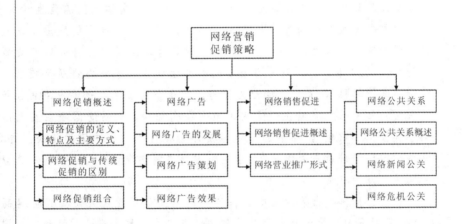

教学目标

- 帮助学生了解网络促销策略的内涵和基本内容。
- 帮助学生掌握网络促销与传统促销的区别。
- 帮助学生熟悉常见的网络促销手段及特点，并能针对营销目标策划网络促销方案。
- 引导学生理解数字经济对我国经济发展的重要性，帮助学生树立正确的职业理想。

开篇案例

淄博烧烤 实力出圈（1128）

2023年3月，疫情后的第一个春天，位于山东的淄博和它的"烧烤"，在互联网上的热度不断狂飙，成为年度第一波顶流。淄博烧烤有多火？火到全国各大社交平台到处都是，火到大学生组团坐高铁来淄博打卡"种草"，火到相关话题一次次登上热搜热榜。

1. 一场大学生与淄博的双向奔赴

2022年的5月1号，山东大学检测出了一例新冠阳性，学校当机立断，立刻疏散学生，将全校的师生进行转运、隔离，分别送往了泰安、德州、济南、淄博等地区。其间，淄博给予了这些学生尽可能多的照顾和关心。在这些学生们隔离结束要离开淄博临淄的时候，他们感念学生们隔离生活的辛苦，特地盘下了全城的烧烤摊店给学生们践行。而且，向学生们发出了真诚的邀请，说疫情必定结束，春暖必定花开，到那时，请同学们再回曾经短暂寄居过的家。2023年2月，淄博团市委创新性组织了山东省内八所高校260余名学子"来淄体验"，体验以就业为导向，既有企业观摩，也涉及衣食住行、历史人文。其中不少学生在老师的带领下去吃烧烤，又纷纷忍不住在网络上向同学和校友"炫耀"，随后淄博烧烤便开始在青年学子中滚动传播。再之后，各地大学生纷纷涌向淄博，"大学生组团到淄博吃烧烤"的话题还一度登上抖音同城热搜榜首位。

根据巨量算数指数，淄博在抖音上的出圈最早就是大学生集体坐高铁去旅游，3月8日"大学生组团坐高铁去淄博撸串"登上抖音同城热搜，引起自媒体、美食博主们纷纷前去打卡，在当地人的圈子里小范围传播。

2. 网红直播打假，良好口碑再推高潮

"淄博烧烤"的第二波高潮发生在4月8日，专门打假美食分量的博主superB太在测评淄博10家摊位时，发现没有一家店铺存在缺斤少两的情况，甚至有的店铺还"多送"，可以"免费尝"，这一视频发出后，人们纷纷夸赞淄博烧烤当地人的实在、好客，再次把淄博烧烤推上高热度。淄博政府积极推出淄博烧烤专线高铁，随后也火上热搜，被央视新闻报道。

3. 政府担当群众拥护，借力网络打造网红城市

其实，淄博早已在三年前便开始打造独具特色的烧烤IP，并积极利用网络渠道开展一系列的宣传推广。2019年淄博麦田音乐节上，歌手薛之谦甚至将"淄博烧烤"带上了话题热搜。这之后，B站美食栏目《人生一串3》更是来到淄博拍摄推介，乌啦啦、盗月社食遇记等知名美食博主、微博大V也相

继来到淄博烧烤店打卡探店……随着明星效应逐一显现,"淄博烧烤"关键词在网络的出现频次暴增。

此外,2023年3月初,当淄博的微信指数刚刚抬头上涨时,淄博市政府就马上召开新闻发布会,推出一整套烧烤相关政策。比如,为了促进行业发展和文化建设,在当地新增烧烤名店金炉奖,成立烧烤协会,还宣布五一举办淄博烧烤节。他们还专门针对周末,为游客设计了烧烤主题的一日游、两日游线路。用烧烤作为钥匙,以流量作为燃料,将淄博打造成了网红城市。

资料来源:李洪鹏,上游新闻,《淄博烧烤为什么这么火?全城齐心双向奔赴,专家建议做好跟进服务》,内容略有编辑整理。

第一节 网络促销概述

一、网络促销的定义、特点及主要方式

(一)网络促销的定义及特点

促销策略是市场营销组合策略的重要内容。不同于企业产品开发、价格制定、渠道拓展等主要在企业内部或企业与合作方之间开展的营销活动,促销活动主要是企业与其目标客户或社会公众之间进行,通过向需求端宣传、介绍其产品及品牌形象,实现说服顾客购买其产品和服务的最终目的。"营销学之父"菲利普·科特勒基于对21世纪现代营销管理的新洞察在其新版的《营销管理》中,将促销调整为"营销传播",将"传递信息"升级成"传播价值",引入了"传播"和"价值"的理念。

网络营销中的促销策略,简称网络促销,是指利用网络技术向虚拟市场传播有关产品和服务及企业品牌价值等信息,以启发需求,引起消费者的购买欲望和购买行为的各种活动。网络促销具有以下特点:

(1)网络促销是在虚拟市场环境下进行的。在这个不受时间和空间限制的环境中,消费者的消费行为和消费理念都发生了巨大的变化。因此,网络营销者必须突破传统实体市场和物理时空观的局限性,采用全新的思维方法,调整自己的促销策略和实施方案。

(2)网络促销面向的是全球化的大市场。虚拟市场打破了现实世界的边界,将所有的企业推向了全球市场,使得品牌出海成为可能。因此,对企业在多元文化环境中开展促销活动的能力提出了更高的挑战。

(3) 网络促销是通过网络传递产品和服务。这种建立在计算机与现代通信技术基础上的促销方式还将随着这些技术的不断发展而改进。

(二) 网络促销的主要方式

网络促销是在网络营销中使用的手段之一，在适当的时候利用网络促销，可以更好地转化销售，更好地为销售服务。网络促销主要分为网络广告、网上销售促进和网上公共关系等方式。本书将在后续章节进行详细介绍。

小思考

第十四届"双十一"低调落幕

官方数据显示，2022年"双十一"高峰期间，全国处理的包裹数量，较去年同期下滑了10.6%。与往年不同的是，走入第十四个年头的电商大促节日"双十一"的具体交易数据，天猫、京东两大电商平台均未公布。近年来，关于GMV的比拼战逐渐淡化，直到这一年的双十一，头部电商数据也已"隐身"。对此，网上关于"双十一到底行不行，会不会消失的讨论"热度不减。不少消费者表示，各个商家复杂的促销攻势让人望而却步，越来越多的"节日"和直播间"全网最低价"让双十一不再具有吸引力。

想一想：试分析常见的网络促销手段有哪些？"双十一"属于哪一个类型的促销手段。

二、网络促销与传统促销的区别

党的二十大指出必须完整、准确、全面贯彻新发展理念，坚持社会主义市场经济改革方向，坚持高水平对外开放，加快构建以国内大循环为主体、国内国际双循环相互促进的新发展格局。当前互联网在促进我国产业结构优化升级，推动数字经济蓬勃发展，在全面构建数字社会等方面发挥了重要作用。数字经济作为新型经济形态，以数字技术为核心，通过数字技术深度赋能实体经济，驱动国内循环大市场释放内需潜力，协调推进国内高质量发展和高水平对外开放。发展数字经济是我国把握新一轮科技革命和产业变革新机遇的战略选择，数字经济已成为稳增长、促转型、保民生的重要支柱。

与传统促销观念相比，网络促销在时空观念、信息沟通方式、消费群体和消费行为以及促销手段等方面呈现出较大变化。网络信息技术打破了时间和空间的阻隔，企业可以通过网络、社交媒体和移动网络随时随地地接触世界各地的潜在消费者。对应的，这也意味着消费者接触信息的渠道增多，获得信息的成本变得更低，并且随手就可以和其他消费者分享信息。新媒体和社交媒体的普及正在催生一个更有针对性、更社交化、更互动的营销传播模式，越来越多的企业选择更专门化、高目标化的媒体以向更小的细分市场传递更个性化的互动信息。

三、网络促销组合

促销组合，又称营销沟通组合，是指企业根据产品特点和营销目标，有计划、有目的地把广告、人员推销、销售促进和公共关系等促销方式进行编配和综合运用，形成一个完整的促销策略。网络促销活动主要通过网络广告促销和网络站点促销两种促销方法展开。但由于企业的产品种类不同，销售对象不同，促销方法与产品种类和销售对象之间将会产生多种网络促销的组合方式。企业应当根据网络广告促销和网络站点促销两种方法各自的特点和优势，根据自己产品的市场情况和顾客情况，扬长避短，合理组合，以达到最佳的促销效果。网络广告促销主要实施"推战略"，其主要功能是将企业的产品推向市场，获得广大消费者的认可。网络站点促销主要实施"拉战略"，其主要功能是将顾客牢牢地吸引过来，保持稳定的市场份额。

第二节　网络广告

一、网络广告的发展

网络广告诞生于美国，1994 年 10 月 14 日，美国著名的 Wired 杂志推出了网络版的 Hotwired（www.hotwired.com），其主页上开始有 AT&T 等 14 个客户的广告横幅。这是广告史上里程碑式的一个标志，同时也让网络开发商与服务商看到了一条光明的道路。继 Wired 之后，许多传媒如美国的有线电视网 CNN、《华尔街日报》等，无论电视、广播，还是报纸、杂志，也都纷纷上网并设立自己的网站，将自己的资料搬上网络。在刊登信息、服务网浏览的同时，也在网络媒体上经营广告。自此以后，网络广告作为一种新型的营销手段逐渐成为网络媒体与广告界的热点，成为电子商务及全球互联网市场的重要组成部分。网络广告自 20 世纪 90 年代起步以来，就一直呈现高速增长的态势，网络已成为目前全球第二大的广告媒体。以智能手机为主要传播媒介的移动互联网广告已成为网络广告增长的主要动力。

8-1
《2022 年中国互联网广告数据报告》
资料来源：中关村互动营销实验室

2014 年是我国广告传统媒体向新媒体转换的分水岭，在此之前，我国广告投放方式以传统媒体为主，随着互联网媒体的崛起，报纸、广播、电视、杂志等传统广告势力大幅减弱，移动互联网、新媒体开始成为强势的主导，各垂直领域及细分领域新媒体头部大放异彩，高速增长。

在经历了 2020 年的爆发式增长后，短视频用户规模再创新高，影响力日益增强。《中国网络视听发展研究报告（2023）》显示，截至 2022 年 12 月，我国网络视听用户规模达 10.40 亿，超过即时通信

（10.38亿），成为第一大互联网应用，市场规模超7000亿元。这表明短视频已开始成为主流市场的营销手段。

二、网络广告策划

网络广告是广告业务在计算机网络中的新拓展，也是网络营销领域率先开发的营销技术之一。通俗地讲，网络广告是指广告主为了实现商品交换的目的，通过网络媒体所发布的广告。网络广告的本质是向互联网用户传递营销信息的一种活动，是对用户注意力资源的合理利用。即利用网站广告横幅、文本链接、多媒体的方法，在互联网刊登或发布广告，通过网络吸引网上用户，从而起到提升商家知名度或实现某一商业目的的作用。

网络广告策划的一般程序为：确定网络广告目标，明确网络广告的目标受众，网络广告创意及策略选择。

1. 确定网络广告目标

网络广告的实施最终是为了实现企业营销目标，主要有提高访问量、树立品牌意识和销售产品三个方面。其本质与传统广告相同，这里不再赘述。

2. 明确网络广告的目标受众

广告的目标受众，即广告传播的诉求对象，他们决定了广告媒体的选择和传播策略，同时也决定了广告文案的内容。

3. 网络广告创意及策略选择

（1）要有明确有力的标题。广告标题是一句吸引消费者的带有概括性、观念性和主导性的语言。

（2）要有简洁的广告信息。

（3）设计互动功能。如在网络广告上增加游戏功能，提高访问者对广告的兴趣。

（4）合理安排网络广告发布的时间因素。网络广告的时间策略主要内容包括网络广告发布的时机、时段、时序、时限等。

① 网络广告时机策略。

时机策略就是抓住有利的时机，发起网络广告攻势的策略。有时候抓住一个有利的时机，能使网络广告产品一夜成名。一些重大文娱、体育活动，比如奥运会、亚运会、世博会，都是举世瞩目的网络广告良机。

② 网络广告时段策略。

为了实现网络广告实时传播，让更多的目标受众来点击或浏览广告，保证点击的有效性，以及节约费用，就要考虑网络广告的时段安排。只有在目标用户习惯上网的时间内播放广告，才会有效。不同受众的生活、工作习惯及上网情况不同，对网络广告的传播效果会产生很大的影响。安排网络广告时段时必须要意识到这一点，并综合考虑具体的广告对象、广告预算、所期望广告效果的强弱，以及竞争者的情况。网络广告的时段安排形式可分为持续式、间断式、实时式，应根据具体情况进行选择。

③ 网络广告时序策略。

网络广告时序策略就是网络广告发布与产品进入市场谁先谁后的策略。有提前策略、即时策略、置后策略三种。

提前策略就是在产品进入市场之前先做网络广告，提前引起用户注意，为产品进入市场做好舆论准备或引导需求。即时策略就是网络广告发布和产品上市同步，这是最常采用的策略。消费者看到网络广告，如果想购买，即可在商店或网上买到该产品。置后策略就是把网络广告放在产品进入市场以后，根据产品上市后的最初市场反应，及时调整事先拟定的某些不相宜的网络广告策略，使网络广告宣传的诉求重点、诉求方式、目标市场更为准确，更符合实际。

④ 网络广告时限策略。

网络广告时限策略是指在一次网络广告中，确定网络广告宣传时间长短以及如何使用既定网络广告时限的策略。时限策略与网络广告频次有极为密切的关系。

网络广告时限策略分为集中速决型和持续均衡型两种。集中速决型就是在短暂的时间里，向目标市场利用各种媒体发起强大的网络广告攻势，使网络广告刊播的频率高、信息密集，对目标公众的刺激性强，适用于新产品投入期或流行商品引入市场期，也适用于一些季节性很强的商品。持续均衡策略的目的是不断地给消费者以信息刺激，保持消费者对产品的持久记忆，适用于产品成长期、成熟期。由于网络广告活动持续的时间长，如果始终采取密集型信息传播，花费太大，久之也会引起消费者的逆反心理。如果网络广告信息传递太疏，前后网络广告之间相距时间太长，又可能造成消费者对产品品牌的遗忘。因此，科学地利用人们的遗忘规律，合理安排网络广告推出次数和各次网络广告之间的时距以及各个时间段里的网络广告频率，便成为网络广告策略中重要的课题。

在具体网络广告策划中，营销人员常常综合运用集中速决型和持续均衡型，或交替运用，常见的具体形式又可分为集中式、周期式、闪光式、连续式和脉冲式等。

 小思考

屡上热搜的海南椰树椰汁直播间

近日，椰树直播间画风突变，热度持续攀升，3月19日凌晨，微博话题"椰树直播间"上了热搜榜第一名。其直播间模特从原来的几名穿着紧身衣的女性，变成了一群穿着透明黑纱上衣或老头背心、毛发旺盛的肌肉男，直播间甚至还让肌肉男直播刮腿毛。对此，不少网友评价"椰树直播间又油又丑，恶心得再也不想喝椰汁了""谁来洗洗我的眼"……

随着椰树集团上线直播间后，频频登上热搜原因何在？这恐怕与椰树集团屡禁不止、屡教不改的营销"黑历史"有关了。近几年，因产品策划、招聘策划等内容"低俗""妨碍公序良俗"，椰树集团多次违反国家法律，进而遭到市监部门处罚。2019年3月与2021年4月，椰树集团两次因"妨碍社会公共秩序或者违背社会良好风尚"，分别被罚款20万元与40万元。2021年3

月 25 日，椰树集团因发布含"肯定有美女帅哥追"等词眼的招聘广告，被海南省市场监管局进行行政约谈。作为如此我行我素的营销界"泥石流"，无视法律的监管和道德秩序的约束，椰树集团凭借其自行其是的广告风格甚至是博得了一片"黑红"。

资料来源：根据网络资料编辑整理。

议一议：试论椰树集团的广告创意是否值得推崇？

三、网络广告效果

（一）网络广告效果实现

1. 网络广告投放

网络广告投放是网络广告信息发布策略的实施，通过互联网发布平台进行广告投放是网络广告运作最后与目标受众直接接触的环节。目前，网络广告投放的主要方式有以下几种。

1) 利用企业自己的网站投放广告

这是最常用的发布网络广告的方式之一。这种情况下，企业可对广告的内容、画面结构、互动方式等各种因素进行全面的策划。

实际上，企业网站本身就是广告。但是，网站不能像传统媒体广告那样所有的页面全都被广告所充斥。根据目前网站的运作实践来看，如果一个网站只提供广告，而不能同时提供其他信息的话，肯定不会有众多的访问者。因此网站这种特殊的广告形式，其定位应放在树立企业的整体形象上。企业网站上通常还提供一些非广告信息，如时事新闻、名人轶事以及可供访问者免费下载的软件、游戏等。总之，必须能给访问者带来一定的利益，使其成为网站的常客。

2) 直接投放

这也是目前常用的网络广告投放方式。互联网上的网站成千上万，为达到尽可能好的效果，应当选择合适的网站来投放自己的广告。选择投放广告网站的基本原则如下。

（1）选择访问率高的网站。互联网上有许多访问流量大的网站，包括搜索引擎网站，如百度、SOSO、有道等；导航网站，如 Hao123、360 导航等；较有影响的门户网站，如腾讯、新浪、搜狐、网易等。这些网站受众覆盖面广，流量大。

（2）选择有明确受众定位的网站。互联网上还有许多专业性的网站，其特点是访问人数较少，覆盖面也较窄，但访问这些网站的网民可能正是广告的目标受众。

3) 通过网络广告代理商投放

网络广告代理制是指在网络广告活动中，广告客户、广告公司（广告代理商）和广告媒体之间明确分工，广告客户委托广告公司实施广告宣传计划，广告媒体通过广告公司承揽广告业务；广告公司处于中间地位，为广告客户和广告媒体提供双向服务，起着主导作用。广告公司（广告代理商）代表广告主去购买各种媒体的广告时间和空间，确定广告主产品和服务的目标消费者。广告主是广告活动的直接投资者，是广告代理商的收入来源。

与网站直接承接网络广告业务相比较，专业网络广告代理商面向的网络媒体众多，类型不一，可以对不同类型网站进行横向比较，能更客观地分析判断每个网站的资源，进行科学的媒介选择，从而实现比较理想的广告效果。

4）网络广告联盟投放

网络广告联盟投放又称联盟营销，指集合中小网络媒体资源（又称联盟会员，如中小网站、个人网站、WAP、站点等）组成联盟，通过联盟平台帮助广告主实现广告投放，并进行广告投放数据监测统计，广告主则按照网络广告的实际效果向联盟会员支付广告费用的网络广告组织投放形式。

网络广告联盟包括三要素：广告主、联盟会员和广告联盟平台。网络广告联盟平台为联盟会员、广告主提供了一个独立的公开、公正、透明的管理运行平台，联盟会员可以免费在平台上建立自己的网站，吸引广告主的光临，最大化地将自己网站访问流量转化成营销效果，进而转变为自己的收入。广告主在平台上选择适合自己的网站主，按照网络广告的实际效果（如销售额、引导数等）向联盟平台支付合理的广告费用，实现低成本的广告宣传。网络广告联盟的形式大大扩宽了广告主投放广告的范围，同时采用了按照效果付费的方式，解决了广告主广告支出过高的问题，也解决了网络广告平台没有资金支持的问题。

5）网络广告交换

网络广告交换是指网站之间通过相互链接、交换文字或横幅广告扩大宣传效果的方法。拥有自己主页的企业通过相互交换广告或者加入广告交换网的方式来实现对双方广告的双向乃至多向相互登载。在进行交换时，广告主应首先在网页中加入其交换对象的 HTML 码。当有访客浏览广告主网页时，对方发放的横幅广告（链接或文字）便会被显示。同样的原理，该广告主自己的广告也会出现在对方的网页上，达到了互换广告的目的。

网络广告交换的途径可分为以下两种。

（1）广告主间网络广告的直接交换。拥有网站的广告主可以直接通过 E-mail 或在自己的网站上刊登广告等方式与其他网站取得联系，相互交换 HTML 代码进行广告交换。这种方式互惠互利，节省了大量的开支。

（2）网络广告交换网。网络广告交换网实际上是一个网络广告交换的中介机构。在广告交换网上，凡是拥有自己主页的用户，都可以加入某个交换网络。广告交换网具有免费、提供即时统计、接触面广等优点。

2. 网络广告投放的计费方式

1）CPC（cost-per-click）

按照广告点击付费的模式是互联网广告最早的计费方式，

知识链接

8-2
《2021—2022 年中国 MCN 行业发展研究报告》
资料来源：艾媒咨询

1994年出现的第一支广告就是采用此计费方式。由于广告的点击量非常容易作弊，CPC计费方式产生的后果就是媒体大量的生成虚假点击欺骗广告主，同时广告主更熟悉、更接受电视广告的宣传模式，因此出现了CPD的计费方式，向电视宣传模式靠齐。如果不考虑作弊，单从效果角度考量的话，CPC计费方式比CPD计费方式更加有利。百度竞价以及Google竞价均采用CPC的计费方式。

2）CPD（cost-per-day）

按天付费，此种模式完全参考电视广告的宣传方式，重展现、品牌曝光的范围（更广的地域或人群）及深度（到达频次），也以电视广告的指标来衡量效果，比如iGRP等。采用此种计费方式的媒体必须有强大的用户群体支撑，而且必须具有很高的知名度及美誉度，否则广告主并不买账，因此只有少数门户网站采用这种计费方式。

3）CPM（cost-per-thousand impressions）

按照千人印象成本收费，即广告主为它的广告显示1000次所付的费用。互联网行业，是长尾法则发挥力量的行业，除了少数的大广告主可以支付CPD的计费方式外，大量的中小广告主往往因为价格的原因放弃网上投放，于是产生CPM计费方式。CPM方式与CPD方式的核心区别在于按量投放，按量计费，广告主只为自己需要采购的播放量付费，解决了中小广告主的价格困局，因此受到市场的欢迎。CPM是目前垂直类媒体以及广告网络的主流计费方式。

4）CPA（cost-per-action）

按照单次行动成本收费，即根据每个访问者对网络广告所采取的行动收费的定价模式。它对于用户行动有特别的定义，包括形成一次交易、获得一个注册用户、产生一次下载行为等。

随着网络游戏、电商、重视长尾流量的网盟的发展，产生了CPA的计费模式，此模式直指游戏、电商广告主最核心的需求——产生注册及订单。从定义上来讲，Action是投放前广告主和媒体协商制定的，因此Action可以是注册、可以是下单或者可以是单击某一个特定按钮、可以是提交问卷等多种形式，只要双方认可，且双方都可以监测到相应数据即可。

5）CPS（cost-per-sale）

这是为基于广告引入用户所产生的成功销售而收取一定比例佣金的商业合作方式，是CPA模式的一种特定形式，在国内常用作电商广告投放时的计费方式，只有在电商获得订单的时候，媒体才会得到推广费用。CPS有两种收益计算方法，一是按照订单额的比例计算，一是不区分订单额，每个订单有固定价值，订单固定价值乘以订单量即为广告公司的收益。

6）ROI（return-on-investment）

投资收益率或投资回报率，现在多用于电商、游戏类用户考核广告效果的标准。一般计算方法是由广告产生的收益额/投放额。ROI方式是CPS方式的另一种表示方法。如一个电商的合作ROI是1∶2，其意思指的是广告主愿意支出其订单额的50%（1/2）付给媒体。

作为约定俗成的做法，当电商网站和联盟合作时，会用CPS结算，一般比例在10%以下；和门户网站以及有一定品牌价值的媒体合作时，会用ROI结算，一般为

1∶2或者1∶1，甚至会有1∶0.8。可以看出广告主让利比例非常大，因为同时包括品牌宣传。

7）CPT（cost-per-time）

按时间长度计费，是针对大品牌广告主特定的广告活动，将某个广告位以独占式方式交给某广告主，并按独占的时间段收取费用的方式。严格来说，这是一种销售方式而非一种计费方式，因为价格是双方事先约定，无须计算。这种方式主要适用于一些强曝光属性，有一定定制性的广告位。在一般的展示广告中，这种方式在欧美市场不经常采用，但在我国的门户网站广告中，CPT仍然是一种主流模式。CPT这种独占式的售卖虽然有一些额外的品牌效果和橱窗效应产生，但是不利于受众定向和程序交易的发展，因而从长期的角度来看，其比例会有下降的趋势。

8）CPK（cost-per-keyword）

搜索引擎广告的关键词定价，它是指搜索引擎广告当中媒体机构和广告主对每个关键词所确定的销售和购买价格，通常也称作关键词成本。

（二）网络广告效果评估

网络广告主都希望了解网络广告的效果，了解在网络广告的投资中所得到的回报。传统广告的效果评价指标，一般只能根据抽样调查进行估计推测而不能精确统计。网络广告的可测量性相对更强，通过访问流量统计系统可以精确地统计出每个广告被多少个用户看过，以及用户查阅的时间分布和地域分布。

关于网络广告效果的最直接评价标准是显示次数和点击率，也就是有多少人看到广告，有多少人对广告产生兴趣并且点击了该广告。点击率固然重要，但广告显示后带来的品牌传播效果，同样能为企业带来效益。为了保证上述统计结果的客观公正性，在国外通常使用第三方监测服务，这种做法也在逐渐引入我国。关于网络广告效果评价的指标还有很多，其中转换情况是比较重要的一个，即将浏览者对网络广告的接触转换为行动的情况，包括吸引浏览者访问网站、在线填写表单、购买商品等。

第三节　网络销售促进

一、网络销售促进概述

网络销售促进，亦可成为网络营业推广，是指企业为了促进在线产品或服务的销售，运用各种短期诱因（如限时折扣、赠送优惠券、抽奖、满减等活动），以吸引消费者购买产品或服务的促销方式。

网络销售促进的首要目的，是吸引网络消费者购买企业产品或服务，尤其是在推出新产品或吸引新顾客方面。网络营业推广的刺激比较强，较易吸引顾客的注意力，使顾客在了解产品的基础上采取购买行为，也可能使顾客追求某些方面的优惠而使用新产品。奖励品牌忠实者和实现企业营销目标也是网络销售促进的主要作用。

网络销售促进也存在一定的不足。首先，影响面较小，相对于网络广告，它只是一种辅助的促销方式。其次，刺激强烈，但时效较短，是企业为创造声势、获取快速反应的一种短暂促销方式。当网络营业推广活动结束时，其效果通常无法延续。最后，顾客容易产生疑虑。过分渲染或长期频繁使用，容易使顾客对销售者产生疑虑，甚至对产品或价格的真实性产生怀疑。

小思考

大量且长期的网络销售促进利弊分析

随着电商平台普及，越来越多的品牌通过推出达人直播间超值套装、发放优惠券、会员福利大放送等平台促销活动开展线上销售，普遍比线下门店折扣力度大且时间长。请论述对于品牌而言，这样大量且长期的网络销售促进手段是利大于弊还是弊大于利？

二、网络营业推广形式

一般而言，网络营业推广主要有以下形式。

1. 网上折价促销

折价亦称打折、折扣，是目前网上最常用的一种促销方式。网上销售的商品不能给人全面、直观的印象，也不能试用、触摸等，再加上配送成本和付款方式的复杂性，在一定程度上影响消费者网上购物和订货的积极性。此时，折扣可以促使消费者进行网上购物的尝试并做出购买决定。目前绝大部分网上销售的商品都有不同程度的价格折扣，如京东商城、当当网等。

2. 网上变相折价促销

变相折价促销是指在不提高或稍微增加价格的前提下，提高产品或服务的质量或数量，较大幅度地增加产品或服务的附加值，让消费者感到物有所值。由于网上直接价格折扣容易造成消费者对产品品质的怀疑，利用增加商品附加值的促销方法会更容易获得消费者的信任。

3. 网上抽奖促销

抽奖促销是网上应用比较广泛的促销形式之一，是很多网站乐意采用的促销方式。抽奖促销是以一个人或数人获得一定奖品为手段进行商品或服务的促销。网上抽奖活动主要附加于市场调查、产品销售、扩大用户群、庆典、推广某项活动等。消费者或访问者通过填写问卷、注册、购买产品或参加网上活动等方式获得抽奖机会。该方式可以帮助企业收集客户和网站访问者的各种情况，使企业在促销的同时获得有益的客户信息。

网上抽奖促销活动策划要体现趣味性和便利性，太过复杂和难度太大的活动较难吸引匆匆的访客。同时，由于网络的虚拟性和参加者的地域广泛性，对抽奖结果的真实性要有一定的保证。

4. 网上赠品促销

一般情况下，在新产品推出试用、产品更新、对抗竞争品牌、开辟新市场情况下利用赠品促销可以达到比较好的促销效果。赠品促销可以提升品牌和网站的知名度，鼓励人们经常访问网站以获得更多的优惠信息。在使用网上赠品促销时，需要注意下面几个问题：

(1) 赠品要让消费者容易获得。赠品容易获得才可以激发消费者参与，促销之"势"才容易造出来，否则，让消费者感觉赠品与自己无缘，所谓的赠品只能算是"样品"。

(2) 赠品与产品要有相关性。选择的赠品和产品有关联，这样很容易给消费者带来对产品最直接的价值感。如果赠品与产品相互依存并配合得当，其效果更佳。

(3) 赠品也要注重质量。不要以为"赠"就是"白送"，更不要以为"白送"的产品质量好坏关系不大。赠品质量不仅是国家法律条文所规定的内容，而且也是赠品促销能否起作用的基础，影响到企业的品牌和形象。因为赠品不仅代表了自身的信誉，而且是商品企业信誉、质量的代表，与主商品和企业存在着一损俱损的唇齿关系。

5. 网上积分促销

相对传统营销方式而言，网上积分促销是一种简单且容易操作的网络营业推广方式。网上积分活动很容易通过编程和数据库等技术手段实现，促销活动成本较低，结果可信度较高，操作起来相对简便。积分促销一般设置各类奖品，消费者通过多次购买或多次参加某项活动来增加积分以获得奖品。积分促销可以吸引更多的网上消费者访问网站，可以增加已有访问者访问网站和参加某项活动的次数，可以增加上网者对网站的忠诚度，可以提高企业网站、品牌的知名度等。

6. 网上优惠券

网上优惠券作为直接价格打折的一种变化形式，是企业在网络上为消费者提供的一种优惠措施。网上优惠券可以刺激顾客增加消费，提高网站的访问量。企业可以规定该优惠券用于网上购物，也可以允许消费者下载后在传统的购物场所使用。优惠券的内容可以提供一定的折扣，也可以在消费者的账户上注入一定金额的"虚拟货币"。有些商品因在网上直接销售有一定的困难，企业可以结合传统营销方式，允许消费者从网上下载、打印折价券或直接填写优惠表单，到指定实体商店购买商品时享受一定优惠。

第四节 网络公共关系

一、网络公共关系概述

网络公共关系（简称网络公关）以传统的公关理论为基础，结合网络方面的特征，创新并演绎出新的公关观念。了解网络公关的新特征是运用网络公关营销策略的基础。

（一）网络公关的定义

网络公关拓展了传统的公共关系内涵，使其主客体范围扩大、手段更新。有的学者把网络公关定义为："网络公关是指社会组织为了塑造组织形象，借助互联网，为组织收集和传递信息，在电子空间中实现组织和公众之间双向互动式的全球沟通来实现公关目标，影响公众的科学与艺术。"有的学者认为，"网络公共关系又叫在线公关或者电子公关，意思是利用互联网上的工具和资源开展的公关活动。"还有的学者提出，"网络公关也就是指企业在网络空间的公众关系。网络的空间存在着形形色色的'大众群体'，企业通过其网络上的各种存在形式，以及通过采取各种方式，以此来加强品牌的影响力，促进品牌的推广。"

综合以上各种定义，网络公关可定义为组织为达到特定目标，借助互联网，在组织与公众之间开展的各种有计划的传播与沟通活动，以达到信息传播、关系协调和形象管理的目的。

（二）网络公关的构成要素

1. 网络公关的主体

与传统公关一样，网络公关的主体是社会组织，即按照一定的社会目的和任务，执行一定的社会职能，并按一定形式构成的社会群体或社会集团，大致可分为经济组织、政治组织、文化组织、群众组织以及宗教组织等。本章所指公关主体主要是经济组织。

2. 网络公关的客体

网络公关的客体是网络公众。随着网络时代的到来，越来越多的人接触到网络，越来越多的人成为网民，这意味着网络公众正以惊人的速度增加，同时也表明网络公关的覆盖面越来越广。

3. 网络公关的传播手段

网络公关的媒体是互联网，但是为了取得最佳传播效果，目前许多企业组织采取网络媒体与传统媒体相结合的方式。两者结合有两种模式，一是先传统媒体后网络媒体；二是先网络媒体后传统媒体。第一种模式是传播从部分传统媒体开始，到网络媒体的转载，通过网络高强度的传播力，把消息迅速扩大，从而引发相关媒体的关注和跟踪。第二种模式主要用于特殊事件和信息，如尚未最终核实的信息或非常新、非常快的信息。

（三）网络公关的优势

相对于传统公关而言，网络公关具有以下四个优势。

1. 网络公关主体的主动性增强

网络公关突破了传统公关的时空限制、传统媒体的限制，使组织拥有更大的主动权和传播优势。网络媒体具有即时性、互动性、无时空限制、信息化、全球化、多媒体、低成本以及全方位传播等多重特性，摒弃了传统公关必须借助传统传媒以及必须通过其"把关人"进行信息过滤，使组织能够即时发布信息而不必借助传统媒体，可以直接与公众交流，对公众产生影响，从而绕开新闻媒体严格的审查以免贻误商机或错过危机处理的最佳时机。

2. 网络公关客体的能动性提高

1）网络媒体的互动性

网络媒体的互动性使组织和公众都拥有了更大的主动性，这一点对公关的客体来说意义更大。在互动过程中，客体不只是单一的信息接收器，也成为信息传播源，公众可以对网络信息自由选择、编辑、加工等。

2）实现"一对一"交流模式

网络媒体的互动性为"一对一"的公关传播提供了得天独厚的条件。网站、电子邮件、聊天工具、论坛、新闻组、电子杂志等都成为企业公关人员和相关公众可以自由选择的工具。企业公关人员可以将通过传统方式和网络收集的客户、经销商资料存入企业的数据库，以之为基础为客户、经销商提供个性化的信息服务。客户和经销商也可以借助网络向企业反映自己的各种要求和建议。这种"一对一"的交流方便快捷且成本极低。

3. 成本低，效果佳

传统公共关系策略在实施过程中，财力物力是制约其发展的重要因素；而开展网络公关却相当方便，一封友好的电子邮件、一则引人注目的帖子都可以成为公关开展的方式。在效果方面，传统公共关系的效果一般都是潜在的、远期的，且很难量化；而网络公关有着立竿见影的效果，且容易进行统计，如计数器可以统计公关软文的浏览量。

除此之外，和电视、广播、纸质媒体等传统媒体相比，网络媒体在其受众广泛、传播形式多样、互动性强和时效性强等方面都有很大的优势。

4. 网络公关更容易实现量化评估

网络公关由于采用技术手段，比传统公共关系更容易进行效果评估。目前，通行的评估方法有三种：基于项目策划和实施的质量评估（网络流量变化、主流媒体认可度、用户满意度、品牌知名度等）；基于项目执行的数量评估（信息传播量、用户关注度、用户参与度以及媒体推荐度等）；基于资源投入的成本评估（如千人成本等）。

（四）网络公关面临的挑战

尽管网络公关具有传统公关无法比拟的优势，但由于互联网的信息海量性、缺少"把关人"、传播速度快而且无法把控等特点，也存在着各方面的挑战。

1. 海量信息给信息采集和环境监测增加难度

网络的无限性使任何人或组织都可以利用网络媒介发表言论和意见。尽管有百度和 Google 这样的搜索工具，但有时还是很难在第一时间找到所需要的信息。网络信息的海量性一方面容易使企业自身宣传的声音难以被公众知晓；另一方面，给有关企业形象的信息采集工作和环境监测工作增加了难度。

2. 网络匿名性造成的信息片面化

尽管媒介是获得组织形象信息的重要渠道之一，但由于实际活动的范围、精力和注意力是有限的，人们对超出自己亲身感知以外的事物，只能通过各种新闻机构去了解。媒介为人们提供了拟态环境——不一定是现实环境真实的再现，而是经过媒介加工后的环境。网络相比较于传统媒介，具有匿名的特性，并且往往缺少"把关人"。这一特性既有可能为企业提供更加真实的信息反馈，也有可能使企业的潜在受众受到有某种特定目的的信息的误导。

3. 需要更快速全面的反应

在传统媒体条件下，出现了企业负面报道时，公关从业人员有比较充裕的时间去澄清基本事实，进行公关应对。而在互联网时代，有关企业的一个负面报道会在非常短的时间内呈现在互联网的各个角落，从而使得网络公关人员的应对时间被极大地压缩。如果没有及时对负面信息进行很好的处理，一个很小的事件可能在短时间内被迅速放大，以致无法控制，对企业造成巨大的灾难。负面信息主要来自两个方面：一是网络上的恶意攻击行为，如竞争对手对组织形象的恶意丑化，散布流言，黑客的入侵并对组织网站的恶意涂改等行为；二是组织负面事件形成的不利信息。

4. 网民公众声音的对抗

互联网一方面为企业提供了新的开展公关活动的手段和渠道；另一方面，也可能使网民公众的声音与企业的公关传播进行对抗。网络的互动性使公众从单纯的信息接收者转变为信息传播者，他们不仅是公关的对象，某些时候他们也有意或无意地参与到网络公关活动中。随着虚拟社区和消费门户网站的兴起，公众可以轻松地从网络上了解到有关企业产品质量、服务质量、顾客评价等信息。这些由消费者口碑形成的对企业的评价，恐怕比企业自行进行的网络公关宣传活动更加令公众信服。

（五）企业开展网络公关的主要方式

企业可以通过以下方式开展网络公关。

1. 建设公关型的企业网站

企业网站是帮助企业树立形象的最佳工具之一。网站上的企业背景资料、商标、广告语、经营理念、企业视觉形象识别系统等公关信息元素可以源源不断地向公众进行传播。公众也可以通过网站提供的联系方式提出自己的疑问、咨询及投诉,并快速地得到企业的答复。在利用网站公关的过程中,企业公关人员必须明确两个问题。首先,网络公关的对象包括客户、供应商、经销商、投资者、企业内部员工、媒体、金融机构、政府机关、社会团体等,这些公众对企业的经营管理活动都会产生直接或间接的影响,需要受到企业的重视;其次,网站应根据这些公众的特点为其提供各种信息服务。

2. 借助网络媒体发布新闻稿

近几年,以新闻传播为重要任务的网络媒体发展速度惊人。腾讯、新浪、搜狐、网易等门户站点在新闻传播方面的影响力已经丝毫不亚于一些传统的电视、报纸、杂志媒体。通过这些网络媒体来发布关于企业的新闻,无疑是行之有效的公关方法。不仅如此,企业还可以通过公共论坛、新闻组等来发布这些新闻,同样也可以达到较好的效果。

3. 通过电子邮件向公众提供个性化的信息服务

面对不同的信息需求者,企业可以通过电子邮件为他们提供各种类型的信息服务,使他们及时了解企业的各种新闻、产品、销售政策,而相应公众也可以通过电子邮件将对企业的要求、建议传回企业。

4. 维护企业与传统大众媒体的关系

传统大众媒体和网络媒体是相互渗透、相互融合的。企业公关人员可以进入相应的公共新闻组和论坛,或者进入媒体的论坛和聊天室与记者编辑交流,也可以利用电子邮件向他们发送新闻稿,提供新闻线索,这都将帮助企业公关人员建立与媒体人员的良好沟通,促进企业公关活动目的的实现。

5. 刊登网络公关广告

公关广告是企业推销自身形象的一种特殊手段,是一种特殊形态的广告,亦是一种特别的公关活动方式。而网络广告所具有的超时空、低成本、内容可扩展等优势,无疑使它成为一种理想的公关工具。在网络上做的形象广告、公益广告、观念广告,都能有效加强公众对企业的理解,融洽企业与公众的关系。

6. 赞助公益事业

在网上赞助公益事业,可以在推动公益事业发展的同时为企业赢得良好的声誉,是一种有效的网络公关手段。

7. 开展网上社会服务活动

在网上举办各种专项社会服务活动,无偿地为相关的公众提供服务,以行动和实惠吸引公众的兴趣,获得公众对企业的好感,也是一种较好的网络公关活动方式。

8. 召开网上新闻发布会

在传统公关活动中,新闻发布会是组织和公众沟通的例行方式。企业将这种方式放到网站上,通过聊天系统或视频会议系统进行,将大大降低新闻发布会的成本,提升其效果。

二、网络新闻公关

新闻公关是公共关系实务中运用的最为广泛的和最为有效的手段。新闻稿的发放是组织和公关代理机构最基本的工作之一,其目的是通过一种权威的途径,告知公众相关信息,扩大企业的知名度和美誉度。它是组织塑造形象、传播信息时最基本、最经常采用的工具。所以,掌握网络新闻的策划、写作技巧,熟悉网络新闻发布渠道和手法,是网络公关人员专业素质的第一要务。

(一)网络新闻公关概述

1. 网络新闻公关的概念

网络新闻公关是按照新闻规律,结合产品品牌的需要,通过互联网媒介,树立品牌形象和品牌个性,实现改变消费习惯、创造消费需求、营造良好的外部发展环境等营销目标的营销沟通手段。

网络新闻公关,是一种高效、低成本的品牌推广策略。网络新闻公关的核心在于传播。传播目的在于传播企业良性信息,提高企业知名度,最后达到促进产品销售或塑造企业品牌的目的。企业的网络新闻类别,一小部分属于行业及企业自身的常态新闻,但更多的是策划类新闻,是一个有规划性、组织性特别强的自主行为,主要有事件营销、关系营销等。

2. 网络新闻与传统新闻的比较

网络新闻本质上仍然是新闻,仍然遵从拉斯韦尔的"5W"模式,但它的表现形式有所变化。下面从这五个方面来比较网络新闻与传统新闻。

1)传播源

"谁"就是传播者,在传播过程中担负着信息的收集、加工、传递功能。在传统新闻中,传播者一般是专门的传媒组织、机构及其中的工作人员。而在网络新闻中,传播者不再是单一的组织、集体,网民也充当起了传播者的角色。人们不再是被动地接受,而是可以参与、发布,成为一个个传播源。网民可以通过自己的博客、播客、微博、微信等自媒体随时发布新闻。网络新闻不仅有专门传媒组织发布的新闻,也有普通网民发布的个人信息,体现了网络时代网络新闻传播源的多元性。

2)传播通道

传播通道是指信息传递所必须经过的中介或借助的载体。传统新闻大多依靠报纸、广播、电视来发布新闻信息,优点在于"把关人"的作用,信息大多较真实、权威。网络信息借助于互联网的平台,真正做到了即时性、多媒体,基本能做到在事件发生后的最短时间内传递出信息,并且不限距离,全球都能看到新闻,这是传统媒体无法比拟的优势。但是网络新闻可能良莠并存,真实性和权威性不如传统媒体。

3)内容

传播内容是传播活动的中心,具有综合性、公开性、开放性和大众性的特点,是由一组有意义的符号组成的信息组合,并且受传播者的目的、社会的发展变化、大众诉求的方式、时间和空间等因素的影响。传统新闻受到更多的社会制度等因素的制约,很少考虑民众的诉求，民众也较少参与。而网络新闻因为传播源、传播渠道的改变，改变了传统思维，开始关注多数人的诉求，站在民众的角度上思考。而且通过网络渠道，人们也可以更多地参与其中。网络新闻内容丰富、数量多，网民可以选择自己感兴趣的内容进行阅读。

4）受众

受众就是受传者，是所有受传者如读者、听众、观众等的总称，是传播的最终对象，也是主动的信息接收者、信息再加工的传播者和传播活动的反馈源，在传播活动中占有重要的地位。在传统新闻中，受众受到了一些制约，如不识字的不能读报等因素，而网络新闻的受众可以选择多种方式去接受信息，因而涵盖了更多的受众。包括精英阶层、大众阶层都可以从网络上自主地搜寻自己所需的信息。再加上网络媒体的特点，受众不再是传统意义上的大众，也可以是媒体组织。例如在微博上，有许多问题都是普通民众先发现提出来的，媒体组织看到后才开始采取行动去挖掘、采访、仔细报道，从这个角度上看，受众和传播者的界定不再那么确定，而是有了交互性。

5）效果

效果指传播者通过媒体发出的信息即传播内容传至受众，从而引起受众的思想观念、行为方式等的变化。它是检验传播活动是否成功的重要尺度。传统新闻发布后，由于受到媒体的制约，不能及时反馈效果，从而无法判定传播活动的成功有效与否，对于下一次的传播活动的顺利进行没有实际效用，不能更正劣势。而网络新闻发布后，通过各种渠道，人们能同时接受并反馈，发表自己的看法、意见，不仅使传播效果得到最大程度的效用，而且在这个过程中使人们有了能发表意见的场所，有利于形成聚合力。

（二）网络公关新闻的发布

1. 网络新闻发布的媒体和渠道

1）综合门户网站

所谓综合门户网站，是指通向某类综合性互联网信息资源并提供有关信息服务的应用系统。门户网站通过门类众多的业务来吸引和留住互联网用户，成为网络世界的"百货商场"或"网络超市"。比如腾讯、搜狐、新浪、网易等，就是典型的门户网站。这类网站的特征是知名度高，网站各类信息比较全面，访问量大，覆盖面广。企业在这上面发布新闻，受众面广，影响力大。

2）垂直门户网站

"垂直门户"亦即行业性门户网站或媒体，是相对于传统综合门户网站而言的。"垂直门户"专注于某一领域（或地域），如IT、娱乐、体育，力求成为关心某一领域（或地域）内容的网民上网的第一站。如专注于IT数码的太平洋电脑网、中关村在线等；专注于财经的金融街、东方财富等；专注于房地产领域的搜房网或亿房网等。这些媒体或门户网站锁定某一行业，具备较强的专业性，在同行业中具有较大的影响力，访问人群比较集中，适合专业性要求比较高的企业在上面发布新闻。

3）新闻媒体的网络版

比如新华网、人民网、凤凰网、中青网、南方网等，这些网站依托传统媒体的资源优势，也吸引了一定的人群访问。而新华网、人民网都是中国权威的官方网站，具有权威性高、受众群比较稳定等特点。

4）企业官方网站

企业官方网站是企业自由的资讯平台，也是最基本、最重要的一种企业网络形象维护的工具，是企业网络形象的门户。企业官方网站对用户的影响最为直接，网站的内容和服务是网络公关取得成效的基础。企业的客户、消费者、媒体公众在需要的时候都会登录企业网站查询相关信息。如果用户来到网站之后发现网站内容没有及时更新，没有价值，或者功能难以应用，就会对网站失去兴趣。这样的结果是，不仅所有的网站推广活动最终没有效果，还可能对企业和产品产生负面影响。所以，将与企业相关的新闻在官方网站同时刊登，是非常必要的。

5）企业官方微博或微信公众号

企业官方微博、微信公众号等也是顾客了解企业的窗口，已经成为企业发布信息的重要途径。企业的信息通过官方微博和微信公众号，能够迅速地传达到顾客那里。企业建立官方微博、微信公众号后，如同官方网站，应及时更新新闻及其他信息。

6）借助网络发稿公司发布新闻

企业可以选择通过网络发稿公司发布新闻，这种形式是付费的。企业市场公关人员将最新的企业新闻信息发布到网络发稿公司的平台上，网络发稿公司利用自身的平台和资源，将企业新闻广泛发布到相关的网站上。目前国内比较出名的第三方新闻发布平台有新华美通、朝闻通、锐创网络、新闻稿在线等。

2. 新闻发布注意事项

首先，从稿件撰写开始进行关键词的布局，以提高网络公关新闻稿件的搜索引擎能见度。要充分考虑新闻稿的目标公众是哪些人，这些人希望得到什么信息，而公关稿本身希望公众了解什么关键信息。

其次，选择核心的综合门户和垂直门户进行新闻稿发布，可以根据不同媒体适当修改稿件内容和标题，避免同一篇新闻稿千篇一律。

最后，新闻发布后，关注网民回复的反馈和评论，并对这些反馈和评论进行搜集分析，成为下一步网络公关的重要参考依据。

三、网络危机公关

在网络的作用力下，精英媒体时代转向草根媒体时代，企业危机一触即发。因此，企业不能固守传统管理方式，必须建立一套规范、全面的危机管理预警系统，只要应对及时、处理得当，危机也可以变成企业成长的契机。

（一）网络危机概述

网络危机是指公众由于自身利益受到影响或受外界不良信息刺激后对某些社会问题或事件产生了强烈的群体情绪认同，并在群体成员之间相互影响、相互作用，通过网络进行扩散性、无理性的传播，形成一种非常态的网络舆论和社会压力，从而对组织产生一种威胁性的形态、情境，或者状态。网络较之传统媒体表现出传播快速、内容丰富、交互共享性强等特点，网络危机也表现出与传统危机不一样的特点。

1. 突发性

危机的突发性包含两个方面。首先是起源于现实危机的不可预测性，企业现实经营中，虽然采取了比较好的技术和管理，但出现残次品的概率依然存在，一旦这样的商品在市场上流通并且给顾客带来伤害，就会给企业带来品牌危机。如果此时企业没有做好与消费者和媒体的沟通，事件就有可能愈演愈烈，这种负面的新闻会在网上迅速以病毒式传播，损害企业的声誉和销量。其次是危机的诱导性，网络的发展促使行业网站、QQ 群、社区、论坛等各种交流方式增多，一些关于企业的不严谨信息也可能在网上流传，给企业形象造成不良影响。

2. 急速传播性

网络拉近了每个人的距离，消息传播的速率爆炸式增长。互联网作为传播媒介，其廉价性、快速性让危机信号可以轻易急速地蔓延开。一则信息可以在极短时间内被多个不同网络传播平台发布，迅速传遍全国，乃至全球。危机的急速传播，会起到"好事不出门，坏事传千里"的不良后果，管理者一旦疏忽，就会使事件一发不可收拾。

3. 巨大危害性

一个在现实中可能比较小的突发事件，处理不当，就会在网络的传播过程中无限放大，演化成企业的巨大灾难。有时仅仅是谣传，也会在网络上蔓延，使顾客心中产生疑虑或是恐慌，给企业经营带来巨大损失。

4. 话语权相对平等性

这是与传统危机事件最显著的区别。在传统媒体环境下只有媒体才有信息发言权，信息必须通过筛选后才能发布和传播。在网络环境下，任何人都可以在网上批判一个著名企业，而这些批评言论还有很大的机会被广泛传播。鉴于网络舆论的平等性、互动性、快速性和集中性，批评言论很容易占据社会意见的中枢地位，甚至影响政府机构的决策。

5. 传播内容的不可控性

网络传播不同于传统传播模式。传统传播只是少数传统媒体才有传播机会，一条信息要经过各个不同编辑层次审核才会发布。而互联网有大量论坛、博客、各种类型的网站，这些都可以发布信息；还有各种聊天室、即时通信工具等，也可以瞬时把信息传播出去。在危机情况下各种网络平台出现什么内容的信息，完全是无法控制的。

6. 信息的长期残留性

传统媒体，如广播电视是过后就消失了，一般人也不会经常去找以前的报纸、杂志。在网络上即使问题得到了解决，负面信息也会遗留在互联网上，而且很容易让网民找出来，这样就会一直影响企业的形象。例如，网民利用搜索引擎可以查找很久以前的信息。

7. 危机传播的两面性

虽然网络危机会给企业带来巨大的危害，也会加大管理者的管理难度，但是由于网络特性，也会给企业带来一些正面影响。当企业发生品牌危机时，在传统媒体时代企业可能要做许多电视广告、报纸广告或者其他的促销活动，这些渠道的代价会比较高，而且传播速度会比较慢，延长了消费者对企业品牌的不信任感。有了网络，企业可以第一时间将最准确、最权威的信息告诉顾客，这样成本低，时效性好，能够尽快重振消费者对企业的信心，最终让企业长期健康稳定发展。

> **微阅读**
>
> ### 狗不理包子"甩锅式"危机公关
>
> 2020年9月，微博上一位@谷岳的旅行博主发布一则探访狗不理包子王府井总店的视频引起热议，内容表示狗不理家的包子价不符实，不好吃、馅儿还少。随后"王府井狗不理餐厅"发表声明表示该博主有损餐厅名誉，要求道歉并报警。此事在微博上引起热议，网友纷纷站队的都是对狗不理进行群嘲，认为这是消费者的正常吐槽行为，对于狗不理产品吐槽也随之发酵。事情闹大之后狗不理集团出面回应，解决方式居然是"壮士断腕"，直接发声明取消与王府井店的合作。显然这一处理方式依然遭到吐槽，面对产品质量被消费者质疑，狗不理不但没有诚恳道歉，反而霸道式"恶人先告状"，以及甩锅式声明进一步激化矛盾。也有人表示作为一个老字号，狗不理一直以来营销故步自封，此次危机事件相应也体现出品牌回应落后、无知和傲慢。
>
> 资料来源：节选自 CMO 俱乐部，《2020 十大刷屏广告圈的危机公关案例》，2020-12-30。

（二）网络危机公关遵循原则

危机公关5S原则由著名危机公关专家、关键点传播集团创始人游昌乔先生创导提出。

1. 承担责任原则（shouldering the matter）

承担责任是处理危机的基本原则之一。危机发生后，公众会关心两方面的问题。一方面是利益的问题，利益是公众关注的焦点，因此无论谁是谁非，企业都应该承担责任。即使受害者在事故发生中有一定责任，企业也不应首先追究受害者责任，否则会各执己见，加深矛盾，引起公众的反感，不利于问题的解决。另一方面是感情问题，公众很关心企业是否在意自己的感受，因此企业应该站在受害者的立场上表示同情和安慰，并通过新闻媒介向公众致歉，解决深层次的心理、情感问题，赢得公众的理解和信任。实际上，公众和媒体往往在心目中已经有了一杆秤，对企业有了心理上的预期，即企业应该怎样处理，才会让人满意。此时企业绝对不能选择对抗，态度至关重要。

2. 真诚沟通原则（sincerity）

真诚沟通是处理危机的基本原则之一。企业处于危机漩涡中时，是公众和媒介的焦点。其一举一动都将接受质疑，因此千万不要有侥幸心理，企图蒙混过关。而应该主动与新闻媒体联系，尽快与公众沟通，说明事实真相，促使双方互相理解，消除疑虑与不安。一般情况下，危机公关小组由企业的公关部成员和企业涉及危机的高层领导直接组成。这样，一方面是高效率的保证，另一方面是注意在企业内部迅速统一观点，对外口径一致的保证，使公众对企业处理危机的诚意感到可以信赖。这里的真诚指"三诚"，即诚意、诚恳、诚实。如果做到了这"三诚"，则一切问题都可迎刃而解。

3. 速度第一原则（speed）

速度第一是处理危机的基本原则之一。好事不出门，坏事行千里，由于危机瞬息万变，任何模糊的决策都会产生严重的后果。所以必须最大限度地集中决策资源，迅速做出决策，系统部署，付诸实施。互联网环境下，在危机出现后，极短的时间内消息会像病毒一样，以裂变方式高速传播。而这时候，可靠的消息往往不多，社会上充斥着谣言和猜测。企业的一举一动将是外界评判企业如何处理危机的主要根据。媒体、公众及政府都密切注视企业发出的第一份声明。对于企业在处理危机方面的做法和立场，舆论赞成与否往往都会立刻见于媒体报道。因此企业必须当机立断，快速反应，果断行动，与媒体和公众进行沟通，迅速控制事态，否则会扩大突发危机的范围，甚至可能失去对全局的控制。危机发生后，控制住事态，使其不扩大、不升级、不蔓延，是处理危机的关键。

4. 权威证实原则（standard）

权威证实是处理危机的基本原则之一。自己称赞自己是没用的，没有权威的认可只会徒留笑柄。当危机来临，应充分和政府部门、行业协会、同行企业及新闻媒体充分配合，联手对付危机。企业应请影响力大、公信度强的重量级的第三方发声，使消费者解除对企业的警戒心理，重获他们的信任。

5. 系统运行原则（system）

系统运行是处理危机的基本原则之一。在逃避一种危险时，不要忽视另一种危险。在进行危机公关时必须系统运作，绝不可顾此失彼。只有这样才能透过表面现象看本质，有创造性地解决问题，化害为利。

本章小结

促销的本质是沟通。网络营销促销策略,是营销主体利用网络技术向虚拟市场传播品牌形象、产品和服务等价值信息,以启发消费者,促进其购买消费的行为。"互联网+"背景下的广告媒体选择和广告策略设计均发生了一些变化。互联网颠覆了传统媒体,新媒体又颠覆了传统媒体与门户网站。微博、网红直播与各种社交媒体的迅速兴起,呈现出媒体"去中心化"格局。网络销售促进是企业通过短期诱因促进消费者购物的营业推广方式。网络环境中的公共关系对企业经营管理提出了新的挑战。本章介绍了网络营销促销策略的内涵和基本内容,说明了网络促销与传统促销的区别。主要从网络广告、网络销售促进、网络公共关系三方面介绍了常见的网络促销手段。

习 题

一、单选题

1. 网络营销中的促销策略,是指利用现代化的(　　)向虚拟市场传播有关产品和服务及企业品牌价值等信息,以启发需求,引起消费者的购买欲望和购买行为的各种活动。

　　A. 移动设备　　　　　　　　　　B. 网络技术
　　C. 通信工具　　　　　　　　　　D. 网络设备

2. 网络促销活动主要通过(　　)和网络站点促销两种方法展开。

　　A. 电商平台　　　　　　　　　　B. 网络直播
　　C. 网络广告　　　　　　　　　　D. 邮件传播

3. 网络广告代理制是指在网络活动中,广告客户委托(　　)实施广告宣传计划。

　　A. 广告公司　　　　　　　　　　B. 产品型号
　　C. 产品数量　　　　　　　　　　D. 产品线

4. 网络销售促进,亦可称为(　　),是指企业为了促进在线产品或服务的销售而进行的促销活动。

　　A. 网络经营　　　　　　　　　　B. 网络销售
　　C. 网络销量提升　　　　　　　　D. 网络营业推广

5. (　　)是网络公关的客体。

　　A. 社会大众　　　　　　　　　　B. 网络公众
　　C. 广大消费者　　　　　　　　　D. 社会组织

6. 网络危机是指公众由于(　　)受到影响或受外界不良信息刺激后对某些社会问题或时间产生了强烈的群体情绪认同,并通过网络进行扩散性、无理性的传播,形成一种非常态的网络舆论和社会压力。

A. 集体权益 B. 自身权益
C. 集体利益 D. 自身利益

7. 网络广告的目标可以是提高访问量、树立品牌意识和（　　）。
A. 销售产品 B. 打响知名度
C. 宣传产品 D. 增加曝光度

8. 限时折扣、赠送优惠券、抽奖等活动属于可用于网络促销的（　　）。
A. 平台工具 B. 短期诱因
C. 促销工具 D. 长期诱因

9. 关于网络广告效果的最直接评价标准是显示次数和（　　）。
A. 点击率 B. 转发数
C. 投资回报率 D. 点赞率

10. 企业应请影响力大、公信度强的重量级的第三方发声，这体现了处理危机的（　　）基本原则。
A. 速度第一 B. 系统运行
C. 真诚沟通 D. 权威证实

二、多选题

1. 网络广告的时间策略主要内容包括（　　）。
A. 时机策略 B. 时序策略
C. 时段策略 D. 时限策略

2. 以下（　　）属于网络销售促进的不足。
A. 影响面较小 B. 时效较短
C. 顾客容易产生疑虑 D. 刺激强烈

3. 网络广告投放的主要方式包括（　　）。
A. 利用企业自己的网站投放广告 B. 直接投放
C. 通过网络广告代理商投放 D. 网络广告联盟投放
E. 网络广告交换

4. 网络公关面临的挑战包括（　　）。
A. 难以进行量化评估
B. 需要更快速全面的反应
C. 网络匿名性造成的信息片面化
D. 海量信息给信息采集和环境监测增加难度
E. 来自网民公众声音的对抗

5. 网络公关的优势包括（　　）。
A. 网络公关主体的主动性增强 B. 网络公关客体的能动性提高
C. 成本低，效果佳 D. 网络公关更容易实现量化评估

三、判断题

1. 网络广告促销主要实施"拉战略"。（　　）

2. 网络信息技术打破了时间和空间的阻隔，企业可以通过网络、社交媒体和移动网络随时随地地接触世界各地的潜在消费者。（ ）

3. CPT 按量投放，按量计费，广告主只为自己需要采购的播放量付费，解决了中小广告主的价格困局。（ ）

4. 垂直门户网站是指通向某类综合性互联网信息资源并提供有关信息服务的应用系统。（ ）

5. 企业在网络危机公关中应注意在企业内部迅速统一观点，对外口径一致，使公众对企业处理危机的诚意感到可以信赖。（ ）

四、简答题

1. 简述网络促销的定义。
2. 简述网络广告策划的一般程序。
3. 简述网络营业推广的主要形式。
4. 简述网络公关的构成要素。
5. 简述网络危机公关的基本原则。

五、论述题

互联网的普及与网上商务活动的蓬勃发展对传统的企业营销活动带来巨大冲击，迫使企业在网络促销领域进行变革。请举例说明，与传统促销相比网络促销的特点有哪些？具有哪些优势？

六、案例分析

2020 年刷屏广告圈的危机公关案例

钉钉：借力打力，自黑神级公关

上半年因疫情影响，钉钉为学生、社会工作人员提供必不可少的学习工作平台，而对于小学生来说，每日一钉，被钉钉网课支配的恐惧，让小学生组团给钉钉打星，硬是逼得钉钉差点下架。面对小学生疯狂打一星，钉钉微博在线求饶，并上线"鬼畜视频"跪地求饶。这波公关操作不仅自黑让品牌好感度节节上升，将品牌危机变转机，且之后的一系列营销以自黑自嘲为主，揽获上半年话题度最高的品牌，也打出了一场堪称教科书级别的自黑式神级危机公关案例。更重要的是，借此钉钉以放低姿态、迎合年轻人口味的方式巧妙化解危机，并在后期延续风格不断"鬼畜式刷屏"，成功完成了品牌年轻化转型和塑造大众喜爱的亲民品牌形象。

腾讯：反转式危机公关

腾讯与老干妈的年中一战可谓惊天动地，一波三折。主要是腾讯要求老干妈赔偿自己1624万元人民币，认为老干妈在与自己联动的QQ飞车手游S联赛中推出限定款老干妈礼盒，随后老干妈表示自己从未与腾讯签订合作相关内容，表示腾讯被骗了。经过实锤后确实腾讯被山寨老干妈骗了。这一场营销大战，对于腾讯来说更是一场危机公关，腾讯采取的是将尬剧变为喜剧，通过自嘲、自黑以及塑造自己傻白甜的受委屈形象挽救了在这场危机中的品牌形象。比如先是在B站发布"今天的辣椒酱不香了"，到微博用1000瓶老干妈悬赏，以及借用杨超越告别典礼上热搜视频重新填词配音，以这种方式赢得了"鹅厂有难，八方点赞"的局面，堪称是有借鉴意义的教科书级别反转式危机公关。

两面针：化"危"为"机"

2020年初回形针（公众号）因科普新冠病毒大火，随后又因地图事件翻车（地图素材被指"双标"。回形针在海内外社交媒体所发布视频的地图出现两个版本，其中YouTube平台上地图缺少台湾），被推上风口浪尖，网友对此做出评价引发到一个词上：两面针。而这正好撞上了一个国牌的枪口：两面针。两面针无辜被cue自然认栽，但面对这场品牌危机却反应迅速，立马官博澄清事实表明态度，"此针非彼针，我是根正苗红的国货""来都来了，了解一下和祖国一起成长的两面针吧"，赢得好口碑，关键是，随后两面针趁热推出借势海报，再次表明坚定立场，也顺势为自己打了一波营销，引起关注和大众的好感。这一波操作被公认为行业内化危机为转机的优秀公关案例，让大家记住民族品牌两面针，也能从这场营销中汲取到宝贵经验。

资料来源：节选自CMO俱乐部，《2020十大刷屏广告圈的危机公关案例》，2020-12-30。

阅读案例材料请思考：结合网络危机的特点及危机公关应遵循的原则，分别对钉钉、腾讯、两面针等企业处理网络危机的具体做法展开评价，这对其他企业有何启示？

第九章

Chapter 9

网络营销工具

主要知识结构图

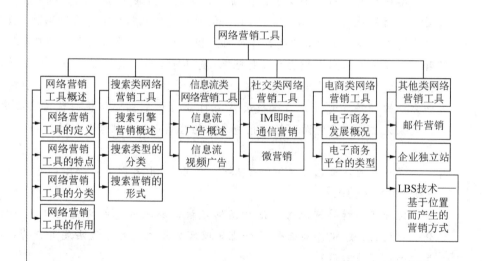

教学目标

- 帮助学生了解网络营销工具的定义、特点、类型和主要作用。
- 帮助学生了解各类网络营销工具的内涵和基本运用。
- 帮助学生熟悉常见的网络营销工具组合。
- 引导学生紧密结合中国式现代化理论精神，帮助学生树立正确的网络营销从业观。

开篇案例

网店创业你准备好了吗?

2016年,一个名为飘渺潮品的淘宝店正式上线。主理人因对潮流服饰的热爱,为更好地进行潮品代购交流而开办了这家网店,主营日本潮流服饰和国内潮牌代理业务。随着移动互联网的普及,越来越多的年轻人习惯于线上购物,社交网络的兴起让小众文化的追随者在线上迅速地找到自己的圈层。凭借着良好的口碑和稳定的货源,飘渺潮品迅速在圈内打开了知名度。2019年网店年均销量突破1000万元,2022年更达到了1300万元。目前累积粉丝2.7万多人,多为高单价活跃客户。2022年,飘渺潮品线下实体店开业,并围绕潮流服饰这一主营业务开拓了品质户外露营和咖啡、根块植物业务,逐渐从一家线上门店成长为线上线下一站式潮流生活方式供应商。

飘渺潮品的成功除了自身优良的资源外,有效地运用网络营销工具开展网店运营也是重要的法宝。2017年公司主理人成为线上潮流鉴定平台GET的签约日本主流品牌鉴定师,不仅确立了个人在圈内的权威性,也为获得主要客群认可奠定了基础。除此之外,为了更好地服务客户、吸引新粉,公司以"飘渺潮品"品牌先后运用百度搜索进行品牌推广,建立官方网站,开设微信公众号及小程序,科普类"种草"抖音账号、小红书账号,构建了自媒体矩阵,使其在日益激烈的竞争中保持良好的成长势头。

飘渺潮品的成长也是互联网背景下大众创业故事的缩影。然而,并不是所有的互联网创业都是成功的。2016年,年轻的小钟与好友顺应创业潮流,凭借家里的服装厂资源创建了属于自己的潮流品牌。通过在淘宝平台上开店,积累了人生的第一桶金,创业第一年品牌做得顺风顺水。然而,随着市场竞争越来越激烈,本身产品没有什么独特竞争优势,团队缺乏经验,疏于对品牌的运营管理,对网络营销管理停留在铺货、卖货上,仅通过购买平台流量开展营销,最终因运营成本过大而被市场淘汰。

资料来源:根据编者访谈整理而成。

第一节　网络营销工具概述

一、网络营销工具的定义

"工欲善其事，必先利其器。工欲善其器，必先利其法。"要想在竞争激烈的网络市场中占有一席之地，营销工具的运用必不可少。随着网络营销的发展，网络营销工具也经历着一代又一代的更新。在网络营销诞生之初，第一代工具就是搜索引擎。随着互联网技术的不断发展，网民的消费习惯的不断变化，网络营销的理论也逐渐变得多元丰富，关于什么是网络营销工具的界定也众说纷纭。例如，刘翠萍指出，网络营销工具是"以网络技术、信息技术为基础，以互联网为依托，进行营销活动的方法和手段。也就是，在互联网的平台下，为最大限度地满足顾客需求、开拓市场、增加盈利能力、实现企业市场目标所必需的方法和手段。"本章主要根据网络营销工具发展的基本特点，按搜索类网络营销工具、信息流类网络营销工具、社交类网络营销工具、电商类网络营销工具和其他类网络营销工具介绍具体内容。

二、网络营销工具的特点

根据网络营销定义可知，网络营销工具是企业在互联网上从事营销相关活动时所使用的工具或手段，它兼具了互联网技术特质和传统营销工具的功能及特点，主要体现在以下六个方面。

1. 超越时空

互联网具有超越时间与空间约束的特点与优势，利用网络营销工具可以突破时空的限制以促成营销活动的开展。网络延伸到哪里，信息就会被传递到哪里，网络营销工具的效用就发挥到哪里。企业与顾客可以每周7天、每天24小时在互联网进行各种商务活动。例如，作为主要的网络营销工具之一，企业在电商平台上的网店或自建独立站如同一家24小时营业的线上门店，随时欢迎来自不同地域的顾客选购商品。

2. 互动性

互联网技术让互动随时随地发生，是一个具有互动性的开放空间。在这一环境下，信息能够实时更新，而且信息发送者和接受者之间可以进行即时双向沟通。这种交互性不仅是指企业可以通过网站向顾客提供大量具体的、必要的信息，顾客也可以即时地向商家提出自己的要求。企业可以通过信息爬取技术，对消费者提出的与企业相关的信息和评价进行搜索，消费者则有机会对产品从设计到定价和服务等一系列问题发表意见。这种双向互动的沟通方式提高了消费者的参与性与积极性，更重要的是它能使企业的决策有的放矢，从根本上提高消费者的满意度。例如"为发烧而生"的小米手机，最初就是通过互联网模式，与手机发烧友共同开发打造的。

3. 虚拟性

网络营销工具的虚拟性是由网络的虚拟性决定的，表现在两个方面：一是它存在于网络这一虚拟的环境中，随着互联网的发展而不断发展；二是它传递的各种信息的表现形式是虚拟化的，其营销过程是虚拟化的。例如，与传统书信相比，电子邮件本身和传递的信息都是虚拟化的。

4. 智能性

网络营销工具的智能性是指把计算机智能技术运用到网络营销工具的开发和利用上，使之具有丰富的知识和一定的推理能力，能揣测用户的意图，并能处理复杂的、高难度的任务，对用户的需求加以分析地接收，而且具有从经验中不断学习的能力，适当地进行自我调节，提高处理问题能力。例如，智能搜索引擎、根据用户偏好的信息流推广工具。

5. 灵活性

网络营销工具的灵活性主要体现在其传递信息的表现形式多种多样，可以是纯文本、图片、表格、声音、动画、虚拟视觉等，也可以是几种表现形式的合成。

6. 经济性

网络营销工具的经济性表现在：一方面，利用网络营销工具精准传递信息的费用一般比传统营销工具要低，而且修改和更新信息的成本也较低；另一方面，网络上存在许多免费的可利用的营销工具，例如 SEO 搜索优化、内容营销的发布等。

三、网络营销工具的分类

网络营销工具的分类方法有很多种，例如按照信息传递过程中是否发生直接互动划分，按照网络信息传播方式划分，按工具所具有的营销功能多少划分，按在使用过程中的主辅作用划分，按照网络信息的移动过程划分等。本章主要根据网络营销工具主要的运用方式按搜索类网络营销工具、信息流类网络营销工具、社交类网络营销工具、电商类网络营销工具和其他类网络营销工具进行划分。

1. 搜索类网络营销工具

搜索类网络营销工具是对基于搜索引擎技术的网络营销工具的称呼。企业通过搜索引擎可以吸引更多的点击与关注，有利于树立企业品牌形象，提升品牌知名度，增加网站的曝光度，也可以为竞争对手制造网络推广壁垒。国内主要的搜索引擎渠道包括百度、360、夸克等，国外以谷歌（Google）为主。

2. 信息流类网络营销工具

信息流类网络营销工具主要通过打造文字、图片、视频等信息形式内容，将基于消费者兴趣而精心准备的内容发放在各大信息平台中向主要客群投放，以吸引消费者关注并触发其进一步了解品牌的行为。

3. 社交类网络营销工具

社会化媒体是人们彼此之间用来分享意见、见解、经验和观点的工具和平台，现阶段主要包括以 QQ 为代表的即时通信软件，以微博、微信、知乎、小红书等为社交网站或 APP 等。通过社会化媒体可以建立企业品牌，提升品牌的曝光度和知名度，维护客户关系等。根据平台属性又分为公域和私域两种类型，主要的推广方式是社群营销。

4. 电商类网络营销工具

电子商务平台可以实现信息发布、产品展示、客户服务、网络销售等职能。利用第三方电子商务平台，企业可以大大简化其开展电子商务的流程，也不需要建设功能较为复杂的官方平台。国内主要电子商务平台包括淘宝、天猫、1688、京东、拼多多等。每个平台有着自己的特色和规则，企业可以根据自身特点选择在哪些平台开店运营。此外，随着品牌出海浪潮袭来，主要面向东南亚市场的 Lazada、Shopee 和欧美市场的亚马逊、eBAY 也是外贸企业常用的电商平台。例如，Lazada 是阿里巴巴东南亚旗舰电商平台，致力于通过商业和科技促进印尼、马来西亚、菲律宾、新加坡、泰国和越南六地市场发展。

5. 其他类网络营销工具

其他类网络营销工具包括邮件营销、自建独立站、LBS（Location Based Services）技术等。

四、网络营销工具的作用

网络营销工具的运用贯穿于目标市场分析、信息呈现阶段、促成销售和售后服务等网络营销的各阶段，不同的网络营销工具发挥着不同的作用（见图 9-1）。有些工具涵盖了全阶段，有些工具则是在其中某些阶段中发挥作用。各种工具根据营销目标的不同也可以组合使用。

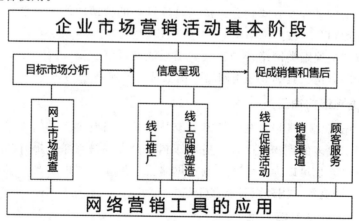

图 9-1 网络营销工具在营销活动不同阶段的应用

1. 目标市场分析阶段

企业可通过网络营销工具搜集目标客群相关信息，为网络市场调查工作提供参考。一方面基于各平台后台数据及爬取各平台文本数据，可获取目标客群搜索及线上消费习惯数据；另一方面，可通过企业主动发放问卷等形式获得一手资料。

2. 信息呈现阶段

企业可通过自有渠道和外部渠道展示塑造良好的品牌形象，并通过信息发布和推广传播品牌形象。其中，内部渠道包括自建网站、自主管理的客户社交账号等；外部渠道包括搜索引擎、在各平台上建立的官方账号、信息类门户网站等。根据信息发布成本也可分为免费、付费及互惠渠道。

3. 促成销售和售后服务

企业通过综合运用各种网络营销工具，设计促销活动以刺激顾客引发需求、引起消费者购买欲望和购买行为。利用各大平台特性，提供与顾客直接沟通渠道，确保售后服务质量。线上售后服务主要分为网上产品支持和技术服务及为满足顾客的附加需求而提供的增值服务两种类型。

第二节　搜索类网络营销工具

互联网的一大特点是海量数据，而搜索功能的出现让人们能够更快、更准确地从数据的海洋中找到想要的信息。而搜索类网络营销工具，就是基于这一特性发展而来。在我国，搜索引擎营销的发展经历了从信息有限到大数据，从模糊查找到精准定位的过程。据华经产业研究院发布的《2022年中国搜索引擎行业分析》披露，中国搜索引擎行业迅速发展，功能及技术愈加成熟，市场竞争格局趋于稳定。中国搜索引擎行业用户规模逐年增加，从2017年的6.4亿人增长至2021年的8.29亿人，复合增长率为6.67%，使用率从2017年至2021年波动不大，差额在5%左右。从市场规模来看，中国搜索引擎行业市场规模逐年攀升，截止到2021年市场规模已达到1240亿元，2015年到2021年的复合增长率为9.8%。预计，2025年中国搜索引擎行业市场规模将达到1680亿元。报告同时指出，现阶段，中国搜索引擎行业中服务商主要包括百度、搜狗搜索、好搜、神马搜索等与谷歌（香港）、Bing等国际搜索引擎服务商。其中，在谷歌全面撤出中国市场后，百度已占据行业内绝对领先地位。据资料显示，2022年中国搜索引擎市场份额中百度占比84.3%，作为搜索头部企业代表的百度在2022年第一季度百度APP平均月活用户达到6.32亿，同比增长13%。同时，搜狗搜索借助其与自主浏览器捆绑搜索的模式与其输入法的流量入口占据了较高市场份额。

一、搜索引擎营销概述

搜索引擎是指根据一定的策略、运用特定的计算机程序从互联网上搜集信息，对信息进行组织和处理后，为网民提供检索服务，将网民检索相关的信息展示给网民的系统。

搜索引擎的工作过程大体可以分为三个阶段。

（1）爬行和抓取。搜索引擎爬虫通过跟踪互联网中的链接访问网页，获得网页的 HTML 代码并存入数据库中。

（2）预处理。索引程序对抓取来的页面进行分词、索引等处理。

（3）排名。当用户输入搜索关键词后，排名程序调取被索引的数据，通过计算相关性并排序后将结果呈现给用户。

搜索引擎营销，简称搜索营销，是根据网民使用搜索引擎的方式，利用网民检索信息的机会，尽可能地将营销信息传递给目标顾客。也就是基于搜索引擎平台的网络营销，利用人们对搜索引擎的依赖和使用习惯，在人们检索信息的时候将信息传递给目标顾客。搜索引擎营销的基本思想是让顾客发现信息，并通过点击进入网站或网页，进一步了解所需要的信息。

9-1
百度推广
资料来源：
搜狐视频

二、搜索类型的分类

根据网民产生搜索行为目的的不同，可以将搜索类型分为导航型、交易型和信息型三类。

1. 导航型

导航型搜索相当于路标，即有着很明确搜索目的的一类搜索，一般是把搜索引擎当成一个网址导航站来使用。顾客已经明确要访问某个特定的网站（可能是之前访问过的、可能是只知道有这个公司名称、可能是有人告诉他有这样的一个网站），但由于不知道准确的网址，只能通过搜索引擎来获得，例如"网易邮箱注册网址""淘宝官网"。这一类的用户在搜索时受其他搜索结果的干扰程度低，所以具有比较高的转化率。

2. 交易型

交易型搜索的顾客的目的性非常强，搜索目标是商品、服务、商机，供需匹配后达成某项交易。这类用户往往是对产品已经有了比较明确的购买意向，搜索的目的是完成某种自己实实在在的需求，需要与搜索出的网站实行供需互动并且绝大多数时候会发生线上、线下交易。

3. 信息型

信息型搜索的顾客是为了得到自己需要的信息，例如工作资料、学习资料、生活资料、新闻报道、旅游信息等，例如"网络营销策划书范例""家常豆腐做法""武汉网红打卡景点"等。他们的目标不是交易而是信息本身，除了点击、阅读行为，顾客没有和网站产生其他类型的交互。

三、搜索营销的形式

搜索引擎营销主要有两种形式，分别是搜索引擎竞价广告和搜索引擎优化。

（一）搜索引擎竞价广告

1. 搜索引擎竞价广告简介

按点击付费的英文名为 Pay-Per-Click，简称 PPC，是一种常用的网络广告计费形式。搜索引擎竞价广告一般就是采用这一形式。最早是由谷歌设计的，即当顾客在产生搜索行为的时候，搜索结果页面上方以及右侧展现广告。目前国内外众多搜索引擎都开发了此类广告系统。图 9-2 是百度的搜索结果页面。页面分为左右两栏，左侧上方和下方都放置了 1 到 4 条推广链接，中间是自然搜索结果，右侧下方也出现了几条推广链接。相对而言，左上角的广告比左下角和右下角的广告有更高的点击率，所以其点击价格也相对较高。

图 9-2　百度搜索结果页面主体分布

2. 搜索引擎竞价广告的特点

网民在搜索的时候所输入的搜索词明确地表明自己的意图，可能希望寻找某个信息、购买产品等。同时，企业也时刻在寻找自己潜在的顾客。此时，通过搜索引擎竞价广告，企业可以将自己的产品或服务信息展现在潜在消费者面前。

只有当顾客点击了包含某个关键词的广告链接跳转到广告主的网站时，广告主才需要向搜索引擎支付点击费用，从而节约了广告成本。但是采用的是竞价的方式，难免会使得某些关键词的价格水涨船高，而且竞争对手为了打击对方可能会对广告进行恶意点击，从而造成广告费的浪费。

微阅读

工商总局：弹出的互联网广告应确保一键关闭

2023 年 5 月 1 日起，市场监管总局修订发布的《互联网广告管理办法》开始施行。该办法适应我国互联网广告业发展的新特点、新趋势、新要求，进一步明确了广告主、互联网广告经营者和发布者、互联网信息服务提供者的责任。

除了保持互联网广告必须具有可识别性，显著标明"广告"二字，违反发布者最高可处 10 万元罚款的条款外，本次修订还积极回应社会关切，对人民群众反映集中的弹出广告、开屏广告、利用智能设备发布广告等行为做出规范；细化了"软文广告"、含有链接的互联网广告、竞价排名广告、算法推荐方式发布广告、利用互联网直播发布广告、变相发布须经审查的广告等重点领域的广告监管规则；新增了广告代言人的管辖规定，为加强互联网广告监管执法提供了重要制度保障，也为互联网广告业规范有序发展赋予了新动能。

资料来源：央视网，《市场监督总局：弹出的互联网广告应当显著表明关闭标志》，北青网官方账号，内容略有调整。

（二）搜索引擎优化

搜索引擎优化，简称 SEO（search engine optimization），是一种利用搜索引擎的搜索规则来提高网站在有关搜索引擎内的自然排名的方式。SEO 的目的是为网站提供生态式的自我营销解决方案，即为了从搜索引擎中获得更多的免费流量，通过合理规划，使网站更适合搜索引擎的索引原则的行为。搜索引擎优化人员最关注的是自己网站的页面是否占据了自然搜索结果较为靠前的部分。

9-2
网站 SEO 优化方法有哪些？
资料来源：知乎

每一个搜索引擎都有自己的算法，是工程师设计的一套程序用来模拟人们的思想，决定收录什么网站、什么内容，并在网民搜索的时候将适当的内容展现出来。因此，搜索引擎收录、排名等具体规则属于商业秘密，外人是无从知道的，但是通过搜索引擎的优化指南和人们的经验总结，可以通过关键词优化、网站优化、网站外链建设等方式进行。

第三节　信息流类网络营销工具

一、信息流广告概述

（一）信息流广告的产生

Feed 流是两个词，也称为信息流，我们需要拆开来理解。Feed 即喂养的意思，流是内容的呈现形式，即内容通过什么样的形式呈现给用户。feed 信息流即用户需要什么，我们就为用户提供什么。可以理解为是将用户主动订阅的若干消息源组合在一起形成内容聚合器，帮助用户持续地获取最新的订阅源内容。

信息流类营销工具又称信息流广告，信息流广告是基于资讯媒体或用户好友动态，穿插在内容流中的广告，可以通过大数据对用户的标签进行精准投放，更容易触及目标用户，将"观众"转换成真正的用户。Facebook堪称信息流广告的鼻祖。2006年，信息流广告最早出现在社交媒体Facebook上，Facebook在2006年推出了"news feed"，同时还有"mini feed"（个人动态），一经推出就吸引了国内外各大社交平台的兴趣。到2014年，Facebook超过50%的广告收入来自信息流广告，而同年Twitter上的信息流广告收入占比也超过了70%。该工具主要通过互联网大数据算法，由机器根据用户兴趣、浏览行为等进行精准推送，嵌入日常浏览的资讯、社交动态或视频流中的新兴广告。国内的腾讯QQ空间、微信朋友圈、微博、今日头条等是其主要的传播平台。

（二）信息流广告的应用及发展

信息流广告有图文、图片、短视频等不同形式，具备原生广告的六大属性：媒介适配性、内容创意适用性、用户体验打扰度低、用户选择自由、内容价值、数据管理能力。因其穿插在用户浏览的内容流中，若不注意很容易被当作普通内容来浏览甚至参与互动。当前在大数据和机器学习的加持下，信息流广告的算法推荐可实现"千人千面"的推送，使得信息流广告的原生性进一步加强。

在国内，2012年，今日头条推出内容推荐功能，开辟了信息流类型内容智能分发的领域，并从资讯、搜索等媒体抢夺了大量的流量。随后腾讯、百度、阿里巴巴等纷纷进入战场，抢夺移动互联网的流量红利。同样在2014年，今日头条推出了信息流广告形式，其他媒体陆续跟随。2015年1月25日，微信朋友圈广告上线。当日，朋友圈中热传同时投放的广告是三个产品：宝马、Vivo和可口可乐。基于大数据技术精准投放，不同的人看到的广告不同，当时还流行了一阵比赛刷广告的热潮。艾媒咨询数据显示，2021年我国信息流广告市场规模已达2327亿元，近三年行业规模已扩容33%，市场趋于较饱和状态，预计未来三年行业呈现小幅增长趋势，预计2025年我国信息流广告市场规模达2563.5亿元。随着短视频类厂商和垂直类媒体的加入，在迎来信息流营销百花齐放的同时，市场竞争会进一步加剧。

微阅读

51信用卡管家信息流广告

51信用卡管家是一款全账单管理APP，集信用卡、花呗、白条及车贷、房贷等多种账单管理功能于一体。它通过智能解析信用卡电子账单，来实现持卡人用卡信息管理和个人财务的智能化应用。包含了一键绑定邮箱功能，用户不用录入任何信息，即可使用信用卡账务管理服务，查阅账单余额、消费明细、免息日计算、各种消费报表等，及时获得还款提醒，操作简单快捷。同时，51信用卡管家还增加了花呗、白条、车贷、房贷等多样化账单管理及还款服务，让用户可以更高效地实现个人财务智能化管理。

营销背景：根据前期投放受众报告，51信用卡管家受众人群在以北上广深一二线城市占比高达38.5%，男女分布相对均衡，受众的年龄主要分布在18~40岁，具有购买力较强的用户属性。

营销目标：受众人群从产品的维度进一步进行细分投放，降低转化成本。

营销策略：

1. 前期优化。前期投放中，主要选择信息流广告和详情页广告作为主要推广资源，同时通过ocpc出价帮助广告主找到的受众人群具有较强的旅游出行、家装百货、生活服务、文化娱乐属性。

2. 素材优化。针对贷款人群，撰写广告创意，重点突出公积金、额度、分期等关键词，吸引受众点击。针对信用卡人群，撰写广告创意，重点突出信用卡、金卡、免费等关键词，吸引受众点击。

3. 人群分析。品牌核心用户人群：针对该类人群，通过DMP上传自有人群包，通过look-alike功能拓展高精准度的相似人群。广告投放无效用户：针对该类用户形成人群包，在投放时进行排除。高收入人群：对产品有购买力，上传自有人群包，与头条用户进行Mapping，用高出价策略锁定该类高质量用户。贷款人群：上传自有人群包，投放贷款相关素材，提升转化率，降低转化成本。1张卡人群：上传自有人群包，投放信用卡相关素材。3张卡人群：上传自有人群包，投放信用卡相关素材，配合使用高出价的策略。激活未注册人群：通过排除人群包，屏蔽对该人群投放，通过51信用卡管家APP内定期推送消息唤醒用户。

营销效果：通过对头条DMP自有包、拓展包的搭配使用，转化率显著提升，转化成本下降50%。通过拓展相似人群精准覆盖海量受众人群，人群定位更精准，点击率提升超过40%。

资料来源：《3个金融行业信息流广告案例，一次看够，超赞!》，搜狐网，2017-11-09，内容略有调整。

二、信息流视频广告

信息流视频广告顾名思义还是信息流广告，只不过信息流中承载的内容形式为短视频。它是把产品及服务通过视频的方式，巧妙地融入广告中，如在视频中的某个角落出现logo、样式等，让用户在不知不觉中接受，更能悄悄走进用户的心中，让人印象深刻。信息流视频由Facebook和Twitter在2014年引入，自2016年起多家国内媒体推出之后得到蓬勃发展。在继承了信息流图文形式原生优势的同时,信息流短视频更具视频移动化、内容差异化优势,短视频应用得到快速发展,包括抖音、快手类短视频应用,微信、微博、QQ空间类社交媒体,今日头条、腾讯新闻、网易新闻等资讯媒体,以及线上电视网站爱奇艺、优酷、腾讯视频等。

以抖音Feed(抖音信息流)为例,是抖音推出的"直播间付费推广工具",基于巨量引擎的广告投放体系,是针对带货账号直播间引入垂直流量的一种直播间推广模式。目前的抖音Feed流有两种广告样式,分别为Feed流直投直播间和短视频引流直播间。

(1) Feed流直投直播间,将直播内容实时呈现在推荐页面,更有效提升引流的转化效率,缩短直播引流链路,为更多商家客户提供新的直播营销模式。适用于UV价值较高的主播,商家可根据流量的大小以及用户反馈实时数据调整内容,提高转化率。

(2) 短视频引流直播间,适用于有很好的视频素材的广告主,能够最大化地引流到精准用户,提高转化率。账号在直播,左滑、点击头像/昵称进入账号主页。

抖音Feed包括抖加、抖音鲁班、Feed流广告、Feedslive等信息流广告形式,均属于付费流量。

抖加(DOU+)是抖音内容加热和营销推广工具。为抖音创作者和中小企业提供便捷易用的流量助推和自助营销服务。视频、直播间都可投放推广,条件选择少,流量较为广泛且成本较贵,对上架商品的视频审核较严,适合个人玩家,对初期涨粉增加流量比较有帮助。

抖音鲁班是字节跳动下的电商帮手,主要提供电商网页和引流广告服务,通过推广视频或落地页对产品推广,适合大厂或商家新品发布适用。

Feed流广告和Feedslive都是抖音直播间广告,展现形式都是在抖音推荐流展示,两者投放目的不同。Feed流广告是抖音竞价广告,主要针对直播间的推广和转化,可以提升直播间的观看停留、成单等,可以建立精准的定向人群包,流量非常精准,转化成本低,性价比较高,但对于人、货、场有较高的要求。Feedslive是品牌广告引流,可以保证展示量,需要提前锁量,但无法人为控制成本,适合明星、大主播、大品牌玩。

微阅读

拓宽线上渠道,农贝贝线上半年卖货收入突破3千万

农贝贝成立于2014年,是一家以生态蛋产业为基础,致力于打造绿色田园生态种养循环产业链的广西本土蛋鸡企业。

为了拓宽营销渠道,农贝贝紧抓风口,顺势而为。于2022年7月组建了14人的专业网络营销团队,其中包括主播5名、运营5名、短视频创作小组成员4名。线上营销以社交兴趣电商(抖音、快手、视频号、小红书等)为主,传统电商(天猫、京东、拼多多)为辅。

截至目前，抖店已经收获 7.5 万精准粉丝，店铺体验分长期保持 4.8 分以上。"社交电商以直播为主要运营形式，抖音号起号阶段每天开播一场，持续 2 周，建立人群标签和数据模型后，每天 6 小时以上不间断直播，精准吸引 25~40 岁的宝妈群体。"农贝贝董事长邓深松分享道。此外，公司还通过达人直播等方式，和全网达人建立长期合作关系，半年时间线上销售额突破 3 千万元。

取得好成绩的同时，农贝贝也意识到生鲜产品线上营销的难点在于如何确保新鲜的鸡蛋和鸡肉能够按时完好地送到客人手中。不同类型的网络平台，在流量分配、客群上也有不同的特点，需要制定不一样的"打法"。为此，农贝贝将不断扩充线上营销队伍，细分专业品类，为禽蛋类农产品线上营销模式贡献自己的力量。

资料来源：晏玲、明钢成，《拿下 70％本土品牌蛋市场！农贝贝线上卖货半年收入破 3 千万》，新禽况，略有编辑整理。

第四节　社交类网络营销工具

"社交"指社会上人与人的交际往来，是人们运用一定的方式传递信息、交流思想，以达到某种目的的社会活动。互联网诞生后，人们的部分社交活动从线下转移到了线上，逐渐形成一个个网络社群。社会化媒体营销的主要特点是：网站内容大多由用户自愿提供，而用户与站点不存在直接的雇佣关系。在我国主要的社交平台包括以 QQ 为代表的即时通信软件、微博与微信形成的"微社区"和以小红书为代表社交营销新趋势。

一、IM 即时通信营销

IM（instant message）工具是一种较早的互联网工具，它的产生初衷是为解决人们的不受时空限制的交流沟通需求，从交流沟通功能来看，它天然地具有营销因子。营销的本质是信息传播，主要目的是扩大产品受众，让需要产品的顾客都可以接触到它。IM 工具在信息传播上的独特优势提升了网络营销的效果，同时也使 IM 工具成为网络营销不可或缺的利器。

（一）IM 营销定义

IM 营销又叫即时通信营销（instant messaging marketing），是企业通过 IM 即时通信工具帮助企业推广产品和品牌的营销活动，常见的活动主要有以下两种。

一是网络在线交流。企业建立网店或者企业网站时一般会设计即时通信方式，便于潜在顾客因对产品或者服务感兴趣而主动联系商家。

二是广告。企业可以通过IM工具，发布产品信息、促销信息，或者通过发布网友喜爱的附有企业标志的表情，以传播企业信息。

（二）IM营销目标

1. 维持顾客关系

通过IM维护顾客关系是常规的营销方式。顾客通过IM提交服务或问题的请求，企业需要设置相关的在线服务方式，通过电脑自动回复或者人工服务回答顾客提出的问题，满足顾客的信息需求，以此建立与顾客的友好关系。对于顾客来说，通过IM可以快速地从网上获取相应的信息，比如航空订票或者旅游服务，顾客需要及时的信息服务解答问题，否则就很容易导致顾客流向竞争对手。建立友好关系后，通过IM沟通是否能激起顾客的兴趣是影响IM营销效果的又一重要因素。

2. 解决顾客问题，并引发互动式营销

IM营销可以实现在目标群体内提高产品或服务的知名度、美誉度和顾客忠诚度的目标。通过沟通为顾客解决问题，同时激起顾客对企业产品和服务的兴趣，在互动式营销中提高品牌知名度和美誉度，获取营销效果。

从较低层次来看，IM可以作为推广、促销的简单文本消息，复杂的带有菜单选项的消息，或者富媒体形式的音频、视频等消息的传播工具，即将IM作为信息告知窗口，这是企业通过IM进行一对一营销的前提。

从更深层次来看，企业可以利用IM进行网络整合营销活动，实现广告植入、病毒营销等，这些营销方式需要企业具有一定的营销经验和技术水平，以及对网络文化的熟练把握。通过IM不仅要告知目标群体信息，还要暗中引导目标群体参与互动，达到顾客为品牌做宣传和传播的目的。近年来，也有围绕"顾客为中心"的营销理念，打造客户关系管理体系，IM就是其中重要的沟通工具。

二、微营销

狭义上说，微营销是指通过微博、微信、微电影等一系列特定的携带"微"字的社交媒体所开展的营销。广义上说，只要是满足"内容由用户主导生成的"Web2.0这一基本准则的社交媒体营销都可以称作微营销。微营销的特征包括：社交媒体是微营销的传播平台，服务本地是微营销的制胜关键，移动终端是微营销的动力引擎。微营销的优势主要体现在：精准定向，互动性强，降低成本，高速传播。

在国内，微信与微博已成为人们进行交流沟通和获取最新信息的主要渠道，同时它们也是重要的营销平台。作为营销工具，微信、微博可以单独使用，也可以将二者进行创造性地融合使用，以提升营销效果。目前，新浪微博和腾讯微信是中国移动互联网规模最大、活跃度最高的两款社会化媒体产品。虽然二者具有许多相似之处，但是它们在功能属性上存在明显差异。这种差异主要体现在平台属性、用户关系、信息内容以及时间同步性四方面。

（一）微信营销

微信已成为移动营销的主流工具，相应的策略方法内容繁多。下面将介绍微信平台基本功能和微信营销主要模式。

1. 微信平台的营销功能

微信由腾讯公司于 2010 年 10 月筹划启动，由腾讯广州研发中心产品团队打造。2011 年，微信的问世实现了人们社交方式的再一次变革。一经问世，就受到移动网民的欢迎，用户人数急剧增长，已经成长为最重要的移动应用之一。微信平台具有多元化的功能，给网民带来很好的体验，同时也为企业的营销活动提供了丰富的渠道和工具。

1）即时通信

即时通信功能是微信作为移动通信平台的核心功能，也是微信最基本的功能。这个功能满足了人们随时与好友进行联系的需求，同时又不会耗费大量的通信费用，只需要足够的数据流量即可。交流的形式包括文字、图片、语音和视频等，大大提高了人们进行情感交流的频率和便捷性，因此在即时通信领域，微信具有很强的黏性。此外，微信还开发如位置共享、发红包、转账、卡券和群聊天等功能，丰富了人们进行交流沟通的趣味性和便捷性。

在具有了群聊天功能之后，微信进一步提升了用户的活跃度，用户可以通过群聊功能形成一个个具有特定目的的群组，可以随时随地进行交流沟通，群组成员之间可以互相激发，进而维持群组的活跃度。

2）微信公众号

微信公众号作为微信的一种独特功能，使微信成为网络信息的一个强大集散中心，微信将公众号划分为服务号、订阅号、企业号三个类别。

服务号为企业和组织提供了强大的业务服务与用户管理能力，主要偏向服务类交互，适用的客户是媒体、企业、政府或其他组织。

订阅号为企业、组织和个人提供了一种新的信息传播方式，主要功能是给用户传达资讯，适用的客户是个人、媒体、企业、政府或其他组织。

企业号定位为互联网化连接器，可以帮助实现业务及管理互联网化，可以高效地帮助政府、企业及组织构建自己独有的生态系统，随时随地地连接员工、上下游合作伙伴及内部系统和应用，实现业务及管理互联化。

3）朋友圈

微信朋友圈作为微信的特色功能之一，在微信发展之初对增强用户黏性起到了非常重要的作用，它可以使用户的分享内容（包括自拍图片、图库图片和公众号图文、视频等）被通讯录里的授权好友看到，同时好友还能予以反馈——点赞或评论。微信的主要使用环境是移动终端，用户可以实时查看到朋友圈里其他好友的当前分享内容。由于朋友圈强大的信息分享和传递能力，微信已经对朋友圈进行商业化——在朋友圈里插入广告。这种广告类似于在朋友圈展示朋友的原创内容，目的是将广告作为生活的一部分，对用户产生潜移默化的影响。

2. 微信营销的主流模式

1) 内容营销

内容营销指以图片、文字、声音、动画等介质传递与企业相关的内容，以促进销售或与顾客建立良好关系的活动。它是以改变顾客购买行为、提升销售绩效为目的，由企业向目标顾客传递相关有价值信息的营销活动。

微信内容营销相比一般的内容营销，具有精准度高的特点。企业发布的内容会立即显示在粉丝的微信号上，粉丝可以查看、回复和转发信息。微信客户端的移动性使内容推广不受地理位置的影响。粉丝在接到信息后或在需要时，可以随时随地与企业或个人进行沟通交流。企业或个人与粉丝之间的这种封闭或半封闭的互动方式，方便了企业为顾客提供个性化的服务，提高了顾客信息安全。同时，顾客可以根据自己的需要，便捷地订阅内容或享受个性化的服务，只需要搜索公众号，加关注成为其粉丝即可。微信的社交性使顾客在接收到企业的信息后，可将内容便捷地分享给好友，与他们讨论并做最后的决策。一般的内容传播方式很难与顾客的强关系网络建立联系。而微信弥补了这方面的空缺，微信的这种特性既满足了顾客与好友讨论分享信息的需求，又满足了企业传播信息的诉求。

2) 社群营销

微信社群营销是依托于微信社交平台发展起来的一种使用户连接及交流更为紧密的一种网络营销方式。主要通过连接、沟通等方式实现用户价值。营销方式人性化，不仅受用户欢迎，还可能成为继续传播者。微信社群营销已经成为时下最热门的营销模式之一，它同朋友圈一样，都是一些微信好友的集成平台，在营销过程中有利于目标客户的集结和信息的精准推送。如今企业如果需要建群营销，必须注册企业微信专门进行营销工作。企业开展微信社群营销需要重点关注以下几点：明确社群定位，高质量建群，重视微信社群的运营与管理（主要包括精准引流、提升群的活跃度、精简成员、干货分享、营销活动等），保障产品品质，社群复制转化。

9-3
微信营销：
网络经济时代
企业或个人
营销模式的一种

? 小思考

有几百万微信好友的完美日记

完美日记是一个彩妆品牌，主打欧美系的美妆产品，针对18岁到28岁之间的年轻女性，单品价格基本上在100元以内，具有较高的性价比，定位为"大牌平替"。

2017年上市以来，完美日记就取得了不俗的成绩：2018年、2019年蝉联"天猫双十一"彩妆类目第一名，2019年的年销售额在30亿元左右。它在天猫的粉丝超过了1000万，同品类中，粉丝比它更多的只有美国的雅诗兰黛和法国的欧莱雅，两者都是历史悠久的国际大牌。要知道，雅诗兰黛已经成立

73年了，欧莱雅更是成立112年的品牌。取得这样的成绩得益于完美日记对网络营销工具的高效运用。

完美日记紧跟流行趋势，抓住各平台成长期红利，跟随主要客群的网络社交习惯，紧紧抓住了新型社交社区小红书、抖音和淘宝直播兴起的三次内容红利。针对微博用户多、声量大的特点，着重宣传其与大英博物馆IP合作的信息，塑造品质品牌形象；积极运用社交媒体的KOL资源，加强对爆款潜质产品的重点投放。例如小红书12万篇的相关笔记中，80%集中在其十二色动物眼影盘和口红，通过邀请粉丝在5000到5万级别的达人试用产品，以量取胜，造出声势。此外，一改官方客服模式，通过"小完子"个人微信贴身运营用户。据悉，完美日记有自己的一套微信管理系统，组建了100多人的团队运营上千个小完子账号与数百万用户直接连接。

资料来源：通过网络资料整理。

想一想：试分析完美日记如何运用社交平台开展营销的。

（二）微博营销

微博作为社交工具，其媒体属性更加突出，平台内提供的工具也更加丰富。本节主要介绍微博营销的发展史、微博账号类别及微博营销的价值。

1. 微博营销概述

随着国外Twitter的风靡，国内微博也迅速兴起。与Youtube、Facebook等互联网产品命运类似，Twitter也因监管等问题未能进入我国。作为Twitter的模仿者与替代品，我国本土微博产品开始在2007年出现，代表者为饭否、叽歪、嘀咕、做啥、腾讯滔滔。在两年左右的时间里，以饭否为首的独立微博产品游走在自由与管制之间，面临资源与时间等限制，经历种种困境，它们属于国内微博的拓荒者。2009年，以国内门户网站强力加入为标志，我国微博开始进入蓬勃发展时期，国内微博市场明显升温，发展速度惊人。2010年我国微博元年真正到来，无论从顾客范围，还是影响力上，都达到前所未有的高度。此外，2010年多起新闻标志性事件均在微博引爆，并逐渐扩展到传统媒体，微博开始作为一股重要媒体力量出现。目前最有影响力和最受关注的是新浪微博，作为重要的网络媒体，微博的影响依然深远。

2. 微博账号类别

微博账号有以下三类。

1）政务官方微博账号

政务微博是政府应对突发事件的舆论利器。大量事实证明，突发事件常常会伴随谣言产生，带来巨大的舆论压力。作为信息汇聚中心，政府微博能够利用微博传播速度快、范围广的优势，在第一时间发布权威信息，澄清事实真相，为解决问题创造良好的舆论环境。

民众可以通过微博更方便地表达诉求、参与公共事务、发表观点和看法；政府可以通过微博平台对社会新事物保持敏感度，收集舆情、汇聚民意、征集看法，使民众意见得到有效关注，及时发现问题、解决问题。政务微博开辟了群众监督的通道，微博的开放性和互动性使开通微博的政府机构和官员都要接受更广泛的关注和监督。

2）企业官方微博账号

企业官方微博是企业重要的传播工具，也代表着企业的官方形象和官方话语权，甚至比官网更有黏性。微博的迅猛发展还带给企业海量的宝贵数据，只要用心挖掘，不仅可以清楚地了解消费者的性别、年龄、城市等社会属性，消费者的兴趣爱好、社交活动，甚至消费信息都以非结构化的形态散布在微博的各个角落。

3）个人微博账号

个人微博比企业官方微博更容易运营，因为人的属性是无须刻意制造的，人性化的交流是天然存在的。个人微博运营的优势主要有三点。第一，以现实人际关系为基础。人际网络有现实人际关系做依托更加牢固，传播效力更强。第二，个人微博的延伸性更强，无须专注于某领域。个人是具有真实情感的实体，从情感角度来看不容易产生距离感，粉丝会更加愿意倾听与交流。第三，个人微博的真实性更强。因为个人账号一般不存在团队运营的情况，比企业官方微博少了很多运营痕迹，让人觉得更加真实。

个人微博与企业官方微博完全可以相得益彰，很多粉丝是因为喜欢企业领导人而喜欢企业，很多时候个人微博成功的同时也成就了企业的微博营销使命。

3. 微博营销价值

党的二十大报告指出，中国式现代化强调在党的领导下，着重物质文明和精神文明相协调的现代化。因此要注重网络空间治理，微博作为一个网络公关信息集中发布地，对其有效运用有助于网络空间生态乱象整治。微博营销的具体价值体现在六个方面。

1）品牌传播

移动互联网时代，消费者获取信息的渠道非常分散，企业要想树立品牌必须通过多渠道的推广宣传，而微博是网民最为集中的平台之一，通过企业微博进行宣传是一个非常好的途径。

2）顾客服务

顾客可以通过微博对企业产品或服务发出质疑、请求帮助等，企业可以通过微博对顾客进行实时跟踪，快速了解到相关信息，并通过微博回复，或利用邮件、电话等方法快速解决顾客的问题，避免顾客因为不满而大规模地在网上传播负面信息，能够较为有效地提高顾客的满意度。

3）产品调研

微博是企业聆听、学习以及了解顾客的有效平台。顾客在微博上记录了自己的真实想法、爱好、需求、计划、感想等，真实地表露了消费需求、偏好、生活形态、品牌态度等，由此能够在一定程度上了解消费者对产品的态度、需求和期望、购买渠道、购买考虑因素，有助于企业深度了解消费者，从而制定或者优化产品策略、营销策略。

4）产品销售

利用微博可以直接销售产品，例如，新浪微博已成为众多中小企业获取流量、实现产品销售的重要渠道。

5）危机公关

对于企业的公关人员来说，网上的"公关危机"就如洪水猛兽，令人胆战心惊。互联网特有的病毒式传播，使企业的网络公关显得尤为重要。网民对于某些产品或服务的负面言论、负面评价，都有可能导致企业的公关危机。因而企业对微博用户的品牌口碑实时监控非常重要，而微博平台具有的搜索功能以及实时监控功能，可以使企业方便地实时监测品牌口碑状况。

6）广告宣传

很多企业将微博作为广告宣传的阵地，但是往往不太受顾客欢迎，因为没有人愿意关注一个只会一味发布广告的企业微博。企业可以通过将创意性的内容植入广告吸引微博用户，例如，创意十足的企业微博话题往往能够引起更多的关注、讨论及话题传播。

第五节 电商类网络营销工具

一、电子商务发展概况

电子商务是以信息网络技术为手段，以商品交换为中心的商务活动。IBM公司首次提出"电子商务"的概念。从此之后，电子商务便经历了跌宕起伏的发展，先后经历了从概念化转化为实际运作的过程。2000年后一大批依靠电子商务崛起的新兴企业成为市场经济的主体。随着移动互联网的兴起，电子商务手段更加丰富多样，形势也变得更加复杂，大众对电子商务也有了新的认识。现阶段，电子商务作为当前中国最具活力的经济活动之一，从商品交易领域拓展到物流配送领域和互联网金融领域，从商品供应链拓展到产业供应链，成为扩大消费的新亮点，成为带动就业的新载体，也成为促进经济转型升级的新引擎、推动经济增长的新亮点。

我国在2015年制定了"互联网＋"行动计划，推动移动互联网、云计算、大数据、物联网等与现代制造业相结合。这预示着电子商务将迎来新的发展机遇，步入新时代。在"互联网＋"概念备受关注的新形势下，传统企业能否抓住这个时机，适应新的发展环境至关重要。这就要求企业及时转型，全面革新管理理念、经营模式和盈利模式。尤其是，要真正地重视电商团队的建设和完善，因为这不仅是决胜未来的关键，也是接轨"互联网＋"最可靠的途径。《2022年度中国电子商务市场数据报告》披露，2022年中国电子商务市场规模达47.57万亿元，较2021年的42.13万亿元同比增长12.9%；2022年中国电子商务行业直接从业人员达722万人，较2021年的680万人同比增长6.17%；间接从业人员达6325万人，较2021年的5850万人同比增长8.11%。

二、电子商务平台的类型

电子商务业务只有依赖于电子平台才可存在。在电子商务的催生下，各式各样的电子商务平台兴起。电子商务平台是基于电子商务活动而兴起的一个虚拟网络空间，其主要目的是为企业或个人提供网上交易洽谈，以及协调、整合信息流、货物流、资金流等服务。企业可以在平台上为消费者提供购买、支付、安全管理、售后等多种服务，从而保障交易顺利进行，使营销活动高效、低成本地开展。电子商务平台的存在缩短了传统企业以及个体经营者转型升级的时间，增加了经营主体的亲和力、产品的曝光度和客户黏性，解构了传统经营思路，为经营主体重构了一个新的经营思维。因此，所有的传统型企业都需要思考如何走向互联网化和电子商务化，以及如何利用"两化"实现思路转型、行动升级和经营优化。根据交易双方的角色，以及运作模式的不同，电子商务平台可以分为不同的类型。

五种常用的电子商务平台的类型有 B2B、B2C、C2C、O2O、C2B。

1. B2B

B2B 是 business to business 的缩写，是企业与企业之间的一种交易模式，体现的是企业间的一种买卖关系，主要适用于企业、团体或社会组织。B2B 平台由六大模块构成，这六大模块也是运营者在构建这类平台时重点设置的几大功能。具体可归结为信息发布、企业展示、商品展示、广告管理、会员增值和会员认证等方面。近年来，B2B 式的平台发展很快，且已经逐步趋于成熟，其中最具代表性的平台是阿里巴巴。除此之外还涌现出如慧聪网、环球资源网、敦煌网、焦点科技、网盛生意宝等众多类似的平台。

2. B2C

B2C 是 business to customer 的缩写，是企业对个人的一种交易模式。这种模式是我国最早的一种运营模式，主要是借助于互联网开展在线活动，一般以网络零售业为主。例如，8848 网上商城、京东、唯品会等。企业通过互联网平台为消费者提供一个消费的媒介（网上商店）。消费者通过网络在该平台上购物、消费，并完成支付。这种模式省去了不少中间环节，大大提高了交易效率，对企业而言节省了空间和资源，对于消费者而言节省了宝贵的时间。B2C 平台的五大主要功能包括商品展示、购物车、物流、会员和积分促销。

3. C2C

C2C 是 customer（consumer）to customer（consumer）的缩写，是个人对个人的一种交易模式。例如，一个消费者有一台电脑，通过网络可以将商品出售给另外一个消费者，这种交易类型就称为 C2C。最具代表性的这类平台是淘宝网。在中国 C2C 市场，淘宝的市场份额超过 60%。此外，拍拍网、易趣网采用的是这种运用模式。C2C 平台的六大主要功能包括商品展示、信息发布、广告管理、店铺管理、个人店铺展示和个人店铺认证管理。

4. O2O

在 B2C、C2C 等比较单一的模式（侧重于线上）得到大力发展的同时，一个综合性的模式也应运而生，即O2O。O2O是online to offline的缩写，即线上到线下。这类模式运营思路很简单，是指商家通过免费开网店，将企业信息、商品信息等展现给消费者，消费者在线上进行筛选并支付，线下进行消费验证和消费体验。

5. C2B

C2B是customer to business的缩写，即消费者到企业，是互联网经济时代一种新兴的电商模式，相对于B2C而言，又称反向电子商务。其主要创新点有：首先，聚合分散的数量庞大的客户群，形成一个强大的采购集团，扭转以往一对一的劣势出价地位，享受批发商的价格优惠；其次，客户个性化定制产品，邀约厂商生产，实现以客户需求为引擎，倒逼企业"柔性化生产"，厂商也可实现以销定产、降低库存，同时减少销售环节、降低流通成本。

> **微阅读**

内容电商与兴趣电商

2021年，短视频平台快手和抖音分别于3月和4月召开电商大会。会上，快手提出自己要做内容电商，而抖音也发布自己的电商是兴趣电商。因为短视频和直播，在5G技术的支持下，已经成为当下展示世界最直观、最饱满的手段和方式。视频对兴趣、对情绪、对意义感的召唤能力比起文字、图片、语音都强出好几个维度。也因为如此，视频和直播时代里做电商，很可能会给电商行业带来一场革命。

与第一代电商注重"团购"，用聚合起来的购买力的思路不同。

快手的电商是从它"打造最有温度、最值得信任的在线社区"的愿景出发。不再追求"团购低价"，而是通过主播与其粉丝间"老铁般"的信任展开，更多的是通过电商的形式加持社区的发展。据统计，开展电商业务以来的几个月，在快手通过看直播和短视频买东西的人，超50%的消费达到1000元以上。

而抖音的电商总裁康泽宇在抖音自己的电商大会上说：抖音有良好的内容生态，有众多的优质创作者，有多元化的用户，也有极为成熟的兴趣推荐技术，有很大的机会做好兴趣电商。其核心是主动帮助用户发现其潜在需求，通过无目的地"逛"视频而被激发。因此，抖音在开展电商业务初期，官方通过技术识别了超4万次店铺违法违规行为，在上架前就成功拦截了30万件违规商品，累计下架超100万件违规商品，并以此表态要不计成本地营造良性营商环境，确保商城提供的是优价好物。

资料来源：蔡钰，《商业参考》，略有编辑整理。

第六节　其他类网络营销工具

一、邮件营销

E-mail 又称电子邮件。电子邮件营销即 E-mail direct marketing，简称 EDM，在企业网络营销体系中是非常重要的一种营销方式。EDM 是指利用电子邮件与受众客户进行商业交流的一种直销方式，是在用户事先许可的前提下，通过电子邮件的方式向目标用户传递有价值信息的一种网络营销手段。

E-mail 是最早的一种营销工具，诞生于 20 世纪 70 年代早期，盛行于 20 世纪 80 年代。当时受制于网络的不发达，使用人数较少，E-mail 只能用于发送简短的信息，连图片也不可能发送；到了 20 世纪 80 年代中期，网络技术的进步，尤其是个人电脑的兴起，使 E-mail 大范围普及开来；20 世纪 90 年代中期，E-mail 就普及到全球范围，各个国家和地区的网民开始使用这种工具，E-mail 被广为运用。

作为现代营销的一种主要手段，E-mail 营销具有其他营销方式不可比拟的优势，具体如下。

1. 成本低

E-mail 营销之所以被广泛运用，最重要的原因之一是成本低廉。这种营销方式只需要满足三个基本条件即可：一是技术，二是用户的 E-mail 地址资源，三是 E-mail 营销的内容。现在 E-mail 的技术完全普及，对任何企业可以说已经不是问题，只要有网络和邮件服务器就可以完成 E-mail 的发送。关于第二、第三个条件的成本也非常低。

2. 速度快

相比其他网络营销手法，E-mail 营销到达用户十分快速。以搜索引擎营销为例，如果对该引擎进行优化，至少需要几个月，甚至几年的时间；社会化网络营销中建立广泛关系网需要很长的时间积累，而 E-mail 营销只要有邮件数据库在手，发送邮件后便可达到用户。唯一不确定的地方就是无法即时通知用户，用户有可能在几小时、几天后看到。但这一缺陷可以通过外部运作完善来弥补，如培养用户接收邮件的习惯，设置用户提醒等。

3. 精准度高

E-mail 营销的对象是最有可能转化为付费客户的人，这比其他绝大部分营销手段都有优势。其他网络营销手法获得的用户大多是随意的。如网站营销，基本靠浏览网站量来搜集客户信息，其中有很多随意浏览网站的人。这群人就是无效客户，因为他们并不是非常主动的，很可能没有任何目的地进入网站。而 E-mail 则不同，凡进入邮件数据库的都是主动填写表格，主动要求发送相关信息给他们的一群人。在经过几封邮件的联系后，只要发送的信息对用户有帮助，客户将变成一群忠诚的潜在客户。

4. 可长期与用户保持联系

E-mail 营销还有一个优势是可长期与用户保持联系。只要是订阅客户，可永远看到所发的邮件。互联网上信息令人眼花缭乱，企业能数年保持与同一个订户的固定联系，在当今的互联网上是十分难能可贵的。

以这种方式建立的强烈信任和品牌价值是很少有其他网络营销方式能够达到的。网站有任何新产品，或打折促销活动，都能及时传达给这批长期订户，销售转化率也比随机来到网站的用户高得多。

二、企业独立站

企业网站建设与网络营销效果有直接关系，没有专业化的企业网站作为基础，网络营销效果将受到很大限制。一个好的营销网站可以增加销售，提高服务质量，维护好客户关系等。

企业利用网站发布新闻或者销售自己的产品，网站是企业开展营销活动的重要和有效的工具。党的二十大报告提出，要增强中华文明传播力、影响力，坚守中华文化立场，加快构建中国话语和中国叙事体系，讲好中国故事，传播好中国声音，展现可信、可爱、可敬的中国形象，推动中华文化更好地走向世界。独立站的建立有利于企业展示品牌文化，讲好中国故事。

（一）企业网站的主要营销功能

网站的功能有很多，但企业网站的功能主要还是营销功能，这是由企业的特点所决定的。企业网站的营销功能归纳起来应该有以下几点。

1. 产品展示

顾客访问网站的主要目的是对公司的产品和服务进行深入了解，企业网站的价值在于灵活地向顾客展示产品说明及图片或多媒体信息。即使是一个功能简单的网站，也相当于一本可以随时更新的产品宣传资料。产品信息更新和完善非常重要，过时的产品信息或者产品信息不完整，不仅无法促进销售，反而会影响顾客的信心。

2. 信息发布和树立形象

产品展示是信息发布的一种形式，但信息发布的含义更广泛一些。网站是一个信息载体，在法律许可的范围内，可以发布一切有利于企业形象、顾客服务以及促进销售的企业新闻、产品信息、促销信息、招标信息、合作信息，甚至人员招聘信息等。发布信息的同时，也树立了企业形象。因此，企业拥有一个网站就相当于拥有一个强有力的宣传工具。

3. 顾客关系与顾客服务功能

通过网站可以为顾客提供各种在线服务和帮助信息，如常见问题解答（FAQ）、详尽的联系信息、在线填写寻求帮助的表单、通过聊天实时回答顾客的咨询，等等。同时，利用网站还可以增进顾客关系，如通过发行各种免费邮件列表、提供有奖竞猜等方式吸引顾客参与。很多企业通过网站来提供售后服务，如提供企业产品的应用软件和驱动程序的下载,实时更新售后服务网点的名称和地址,提供常见问题的解决办法,这些都方便了消费者,提高了企业售后服务的水平。

4. 网上调查的功能

通过网站的在线调查表,可以获得顾客的反馈信息,用于产品调查、消费者行为调查、品牌形象调查等,是获得一手市场数据的有效调查工具。

5. 网上销售的功能

建立网站及开展网络营销活动的目的之一是为了增加销售,一个功能完善的网站本身就可以完成订单确认、网上支付等销售功能,网站本身就是一个销售渠道。

网站的功能越完善,对促进整体营销效果越有利;否则,即使网站推广投入的人力和财力很多,营销效果仍会不理想。网络营销是一个系统工程,一个小方面的问题可能影响到最终的效果,而网站建设对网站功能的发挥尤其重要。

(二)企业网站的基本形式

企业网站是开展电子商务的基础,一个企业网站应具备什么功能,采取什么表现形式,没有统一的模式。简单的企业网站也许只需要低成本就可以运转,而一个功能完善的电子商务网站则成本昂贵。企业网站建设和企业的经营战略、产品特性、财务预算以及建站目的等因素有着直接关系。

尽管每个企业网站规模不同,表现形式各有特色,但从经营的实质上来说,不外乎信息发布型、网上销售型、综合性电子商务型这三种基本形式。一个综合性电子商务网站包含了前两种基本形式。不同形式的网站表现形式、实时功能、经营方式、建站方式、投资规模也各不相同。资金雄厚的企业可能直接建立一个具备开展电子商务功能的综合性网站,一般企业第一步也许只是将网站作为企业信息发布的窗口。

1. 信息发布型企业网站

信息发布型属于初级形态的企业网站,不需要太复杂的技术,仅将网站作为一种信息载体,主要功能定位于企业信息发布,包括企业新闻、产品信息、采购信息等顾客、销售商和供应商所关心的内容,多用于品牌推广及沟通,网站本身并不具备完善的网上交易和订单跟踪处理功能。

这种类型的网站建设和维护比较简单,资金投入也较少,初步解决企业上网的需要,是中小企业网站的主流形式。即使一些大型网站,也并非都一步到位,在真正开展电子商务之前,网站的内容通常也是以信息发布为主。因此,这类网站有广泛的代表性。

2. 网上销售型企业网站

在发布企业产品信息的基础上,增加网上接受订单处理和支付的功能,就具备了网上销售的条件。网上销售型企业网站的价值在于企业基于网站直接面向顾客提供产品销售或服务,改变传统的分销渠道,减少中间流通环节,降低总成本,增强竞争力。它通常适用于消费类产品或服务等。网上直销是企业开展电子商务的一种模式,但不是每个企业都可以做到这一点,也不一定适合所有类型的企业。

3. 综合性电子商务网站

网上销售是企业销售方式的电子化，但不是企业电子商务的全部内容，企业网站的高级形态，不仅仅将企业信息发布到互联网上，也不仅仅是用来销售公司的产品，而是集成了包括供应链管理在内的整个企业流程一体化的信息处理系统。

三、LBS 技术——基于位置而产生的营销方式

LBS 作为一种通过电信移动运营商获取移动终端用户的位置信息的新技术，被广泛运用到网络营销中。本节主要介绍 LBS 的概念、内容、组成部分、商业价值以及 LBS 的营销方法等。

（一）LBS 的内容、组成部分和传播形式

LBS，全称 location based services，即定位服务，又叫作移动位置服务，主要是通过电信移动运营商的网络（如 GSM 网、CDMA 网）获取移动终端用户的位置信息。LBS 是一种与空间位置有关的新型服务业务，如切客、街旁、开开、玩转四方都应用了这种业务。企业通过位置显示，引导用户使用并与他人分享，使信息得到自动传播。

9-4
从营销角度看，用户的位置信息 LBS 有哪些应用？

LBS 主要包括三大内容、四大组成部分。三大内容分别为：在哪里（空间信息）、和谁在一起（社会信息）、附近有什么资源（信息查询）。四大组成部分为移动设备、定位、通信网络、服务与内容提供商。

LBS 的核心是"位置"，相互之间的传播也是围绕位置展开的。任何一个位置都是以签到的形式来表现，每次签到都会形成一个独特的标签。如用户在 A 地签到，或者在 A 地对曾做过的标签进行更新，那么这个应用上就会在页面上显示出特定的标签，明确具体的位置。当分享给对方时还可得到特定的人群关注。签到时可采用文字、图片等多种形式。

（二）LBS 的商业价值

LBS 的商业价值在于可实现多种资源的共享和交换，如商家与平台、平台与用户之间等。因为商家、平台、用户三者既是资源享用者，也是资源的创造者，而 LBS 技术可很好地将这些连接起来。例如，众所周知，各类平台为线上商家提供营销渠道，当商家在通过这些渠道发布产品信息，促销信息时利用 LBS 标注位置，对平台也是一种隐性的宣传。只要用户在该平台上购物和分享其他信息，就会对平台有一定的认知和了解。至此，用户—平台—商家便形成了一个良性的互动，互为促进，同时发展。

基于上述模式，LBS 在企业宣传和营销中占有很多优势，得到了很多企业的广泛认可。LBS 营销的优势具体如下。

1. 精准定位，协助企业推广

LBS 是一种基于位置为中心的服务方式，通过确定用户的准确位置，为其提供基

于所在位置的针对性服务。其服务理念的中心永远是围绕着位置展开的。传统的APP移动广告通常是帮助品牌提升形象服务，而LBS定位式的APP则是帮助企业，或商家找到推广渠道。这样对用户来说更便捷，对企业来说针对性会更强，从而大大提高了推广的效率和准确性。

2. 直接推动用户进行消费

LBS营销最大的优势在于能够直接推动用户进行消费。例如，美国星巴克在全美七大城市推出基于地理定位服务的APP——Mobile Pour，用户只需在手机上安装该应用，确定自己的位置即可随时随地下单订购自己喜欢的咖啡。咖啡配送员会很快将咖啡送到用户手中。星巴克之所以推出这项服务，主要是为了满足那些想喝星巴克咖啡，但又无法就近找到星巴克门店的用户。为了保证速度，星巴克在这7个城市每平方英里（约2.59平方公里）的范围内至少安排2名配送员。

3. 提高用户的忠诚度

随着移动互联网的发展，越来越多的企业开始关注移动广告的潜力。企业通过不断开发、提升新的宣传方式，来提升用户忠诚度。便捷的LBS技术无疑为企业、商家提供了更多的营销途径，尤其是在进行APP营销中可融入地理位置的优势。"LBS+"模式的提出，如"LBS+SNS"的人人网、微信、陌陌，"LBS+电商"的嘀咕、街旁、大众点评等可互通有无，相互借力，激发出更多的商业价值。

目前国内LBS领域的厂商数量众多，但普遍还处在发展初期，并没有哪家应用拥有绝对的市场优势。另外，各个LBS虽然也积累了一批忠实用户，但彼此之间的用户重合度很小，媒体受众相对来说比较分散。企业如果想要充分利用LBS进行市场营销，就需要整合所有现有资源，形成一个更广泛的资源渠道，以扩大营销优势。随着移动互联网的深入发展、定位技术的不断提升，用户对位置服务的认知日益增强，LBS将会成为移动营销中不可缺少的一部分。

（三）LBS实现精准营销

LBS具有定位的功能，是由移动通信网络和卫星定位系统结合在一起提供的一种增值业务。LBS通过一组定位技术获得移动终端的位置信息（如经纬度坐标数据），提供给移动用户本人或他人以及通信系统，实现各种与位置相关的业务。概括地讲，凡是与位置相关的业务都可以称为LBS。

1. 导航类APP

导航类APP是商家基于LBS而开发的，提供地图搜索服务的软件，如百度地图、苹果地图、高德地图等。这类APP拥有导航功能，可以实时显示公交到站信息，优化路线算法功能、实时路况功能。可为用户提供周边信息，为查找具体的位置提供导向。

2. 生活服务类APP

很多人以前都有这样的体验，吃饭、住店最难的就是经常找不到地方，自从有了LBS式的APP之后这些问题就都迎刃而解了。因此，生活服务类领域也成为LBS式APP进军的主要领域，比如餐饮、酒店、银行、电影院、停车场等。

3. 团购类 APP

为了便于消费者消费，很多团购类 APP 也实现了与 LBS 的结合。当用户打开 APP 后，即可搜索到相应的位置，如窝窝团、美团、拉手、团 800 等都是如此。

LBS 作为当下最热门的移动互联网应用，经常被业内人士关注，同时也吸引着越来越多的企业、营销人员加入。随之也就产生了 LBS 营销这种模式，即企业借助互联网或无线网络，在固定用户或移动用户之间，完成定位和服务销售的一种营销方式。随着越来越多的企业、商家以及用户开始大范围地介入 LBS，使得 LBS 营销的商业价值开始被重视。

本章小结

随着互联网技术的不断发展，网络营销工具也不断升级。本章分析了网络营销工具的定义、分类、特点和作用。网络营销工具可分为搜索类网络营销工具、信息流类网络营销工具、社交类网络营销工具、电商类网络营销工具和其他类网络营销工具（邮件、LBS 和独立站）。企业只有深入了解各种工具的特点，认真学习和遵守相关法律法规，结合自身情况，合理规划营销工具的使用，开展推广、销售、客服等营销工作，才能在竞争激烈的市场中实现可持续发展。

习 题

一、单选题

1. 网络营销工具是"以网络技术、信息技术为基础，以互联网为依托，进行营销活动的方法和手段。也就是，在（　　）下，为最大限度地满足顾客需求、开拓市场、增加盈利能力、实现企业市场目标所需的方法和手段。"

　　A. 电子商务平台　　　　　　　　B. 互联网平台
　　C. 数字经济背景　　　　　　　　D. 网络运用

2. （　　）是根据网民使用搜索引擎的方式，利用网民检索信息的机会，尽可能地将营销信息传递给目标顾客。

　　A. 搜索引擎营销　　　　　　　　B. 搜索营销
　　C. 检索营销　　　　　　　　　　D. 信息流营销

3. IM 即时通信营销，是企业通过 IM 即时通信工具推广产品和品牌的营销活动，主要用于（　　）和解决顾客问题并引发互动式营销。

　　A. 投放产品广告　　　　　　　　B. 增加产品曝光
　　C. 组织顾客活动　　　　　　　　D. 维持顾客关系

4. （　　）作为社交工具，媒体属性更为突出。

　　A. 微信　　　　　　　　　　　　B. 微博
　　C. 知乎　　　　　　　　　　　　D. 豆瓣网

5. 电子商务是利用（　　）为手段，以商品交换为中心而进行的一系列商务活动。
   A. 图文传播技术　　　　　　　　B. 网络传播技术
   C. 信息网络技术　　　　　　　　D. 信息通信技术

6. LBS，即（　　）主要通过位置显示，引导用户使用并与他人分享，使信息得到自动传播。
   A. 即时推广系统　　　　　　　　B. 即时商务服务
   C. 定位系统　　　　　　　　　　D. 定位服务

7. 在企业营销活动中的目标市场分析阶段可以应用网络营销工具进行（　　）。
   A. 线上品牌塑造　　　　　　　　B. 网上市场调查
   C. 销售渠道维护　　　　　　　　D. 顾客关系维护

8. （　　）搜索的顾客的目的性非常强，他们产生的搜索行为是为了达成某个效果。
   A. 交易型　　　　　　　　　　　B. 导航型
   C. 学习型　　　　　　　　　　　D. 信息型

9. B2B电商平台，是（　　）的一种交易模式。
   A. 企业对个人　　　　　　　　　B. 个人对个人
   C. 企业对企业　　　　　　　　　D. 线上和线下

10. 网络营销工具的（　　）特点，体现在其传递信息的表现形式多样化上。
    A. 互动性　　　　　　　　　　　B. 经济性
    C. 虚拟性　　　　　　　　　　　D. 灵活性

二、多选题

1. 下列属于网络营销工具的有（　　）。
   A. 搜索类网络营销工具　　　　　B. 信息流类网络营销工具
   C. 社交类网络营销工具　　　　　D. 电商类网络营销工具
   E. 电子邮件营销

2. 微博营销的具体价值体现在（　　）和广告宣传等方面。
   A. 产品调研　　　　　　　　　　B. 产品销售
   C. 危机公关　　　　　　　　　　D. 顾客服务
   E. 品牌传播

3. 企业建立自己的网站开展营销活动又称为独立站营销，其具有（　　）等主要功能。
   A. 产品展示　　　　　　　　　　B. 网上调查
   C. 顾客关系与顾客服务　　　　　D. 网上销售
   E. 信息发布和树立形象

4. EDM又称邮件营销，具有（　　）等特点。
   A. 互动性强　　　　　　　　　　B. 精准度高
   C. 成本低　　　　　　　　　　　D. 速度快
   E. 可长期与用户保持联系

5. 百度搜索结果页面主体分布主要包括（　　）等内容。
A. 推广区　　　　　　　　　　B. 营销区
C. 自然搜索结果　　　　　　　D. 相关内容
E. 促销区

三、判断题
1. 计算机智能技术的运用使网络营销工具具有丰富的知识和一定的推理能力。（　　）
2. 搜索引擎简化是一种利用搜索引擎的搜索规则来提高网站在有关搜索引擎内的自然排名的方式。（　　）
3. 信息流广告最早出现在微信公众号中。（　　）
4. B2C 的电商交易模式是我国最早的一种运营模式。（　　）
5. 导航类 APP 是商家基于搜索引擎技术而开发的一种提供地图搜索服务软件。（　　）

四、简答题
1. 简述网络营销工具的特点。
2. 社交类网络营销工具的主要功能有哪些？请结合一个具体的案例进行说明。
3. 简述信息流广告的形式。
4. 简述如何通过即时通信（IM）营销维护客户关系。
5. 简述常见的电子商务平台类型及各类平台的特点。

五、论述题
2022 年 6 月全网最热的直播间之一是新东方老师亲自带货的"东方甄选"。他们创造了一周内涨粉至 1750 万，销售额达 3.7 亿元，居全市场第一名的奇迹。不同于以往的卖货主播，新东方的主播老师们一边卖牛排，一边教单词，一边卖大米，一边讲古诗，让网友一时间不知道是先听课还是先买货，平台甚至为了他们这样独树一帜的风格修改了规则。请论述东方甄选的成功因素有哪些。

六、案例分析

大变局时代搜索引擎将何去何从

在一些悲观者认为"我用搜索越来越少"时，2019 年 8 月，百度 App 宣布日活突破 2 亿，成为为数不多的进入日活 2 亿俱乐部的成员，用数据回应了"搜索是否有人用"的问题。

2019 年 8 月，百度宣布百度 APP 日活突破 2 亿，成为屈指可数的进入日活 2 亿俱乐部的 APP 成员，这足以说明搜索不只是不可替代，反而在增长，而这与百度的与时俱进有直接关系。从移动转型到主动推荐再到智能小程序的服务闭环，百度搜索的进化，实际上也是搜索引擎形态的进化，从线性成长到生态扩张，搜索引擎帮助用户找到内容和服务的价值一直都没变，未来也会一直存在。

现在人工智能技术成熟，搜索引擎将被重新定义。百度提出了AI工业化的说法；马化腾在世界人工智能大会上说，人工智能在未来10年会进入高速增长期。AI技术正在加速落地到各行各业的趋势。

首先，人工智能改变了搜索引擎的底层框架。搜索引擎不再是从海量现成信息中找到相关的链接，而是用AI技术去海量数据中挖掘，直接给出精准甚至是唯一的答案。数据来源于哪里，反而不再是最重要的。"AI＋答案"成为搜索引擎新的底层框架。

其次，人工智能改变了搜索引擎的产品形态。今天，搜索引擎的输入变得十分多样，语音、图像、位置都是输入；输出超链接会越来越少，搜索引擎会根据结果的不同而进行不同的呈现，搜索引擎不再只是简单地给用户信息，而是要一站式满足用户。

基于此，百度成为率先发布智能小程序的搜索引擎。基于智能小程序，百度可以直接在搜索结果中让用户购物、预订、消费内容，获得更加完整的内容和服务体验。百度智能小程序基于AI和搜索引擎的协同优势，成为增速最快的小程序平台。在最近的演讲中，百度APP总经理平晓黎透露，百度智能小程序数量突破15万，覆盖行业达到271个，第三方服务商达到200多个，月度活跃数已突破2.7亿，前段时间百度战略投资头部小程序服务商有赞，加速小程序生态布局。

推荐引擎本质是搜索交互的改变，但它依然是搜索引擎的一种，只不过输入成了用户行为、用户画像、兴趣图谱，等等，在用户不知不觉中被输入了，而输出则变成了信息流，正是因为此，推荐引擎被称作"被动搜索"。百度率先拥抱信息流，推出"搜索＋信息流"双引擎的做法，信息流的内容平台百家号创作者数量已突破200万，这一模式已逐步被谷歌等行业玩家采纳。

双引擎对于百度来说是一次重要的转型，用百度App总经理平晓黎的话说，这是百度"将信息服务的边界从人找信息扩展到信息找人"。百度信息流平台的基础依然是AI，因为AI百度主动发现用户的需求，再用个性化推荐算法去满足。

资料来源：知乎网，《大变局时代的搜索引擎走向何方？》，内容略有调整。

阅读案例，试分析未来如何运用搜索引擎工具开展营销。

第十章

网络营销策划的基本流程

主要知识结构图

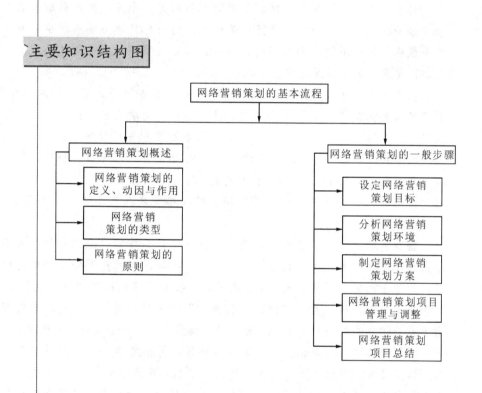

教学目标

- 帮助学生了解网络营销策划的基本含义与作用。
- 帮助学生理解网络营销策划的基本类型与原则。
- 帮助学生掌握网络营销策划的一般步骤、网络营销策划项目管理、网络营销策划书的撰写规范、基本元素与写作要领等。
- 引导学生在学习中国企业优秀的网络营销策划案例的基础上，深刻认识到社会主义市场经济体制是中国特色社会主义的重大理论和实践创新，坚持社会主义市场经济改革方向，更加尊重市场经济一般规律。

开篇案例

B 站写给全国 3285 个火车站的信

世界上有无数条路，无数地方，最美的那条路，一定是回家的路，最想回的地方，名字叫作故乡。讲述回家的文案也有无数条，如今最美的一条，在 B 站。

B 站春节特别企划《第 3286 个站》

继 2022 年获奖无数的《放焰火》之后，2023 年 B 站的新年广告片《第 3286 个站》，同样是由群玉山策划。和以往不同的是，之前 B 站习惯在跨年做大众沟通，今年却选在了春节返乡的节点，原因无他，只因今年有很多年轻人很想回家。被年轻人称为"快乐老家"的 B 站，为了让年轻人可以顺利回家，特地跟全国 3285 个铁路客运站写了封信。

1. 定位精准、情感需求深度洞察

广告洞察到了这背后的情感涌动，以及这可能带来的行动上的冲动。于是，B 站向年轻人归乡的车站发出请求，希望他们能照顾一下回家路上的年轻人们。

你永远可以相信这个"小破站"，因为它永远都会和你站在一起，它懂你回家的急切，却没有只停留在"懂你"，而是要守护你回家的每一站。

文案名义上是写给全国 3285 个车站，实际上是写给每一个归家的年轻人。

凝聚了一批高消费潜力、高付费意愿、高互动欲望的年轻群体。2.94 亿月活用户、将近 9 成的 35 岁以下年轻用户、超高用户日均使用时长、37% 的月均付费用户增长、80% 的正式会员年留存率以及超百亿的月均互动量让 B 站成为与年轻消费者对话的绝佳平台。

2. 策划主题创意独特，直击春节最具特征场景

最近三年，很多漂泊在外的年轻人无法回家，"3 年没有好好过年了"，让他们回家的渴望更胜从前。

如今放开了，当非必要不返乡成为过去式，更多人在今年春节踏上了回家的旅程。

"今年特别想回家"是所有离家人的共鸣。

因此这条片子所表达的，绝不仅是"回家"这么简单，而是"三年了，我终于可以回家了"。

3. 系列策划活动延续热度，与年轻群体持续互动

网站做活动营销的目的就是把网站的品牌文化传播给更多的用户群体，实现最大化的品牌宣传效益，这也是整个活动营销过程中最关键的部分，也是集中体现活动营销目的所在。

除春节短片，在B站搜索"春节"，还能参与"拜年纪"、"动画新春会"、"寻找家乡年味"等八大活动。

4. 策划找到与年轻人沟通的契合点，打造更贴合当下年轻人口味的营销玩法

2021年，B站开启了"小年YEAH！"策划活动。在白天开启的直播接力中，品牌们就以各种方式出现在了UP主的直播间里。而在晚上的"小年YEAH！"中，通过节目内容的植入、互动环节的设计、舞美场景、情节的融入、线上活动页面及直播间定制道具和功能的结合等，将品牌及产品巧妙融入。特别是舞台上搭建的"年货街"，不仅成为红蓝战队游戏PK时，队长帮战队扫货拿礼品的阵地，也给品牌产品留出了展示空间，最大化利用新春场景，与用户、UP主玩在一起。

资料来源：数英DIGITALING，《全面剖析B站新春营销策略，带你细品年轻人热衷的年味》，2021，内容有编辑调整。

第一节　网络营销策划概述

一、网络营销策划的定义、动因与作用

（一）网络营销策划的定义

营销策划是企业对未来将要进行的营销活动进行整体、系统策划的超前决策，"凡事预则立、不预则废"，因此营销策划是指为了达成特定的营销目标，进行构思、设计、规划、实施及后续调整的过程。

网络营销是市场营销的一部分，它借助于联机网络、电脑通信和数字交互式媒体来实现营销目标。网络营销策划是指策划人员依据网络营销策划的基本方法及程序，对一定时间内企业的某项网络营销活动的目标、指导思想、实施方案与具体措施进行的预先安排与设计。网络营销策划需要综合考虑企业的市场定位、目标受众、产品特点等因素，利用网络渠道进行推广、传播和销售，以实现企业营销目标。其核心是通过各种网络媒介来建立和维护品牌形象，吸引和保持潜在客户的兴趣和忠诚度，促进销售增长。

> 微阅读

> **景区网络营销策划,"这边风景独好"**
>
> 各地旅游推介活动更吸引关注的是各地文旅局长变身"网红局长"推介当地旅游资源,比如,四川省甘孜州文旅局局长刘洪、湖北省随州市文旅局局长解伟、黑龙江塔河县文旅局局长都波,等等,全国已经有超过100多位文旅局长在网上"卷起来"了。
>
> 一些地方的文旅官员通过网红直播营销当地旅游,有短暂的新奇感效应。但是,真正的市场营销是口碑,是游客的口碑,这些口碑来自网络。可持续的地区旅游发展是由旅游吸引物的稀缺性、旅游景区的服务水平决定的,而后者来自高效专业的旅游管理运营团队。
>
> 2023年2月23日,有网友发布短视频称,在甘孜旅游在网上订了康定一家酒店的四个房间,但是刚订好不久就遇到大雪封山封路不允许通行,商家只退了3间有1间未退,该网友给了商家差评后,被商家开了小号辱骂。
>
> 2023年2月26日晚,甘孜文旅局局长刘洪针对网友投诉酒店事件回应称,"如果是谁砸了甘孜旅游的锅,我一定砸了他的饭碗,不管你是谁。"2月26日,康定文旅公布了此事的处理结果:查封该酒店,责令其停业整顿,并向当事人退款、协商赔偿、公开道歉。
>
> 事实上,这样的事情在今年春节期间也多次出现,一些"宰客"事件更引起广泛关注。旅游行业基础设施的短板、行业监管不力这些老问题根深蒂固。不仅如此,在疫情冲击和消费观念变化之下,旅游业正在变革。
>
> 资料来源:李秀中,《先上一批"网红局长",再来一波消费券,地方旅游争相放大招》,第一财经,2023。

(二)网络营销策划的动因

企业开展网络营销策划一般可能有以下几类动因:

(1) 企业还未涉足网络营销,尚无一套系统的营销方案,因而需要根据企业实际、市场特点,策划出一套可指导企业网络营销工作的网络营销方案。

(2) 企业发展壮大,原有的网络营销方案已不适应新的形势所需,需要优化策划方案。

(3) 企业经营方向改变与调整,需要相应地调整网络营销策略,通过制定网络营销策划文案指导网络营销策略。

（4）企业原有网络营销方案严重失误，需要对原方案进行重大修改或重新设计。

（5）企业在总的网络营销方案下，需要在不同的时段，根据市场特征和行情变化，策划新的阶段性具体营销方案。

（三）网络营销策划的作用

网络营销策划并不单指网站推广，也并不单是一种网上销售，所以，网络营销工作所带来的效果也是多种表现，比如网络营销对客户服务的支持、对线下产品销售的促进、对公司品牌拓展的帮助等等。

1. 增强品牌知名度

网络营销策划通过各种网络渠道的推广、传播和宣传，能够提高品牌的曝光度，增强品牌的知名度和美誉度。

2. 拓展销售渠道

网络营销策划通过网络渠道的开发和运用，能够开拓新的销售渠道，增加产品销售量，提高销售收益。

3. 提升用户体验

网络营销策划通过精准的用户定位和个性化的服务，能够提升用户的满意度和购买体验，增加用户的忠诚度和重复购买率。

4. 降低营销成本

相比传统的广告和营销方式，网络营销策划能够实现更高效、更精准、更经济的推广和营销，从而降低营销成本。

5. 提高数据分析能力

网络营销策划通过对网络渠道的数据分析和监测，能够提高企业的数据分析能力和决策水平，更好地了解市场趋势和用户需求，优化营销策略和效果。

二、网络营销策划的类型

网络营销策划的种类很多，在运行整个策划过程中，必须结合自身资源应用、产品推广和品牌建立，才能有效开展营销策划。按照不同的划分标准，网络营销策划的类型也不同。

这些分类方式并不是互相独立的，可以相互组合使用，根据实际情况选择合适的分类方式。需要注意的是，无论采用何种类型，都需要以市场和用户需求为导向，注重专业化、整合营销、个性化、量化评估、风险控制等基本原则，制定出更加有效的网络营销策略，提高营销效果和效益。

1. 从范围划分

从范围上看，网络营销策划分为战略性策划和策略性策划。战略性策划是企业全局和整体的，是关系企业目标和方向性的策划，如网络营销战略策划。策略性策划是实现企业营销战略的某一方面的内容和方法手段，它是局部的实现战略的细节，如网络广告策略策划。

2. 从时间划分

从时间上看，网络营销策划分为长期策划和短期策划。长期策划是指期限为 2 年以上的未来活动的规划，它以企业的 5 年发展规划为依据，制定企业网络营销发展战略与市场发展策略等，概况性地描述了企业的发展目标与行动方案，并根据形势的发展变化，不断做出调整、修订和完善。短期策划一般指年度（或月度、季度）计划或一次性活动计划的制定，它一般是针对专项内容来制定的，要求更加具体、细致，期限越短就越要细致，特别是一次性活动的策划。在实际操作中短期策划更多。

3. 从组织划分

从组织层次上看，网络营销策划可分为三个不同的层次：

（1）高层策划。高层策划一般是指网络营销战略策划，它关系到企业的发展方向、战略目标、全局利益。

（2）中层策划。中层策划主要是为了实现战略目标而进行的网络营销所需的人、财、物等各项资源管理的策划，也包括职能部门单项业务的策划。

（3）小组或个人策划。小组或个人策划即为完成某项具体工作任务而进行的策划。

4. 从内容划分

从内容上看，网络营销策划分为单项策划和综合策划。

单项策划是对企业网络营销一个或几个方面的内容进行的策划，如网络广告策划、网络市场调查策划、网络营销推广策划等，它涉及的内容是某一方面的、专题性的。

综合策划是系统性的、整体性的网络营销策划，使企业从原有单一的传统营销过渡到整合营销。它包括企业现状及市场环境的分析、企业网络营销目标的确定、渠道和公共关系等网络营销策划及战术的策划等。

微阅读

李子柒，成功的短视频网络品牌营销案例

2016 年才入驻 Youtube 的李子柒受到海外粉丝热捧，对其用视频所展示的中国山水田园农耕美食文化产生了浓厚的兴趣，还将其誉为"东方美食生活家"。无形之中，李子柒的短视频跨越了中西文化差异的鸿沟，触及了现代人的某种共性渴望，润物细无声地传播了中国文化。李子柒凭什么而火？有人说她的短视频是最成功的"中国文化输出"，从内容营销角度看，实际上是，"李子柒"品牌通过一系列的内容生产和营销传播达到了营销目的，实现了品牌的社会价值。

1. 视频风格古朴，品牌定位准确

李子柒的定位是"田园古风生活"，在她的视频中，永远都是同样的装扮：身着汉服，手中拿着农具，不紧不慢地干着农活。在生活节奏日益加快的今天，悠然自得的生活状态使她收获了一大批拥趸者。在品牌定位中，很好地与消费者拉近了关系，受众除了有在都市工作的白领也有田里劳作地地道道的农民。

10-1
遇见李子柒

2. 产品特色突出，塑造完美人设

作为一个短视频美食类创作者，她与传统的吃播博主不一样。李子柒的产品是清一色的农产品，传达给受众一种天然、返璞归真的产品特色。远离高楼大厦，只剩田园牧歌。产品特色的营销，一种接地气、自然不造作的个人形象溢满屏幕，加深了消费者对她完美人设的印象。

3. 中国传统文化的传承，从营销自我转变成营销自我价值

李子柒的视频里总少不了可亲可近的奶奶、准时准点的一日三餐，营造了一种"家"的氛围。对于现在上班族来说，不吃早饭似乎成了日常，"家"的概念也日渐模糊。李子柒的视频透过产品向消费者传达了一种原始的生活情景，完美地从营销商品过渡到营销自我价值上。

目前，李子柒已在多家电商平台打通了产品销售渠道，开了商业店铺，螺蛳粉、藕粉成为店铺主要的爆款产品，销量极佳。李子柒从短视频达人到品牌IP，再到品牌的商业变现，用的时间并不长，这足以看出李子柒对市场的预测和把控能力。

资料来源：企师爷，《李子柒，个人品牌营销鬼才》，2020。

三、网络营销策划的原则

网络营销策划是一项复杂的系统工程，它属于思维活动，但它是以谋略、计策、计划等理性形式表现出来的思维运动，形成的文案是直接用于指导企业的网络营销实践的方案。网络营销策划的营销目标、策划主题及创意、活动方案及实施控制等需要遵循符合市场营销规律的基本原则。

1. 系统性原则

网络营销是以网络为工具的系统性的企业经营活动，它是在网络环境下对市场营销的信息流、商流、制造流、物流、资金流和服务流进行管理。因此，网络营销方案的策划，是一项复杂的系统工程。策划人员必须以系统论为指导，对企业网络营销活动的各种要素进行整合和优化。

2. 创新性原则

网络为顾客对不同企业的产品和服务所带来的效用和价值进行比较带来了极大的便利。在个性化消费需求日益明显的网络营销环境中，通过创新、创造与顾客的个性化需求相适应的产品特色和服务特色，是提高效用和价值的关键。在网络营销方案的策划过程中，必须在深入了解网络营销环境尤其是顾客需求和竞争者动向的基础上，努力营造旨在增加顾客价值和效用、为顾客所欢迎的产品特色和服务特色。此外，创新还体现在策划主题及创意、活动方案等方面。

小思考

东方甄选成功出圈的启示

2022年6月，"东方甄选"作为直播界的一股清流，随着董老师的走红而破圈了。账号粉丝从0到96.5万，用了半年，而从96.5万到1870.4万仅用了20天。

在"东方甄选"之前可能所有的直播带货都是"头部流量＋低价促销"的模式，都是采用打鸡血的"电视购物营销话术"，大家都会认为如果没有流量、没有价格优势直播带货是不可持续的，所以这也是开始所有的人都不看好"东方甄选"的原因。

东方甄选直播间中，没有那种"老铁们、家人们、宝宝们……"而是行云流水的中英文单词、诗歌、历史的融会贯通和自然流露。我们从服务设计的视角，来看看"东方甄选"直播间的是如何做"内容服务"的。

第一，目标。目标始终是最重要的。直播英语，卖教程？国外本地直播，促留学？还是双语互动，带商品……不同的目标，策略和结果截然不同。如果是上英语课，在抖音上火爆是非常困难的，因为大家刷抖音，大概率还是因为休闲娱乐，而不是学习和培训。如果是国外本地直播，人力成本高，且疫情下留学诉求大不如前。因此，新东方选择了"双语带货"，策略就是依托抖音平台，发挥老师们博学多才的文化特质，让用户边学边买。

第二，内容（定位）。如何打造差异化的内容，助力"双语带货"这个目标，就是内容设计的关键了。其实，内容设计有个底层逻辑，我称其为"差异化擅长"，就是要发挥自身最擅长、最专业的部分，而这个部分又是要与别人有差异化的。譬如，如果你擅长插画，就要考虑与其他插画设计师的差别，譬如，大多数人擅长2D插画，从形式而言，3D插画和动态插画就是一种差异；从内容而言，用插画讲故事，或专注教科书插画，也是一种差异。新东方，他们有的就是博学多才的老师，擅长的就是英语和培训，差异化的就是学识、趣味、互动。擅长的，就容易形成壁垒，差异的，就容易形成心智，壁垒和心

知识链接

10-2 东方甄选半年带货48亿

智形成了，模式就很难被复制了。

第三，内容（认同）。传统电商的逻辑，就是介绍商品，通过表达商品的特征、品质、价格等实现转化。而直播电商，核心不是商品，而是内容。东方甄选直播中，"兵马俑"老师思想上的"文化底蕴"和表达上的"行云流水"，吸引了有着同样价值认同的人群。大家喜欢和认同了，转化只是"顺其自然的临门一脚"。因此，转化的关键是内容吸引和价值认同。

资料来源：根据网络资料编辑整理。

想一想：
（1）试分析东方甄选网络营销策划体现了哪些原则。
（2）你认为东方甄选下一阶段的网络营销策划工作重点在哪里？

3. 操作性原则

网络营销策划的重要成果是形成网络营销策划方案。网络营销策划方案必须具有可操作性，否则毫无价值可言。这种可操作性，表现为在网络营销策划方案中，策划者根据企业网络营销的目标和环境条件，就企业在未来的网络营销活动中做什么、何时做、何地做、何人做、如何做等问题进行了周密地部署、详细地阐述和具体的安排。也就是说，网络营销策划方案是一系列具体的、明确的、直接的、相互联系的行动计划的指令，一旦付诸实施，相关部门及员工都能明确自己的目标、任务、责任以及完成任务的途径和方法，并懂得如何与其他部门或员工相互协作。

4. 经济性原则

网络营销策划本身消耗一定的人、财、物等资源，必须以经济效益为核心。成功的网络营销策划，应当是在策划和方案实施成本既定的情况下取得最大的经济收益，或花费最小的策划和方案实施成本取得目标经济收益。

5. 伦理原则

伦理原则是网络营销策划的另一个重要原则。企业在进行网络营销的过程中产生了诸如虚假交易、大数据杀熟、侵犯消费者隐私权、网络欺诈、网络垃圾邮件等现象，这些现象严重阻碍着网络经济的进步和电子商务的发展，企业营销伦理规范面临网络时代新的挑战。这些问题要得到根本的解决必须从策划指导思想及理念上树立诚信意识。

6. 合规性原则

网络不是法外之地，在网络营销策划中企业一定要遵守相关法律法规和道德规范，避免恶意竞争和误导用户行为等不合规行为，确保网络营销策划活动的合规性和公正性。

> 微阅读

> **网络营销中的"出圈"操作要不得——哪吒汽车**
>
> 2021年,有企业想出圈,竟然想到请吴亦凡代言。这么匪夷所思的"脑回路"发生在哪吒汽车身上。
>
> 近日,有网友称,哪吒汽车想请吴亦凡代言,然后一下子出圈。网上流传的截图显示,其内部工作群在讨论请吴亦凡代言,有人称,"是不是要给吴亦凡一个机会,官宣他成为代言人,告诉大家还是要给他一个机会。"
>
> "这事五分钟出圈,可以试试,大不了,回头官方道歉开除相关人员。""哪吒精神就是给所有人重新做人的机会。"其工作群内署名为"彭钢"的员工称。
>
> 其工作群还有人称:"学习了,就是要不断制造热点,做错了也可以成为热点,道歉还是热点。"
>
> 事件一经曝光,有网友称,确实出圈了,但汽车也更没人买了。也有网友称:"严格按照剧本执行,这波执行力还是可以的。""哪吒汽车大聪明。"哪吒汽车对此回应,据查8月3日晚,在品牌工作群讨论内容时,哪吒汽车个别人员相关言论严重挑战社会价值观,带来极其恶劣的影响,违背公司原则和宗旨,现决定立刻开除市场负责人彭钢,群里所有发表不当言论的人员同时开除。作为哪吒汽车的投资方,360也发声明称:坚决反对这种恶意炒作行为,这严重违反360坚持的价值观,也严重损害了哪吒的品牌声誉,对此我们坚决要求开除该市场团队及负责人,确保哪吒汽车坚守主流价值观。
>
> 网络新风已然树立,网友的眼睛是雪亮的,不会被企业设定的"剧本"牵着鼻子走。企业广告宣传不是"剧本杀",挑战法律红线必然"凉凉",用心做好产品,得到消费者认可,才是最好的宣传。
>
> 资料来源:吴涛,《哪吒汽车群聊曝光》,中国新闻网,2021。

第二节 网络营销策划的一般步骤

许多企业在酝酿并启动网络营销策划时,对网络营销策划没有清晰的概念和深刻的理解。大多数企业通过网络媒体宣传就冲动地实行了网络营销策划,希望借助网络营销策划活动在互联网上扩大品牌影响并带动销售,但因为没有做好详细的网络营销策划而匆忙实行网络营销，结果往往是事倍功半。网络营销策划好比是一个系统工程，涉及很多方面，需要结合企业根据网络营销策划的一般步骤开展相关工作。

一、设定网络营销策划目标

既然投入大量的人力、物力和财力进行营销策划，就要解决具体的问题并实现具体的目标。设定策划目标是全面描述网络营销策划所要实现的结果和达到的效果。网络营销策划的目标一般分为以下五类。

（一）销售型网络营销策划目标

销售型网络营销策划目标是指通过网络营销手段，促进企业产品或服务的销售，实现更高的销售业绩和利润。具体来说，销售型网络营销策划目标需要从以下几个方面考虑。

（1）目标市场定位：通过市场研究和竞争分析，确定目标市场和目标客户，精准地定位销售对象。

（2）网络营销策略：根据目标市场的特征和需求，制定符合目标客户心理的网络营销策略，包括搜索引擎优化（SEO）、搜索引擎营销（SEM）、社交媒体营销、电子邮件营销等。

（3）网站建设：建设专业、美观、易用的企业官网，提高用户的访问量和转化率。

（4）网络营销活动：组织各种网络营销活动，例如折扣促销、赠品活动、优惠券活动等，吸引潜在客户并提高销售转化率。

（5）销售团队管理：建立专业的销售团队，实现销售目标和销售业绩的快速增长。

（6）数据分析和优化：通过数据分析和网站流量分析等手段，优化营销策略和网站建设，提高用户转化率和销售业绩。

> 微阅读

盲盒营销的快速裂变

2020年"双11"期间，盲盒泡泡玛特天猫旗舰店斩获高达1.42亿元的最终销售额，成为玩具类目中首家"亿元俱乐部"成员。据悉，泡泡玛特的主要消费群体由15～35周岁具有高消费能力且热衷分享与展示的年轻人组成。

盲盒起源于日本，可追溯至20世纪80年代。它之所以吸引人，是因为玩家只有购买后才知道自己买到的是什么，而正是这种不确定性，成就了玩家购买产品的快乐、惊喜，或者不满足带来的复购欲。另外，盲盒本身也代表着一种创新的销售方式,目前正逐渐被文具、服装、美妆、食品、考古等各领域借鉴,由盲盒带来的"惊喜经济"正在各行业迅速裂变。

资料来源:《"盲盒+"模式快速裂变 "惊喜经济"引爆年轻潮玩市场》,2020-12-22。

(二)服务型网络营销策划目标

服务型网络营销策划目标是指通过网络营销手段,向客户提供优质的服务,增强客户体验和忠诚度,从而促进企业的发展。具体来说,服务型网络营销策划目标需要从以下几个方面考虑。

(1)客户需求分析:了解产品痛点及客户需求,根据不同的客户群体和需求,提供符合其需求的服务。

(2)客户关系管理:建立客户关系管理体系,为客户提供优质的售前咨询、售后服务、投诉处理等服务,增强客户忠诚度和满意度。

(3)品牌形象塑造:通过品牌宣传和形象塑造,提高品牌知名度和美誉度,增强客户信任感和忠诚度。

(4)数据分析和优化:通过数据分析和用户反馈,了解客户的需求和反馈,不断优化服务和营销策略,提升客户体验和忠诚度。

(三)品牌型网络营销策划目标

品牌型网络营销策划目标是指通过网络营销手段,提高企业品牌知名度和美誉度,塑造企业独特的品牌形象,从而提高企业的市场占有率和提升品牌价值。具体来说,品牌型网络营销策划目标需要从以下几个方面考虑。

(1)品牌定位和形象塑造:根据企业的定位和目标客户,确定品牌形象和品牌口号,营造独特的品牌形象和文化。

(2)品牌传播和推广:通过各种网络媒体和平台,进行品牌推广和宣传,包括微博、微信、知乎、B站、抖音等,提高品牌知名度和美誉度。

(3)品牌危机管理:建立品牌危机管理机制,对品牌危机进行快速响应和应对,保护品牌形象和品牌价值。

(4)数据分析和优化:通过数据分析和用户反馈,了解客户的需求和反馈,不断优化品牌形象和营销策略,提升品牌价值和竞争力。

(四)提升型网络营销策划目标

提升型网络营销策划目标是指通过一系列的网络营销策略和计划,以提高企业的网络曝光度,吸引更多潜在客户,提升销售业绩并实现更高的营销目标。实现提升型网络营销策划目标需要从以下几个方面考虑。

(1)品牌宣传：制定并执行品牌宣传策略，包括品牌定位、品牌口碑管理等，提高品牌知名度和认知度。

(2)目标市场分析：通过市场调研、竞争分析等手段，确定目标市场，为营销策略的制定提供依据。

(3)销售转化：优化网站用户体验和销售流程，提高销售转化率，增加营收。

(4)数据分析和优化：通过数据分析工具对用户行为、流量来源等数据进行分析，不断优化营销策略和网站建设。

（五）混合型网络营销策划目标

混合型网络营销策划目标是指企业为达到其网络营销目标，采用多种营销手段，以便同时达到上述几个目标。

课程思政阅读

守住网络直播的伦理底线

在眼球经济时代，网络营销确实是"注意力经济"的最佳代言。它借助网络、通信和数字媒体技术，拓展了交易领域，改写了商业范式，创新了经济业态。作为朝阳产业的网络营销，本身就是科技进步、顾客价值变革、市场竞争等演变的结果。

"双十一"，是中国网民的购物狂欢之日，也是商家的营销大战之时。为提高销售额，商家的网络营销手段可谓层出不穷。但2018年双十一期间，一则视频广告却逾越道德底线，引发网民愤怒。

视频中，为凸显"只有一只手也能开锁"的品牌创意，不惜让"拆弹专家"炸得粉身碎骨。他的形象由一个帅小伙变成浑身裹满纱布的重伤者，而后变成一只羊、一个电饭锅、一只轮胎，甚至一只移动的手，但不管怎么变化，父母都若无其事地笑着，表现出冷漠的样子。

广告创意方称"这片子是暴力美学+脑残好笑的结合体，国内罕见"，没想到国内大多数网友却不买账。即使后来该公司将视频删除，并发表致歉信，仍难以平息众怒。

为什么？因为不管是拆弹专家，还是排雷英雄，都战斗在每时每刻与死神较量的岗位，对待他们，我们应予以崇高的尊敬。正是有了他们的牺牲和奉献，我们才有了幸福与安宁。

10-3
中央网信办：
重拳整治
网络直播、
短视频
领域乱象

十八届四中全会的《决定》明确提出，要"加强互联网领域立法，完善网络信息服务、网络安全保护、网络社会管理等方面的法律法规，依法规范网络行为"。网络营销要有底线，为了市场份额而不择手段，最终只会断送自己最后一片市场。

资料来源：人民网，《凯迪仕智能锁广告恶搞拆弹战士　网友：道歉就能免责？》，2018。

二、分析网络营销策划环境

在进行网络营销策划时，环境分析是非常重要的一步，可以帮助我们了解目标市场、竞争对手、目标受众、营销渠道等方面的情况，从而制定出更加有效的网络营销策略。以下是网络营销策划环境分析的一些要点。

1. 法律法规分析

了解网络营销所需要遵守的法律法规，例如网络广告监管、个人信息保护、直播电商监管等，确保网络营销合法合规。

2. 技术分析

了解网络营销所需要的技术和工具，例如搜索引擎优化、网站建设、大数据分析等，为选择合适的技术和工具提供参考。

3. 市场分析

分析目标市场的规模、增长趋势、消费者需求、行业状况等，了解市场的情况和趋势，为制定网络营销策略提供基础资料。

4. 竞争对手分析

了解竞争对手的产品、价格、渠道、宣传等情况，分析其优劣势和市场份额，为制定差异化竞争策略提供参考。

5. 目标受众分析

确定目标受众的年龄、性别、教育程度、收入水平、消费习惯、购买力等，以便针对性地制定网络营销策略。

6. 渠道分析

分析目标受众的媒介使用习惯和信息获取渠道，确定营销渠道，包括社交媒体、搜索引擎营销、电子邮件营销等。

综上所述，网络营销策划环境分析是制定网络营销策略的重要步骤，只有深入了解当前的市场环境和趋势，才能制定出更加科学有效的网络营销策略。

三、制定网络营销策划方案

制定网络营销策划方案是指在对网络营销环境进行深入分析和评估的基础上，制定出适合企业的网络营销策划目标和营销策略的具体实施方案，即撰写网络营销策划书。网络营销策划书是一份详细的计划书，用于规划和实施网络营销活动。它通常包括对目标市场、目标客户、竞争对手和相关行业趋势的分析，以及具体的营销策略、行动计划、预算和时间表等。网络营销策划书可以帮助企业或个人制定清晰的营销目标，分析市场和竞争环境，规划出符合目标受众需求的营销策略和计划，提高网络营销的效率和效果。在实施网络营销活动的过程中，网络营销策划书也可以作为参考，帮助企业或个人跟踪和评估营销活动的效果，并及时调整策略和计划。

1. 封面

网络营销策划书的封面可以更好地展现策划的内容，能使阅读者简明扼要地了解和认识策划者的能力和思维。

在封面要清晰地标出网络营销策划文案的名称。策划文案的名称应该突出显示公司/品牌的名称、策划内容及策划主题，让阅读者能够一目了然。封面的设计应该简洁明了、大方得体，突出文档的主题和特点。可以采用高清图片、简洁的排版、优美的字体搭配等方式，让封面看起来更加专业和吸引人。

2. 项目概要

项目概要是网络营销策划书的一个重要部分，它主要包括项目背景、营销目标、目标市场、竞争对手、营销策略、预算和时间进度等内容，是对整个项目的一个总体概述和规划。

具体来说，项目概要应包含以下内容。

（1）项目背景：简要介绍项目所处的行业、企业背景以及项目背景。

（2）策划目标：明确当前面临的基本问题、实施网络营销的意义、此次网络营销策划的主要目的。

（3）预算和时间进度：列出策划项目的预算和时间进度计划，包括营销费用、推广时间、执行步骤等。

撰写项目概要时需要简洁明了、重点突出。通过以上内容的描述，可以使读者对整个网络营销策划书的内容有一个初步的了解，也为后续的详细分析和计划制定提供了基础。

3. 环境分析

撰写网络营销策划书时，环境分析是非常重要的一步，包括宏观市场环境分析、竞争者分析、网络消费者购买行为分析等内容。以下是撰写网络营销策划书中环境分析的一些步骤和建议。

（1）宏观环境分析：说明宏观环境分析的主要内容，该部分主要使用搜索引擎、登录相关网站及数据库等方式收集二手资料。宏观环境分析重要的一个内容是研究法规和政策，需要研究与企业所处行业相关的法规和政策，这些法规和政策会对企业的网络营销策略产生重要的影响。

（2）竞争者分析：内容包括主要竞争者、市场地位、竞争格局、竞争者的主要产品服务、在消费者心中的品牌认知与口碑等。分析资料可以来自二手资料，也可以来自问卷调查。

（3）网上顾客购买行为分析：内容包括网络顾客的构成、消费需求、消费行为特征、影响因素等。分析资料可以来自二手资料，也可以来自问卷调查，主要来自问卷调查。

（4）网络市场调研：可以使用搜索引擎、登录相关网站及数据库等方式收集二手资料，也可以通过网络问卷调查、网上实验、网上讨论、网上观察及数据爬取等方式收集一手资料。综合分析所得到的信息，得出相关结论，为下一阶段策略制定提供依据。

总之，在编写网络营销策划书中的环境分析时，需要全面了解市场的状况和竞争态势，以帮助企业制定有效的网络营销策略。同时，需要综合考虑内外部环境因素，以评估企业的优势和劣势，为制定切实可行的网络营销策略提供支持。

4. 目标市场分析

STP 理论即市场细分（S）、目标市场选择（T）和市场定位（P），是战略营销的核心内容。STP 理论是指企业在一定市场细分的基础上，确定自己的目标市场，最后把产品或服务定位在目标市场中的确定位置上。目标市场分析环节是根据上一阶段的环境分析及网络调查，选择合适的网络顾客群体，确定企业的网络营销目标与定位。

5. 营销策略及推广

为了实现策划目标，策划者需要结合项目特点与目标市场特征，有选择性地设计网络产品与服务策略、网络定价策略、网络渠道策略及网络促销策略，同时应该体现开展何种营销活动来实现这些目标。在网络营销项目架构下，主要侧重于项目推广策略。选择推广方式时，要特别注意推广方式的特点与项目本身的适用性。

（1）搜索引擎优化（SEO）：通过优化网站内容和结构，提高网站在搜索引擎中的排名，吸引更多的有针对性的流量。

（2）社交媒体营销：通过社交媒体平台，如微博、微信、Facebook、Twitter 等，进行品牌宣传和推广，与目标受众建立互动和关系。

（3）内容营销：通过发布高质量的内容，如博客文章、视频、图片、社交媒体帖子等，吸引和保留目标受众的兴趣和关注，提高品牌认知和忠诚度。

（4）电子邮件营销：通过发送电子邮件和电子新闻简报，与目标受众保持联系和互动，宣传产品和服务，提高销售和转化率。

（5）搜索引擎广告（SEM）：通过购买关键词广告，提高网站在搜索引擎中的曝光率和流量，吸引潜在客户。

（6）联盟营销：通过与其他相关网站或商家合作，进行相互推荐和宣传，扩大品牌影响力和流量。

网络营销策划书应该根据策划目标、企业实际情况和目标受众，选择适合的策略和方式，并制定具体的实施计划和指标。同时，营销策略和推广应该结合具体的营销预算和时间安排，确保营销效果最大化。

6. 项目组织构架

明确"需要什么样的人"和"需要多少人"，是组建策划项目团队的重要工作，也指引着项目团队管理的基本方向。组建项目团队的第一步不是"聚集一批人"，而是设置合理的岗位，并明确每一个岗位的基本职责。要做到"因事设人"，根据职能需求来安排人力，而非"因人设岗"。在项目组织构架中，团队成员之间需要密切合作和协作，以确保项目的成功完成。

7. 财务预算

网络营销策划财务预算是网络营销策划书的重要部分之一，它包括企业在网络营销活动中需要投入的经济成本和预计收益。网络营销策划财务预算需要考虑多个方面的因素，并对每个方面进行详细的分析和预测，以便更好地评估网络营销活动的成本和效益。以下是网络营销策划财务预算的几个主要方面。

（1）成本预算：成本预算包括企业在网络营销活动中需要投入的各种成本，如广告费用、网站开发和维护费用、内容制作和发布费用、电子邮件营销费用、社交媒体营销费用、数据分析和管理费用、劳务费等。在制定成本预算时，需要考虑到各项成本的具体金额、时间和范围等因素。

（2）收益预算：收益预算是企业在网络营销活动中预期获得的收益，如网站流量增加、销售额增加、品牌知名度提高等。在制定收益预算时，需要考虑到预期获得的收益类型、收益规模和时间等因素。

（3）风险预算：风险预算是企业在网络营销活动中可能遇到的风险和不确定因素所需要的经济储备。风险预算通常包括应急计划、备用资金和风险管理等方面，以确保企业在网络营销活动中能够应对各种不确定因素和风险。

8. 风险控制与可行性分析

任何项目都是机遇与风险共存。关键在于能否在抓住机遇的同时控制风险，使项目不管是在经济上、环境上还是技术等方面都具有可行性。

风险管理工作的一个重要条件就是网络营销风险识别。网络营销风险若没有经过识别，就无法对网络营销风险进行控制和科学管理。要不断实现网络营销风险识别制度化，运用各种方法对网络营销风险进行检测与诊断。

9. 附件

对于策划方案起着重要支撑作用，或者由于篇幅太长而不适合放在正文中的文件，可以放入附件，包括调查问卷、参考的研究报告、策划人员分工等。

四、网络营销策划项目管理与调整

网络营销策划项目管理与调整需要及时监测和调整，确保项目执行顺利，并不断优化营销策略，提高项目的效果和价值。网络营销策划项目管理与调整是指在网络营销策划实施过程中，通过对项目进展情况的监测和评估，对项目进行管理和调整，以达到最终的营销目标。以下是网络营销策划项目管理与调整的具体步骤。

1. 设定项目管理计划

在网络营销策划开始前，需要制定项目管理计划，明确项目目标、任务和时间表，确定项目经理和组织架构，建立项目进度和质量管理制度。

2. 监测项目进度和质量

在项目执行过程中，需要定期监测项目进度和质量，评估项目执行情况。监测项目进度可以通过制定进度表、记录任务完成情况等方式进行。监测项目质量可以通过客户反馈、产品质量检测等方式进行。在监测过程中，需要及时发现问题，及时采取措施，确保项目进展顺利。

3. 调整项目计划

根据监测结果，及时调整项目计划。调整项目计划需要结合实际情况，根据项目进展情况、市场环境等因素进行调整，例如，调整产品策略、推广渠道、宣传方案等。

4. 管理项目成本

在项目执行过程中，需要控制项目成本，确保项目在预算范围内完成。管理项目成本可以通过制定预算计划、控制成本开支等方式进行。

5. 评估项目效果

项目完成后，需要对项目效果进行评估，确定项目是否达到预期目标，以及项目执行过程中的优点和不足之处。根据评估结果，进行总结和反思，为以后的项目管理提供经验和教训。网络营销策划的效果评估是指对网络营销活动的效果进行全面的分析和评估，以了解网络营销策略的有效性和优化方向。以下是网络营销策划效果评估的一些方法。

1）网站数据分析

网站数据分析是评估网络营销效果的一个重要方法。通过分析网站的浏览量、访问量、停留时间、页面跳转率等数据，可以了解网站的访问情况和用户的行为特征，以及网络营销策略的实施效果。根据分析结果，可以对网站内容、设计、营销手段等方面进行调整和优化，以提高网络营销的效果。

2）社交媒体效果评估

社交媒体是网络营销的重要渠道之一，通过对社交媒体账号的粉丝数、互动情况、转化率等指标进行评估，可以了解网络营销活动在社交媒体上的影响力和传播效果。根据社交媒体的评估结果，可以进行社交媒体账号管理的优化，提高社交媒体的营销效果。

3）在线调查问卷

通过在线调查问卷，可以了解目标客户的需求、意见和反馈，以及网络营销策略的实施效果。根据调查结果，可以针对性地调整网络营销策略，提高营销效果。此外，还可以通过在线调查问卷收集客户数据和行为数据，进行深度分析和挖掘，以优化网络营销策略和提高营销效果。

4）营销指标评估

通过对营销指标的评估，可以了解网络营销策略的效果。营销指标包括营销投入、销售额、客户增长率、客户满意度等方面。根据营销指标的评估结果，可以进行调整和优化网络营销策略，以提高营销效果。

总之，网络营销策划的效果评估是一个非常重要的环节，只有通过全面的评估，才能及时发现问题并进行调整和优化，从而提高网络营销的效果。

五、网络营销策划项目总结

网络营销策划项目总结是对网络营销策划项目进行总结和评估，以总结经验、查找问题，为以后的项目提供参考和借鉴。以下是网络营销策划项目总结的主要内容。

1. 策划目标评估

网络营销策划项目总结需要对项目策划目标进行评估，包括预期目标达成情况、实现目标的难易程度等方面。评估目标的实现情况，可以为以后的项目提供参考和借鉴。

2. 策划实施过程评估

项目总结需要对项目实施过程进行评估，包括项目管理、项目执行、团队合作等方面。评估过程中需要总结经验，查找问题，并提出改进措施。

3. 策划成果评估

项目总结需要对项目成果进行评估，包括对营销效果的评估、对客户满意度的评估、对竞争力的评估等方面。评估结果可以为公司提供经验和启示，为以后的项目提供借鉴。

4. 项目经验总结

项目总结需要总结项目经验，包括项目管理经验、项目执行经验、团队合作经验等方面。总结项目经验可以为以后的项目提供参考和借鉴，提高项目管理水平和执行效率。

5. 问题发现和解决

策划项目总结需要查找问题，并提出解决措施。问题可能包括策划项目执行中出现的问题、市场环境变化带来的问题等。解决问题可以为以后的项目提供参考和借鉴。

通过对网络营销策划项目进行总结和评估，可以发现问题，总结经验，提高项目管理水平和执行效率，为以后的项目提供参考和借鉴，提高企业的市场竞争力。

小案例

为一家在线学习平台开发的新课程实施网络营销策划

假设你是一家在线学习平台的市场营销经理，你的公司推出了一门新课程，你需要制定一项网络营销策略来提高品牌知名度和吸引更多的潜在学员。具体工作包括：

确定目标受众：你需要明确你的目标受众是谁，是初学者、职场人士、学生还是专业人士，等等。

　　确定品牌定位和价值主张：你需要确保你的品牌有一个清晰的定位和价值主张。在这种情况下，你的品牌可以定位为高品质、实用、实时更新的在线学习平台。

　　创建有吸引力的内容：你需要创建有吸引力的内容来吸引潜在学员。这些内容可以包括博客文章、视频、社交媒体帖子，等等，介绍你的课程的优点、学习成果、教学方法等。

　　利用社交媒体：社交媒体是一个非常有用的网络营销工具，你可以在社交媒体平台上创建品牌账户，并定期发布有关你的课程和在线学习的内容。

　　制定电子邮件营销计划：你可以向你的订阅者发送电子邮件，介绍你的新课程、提供优惠、分享学员的成功故事等。

　　利用搜索引擎优化：你可以优化你的网站和博客文章，使其更容易被搜索引擎检索到，从而吸引更多的潜在学员。

　　利用付费广告：你可以在搜索引擎和社交媒体上投放付费广告，提高品牌知名度，并直接引导潜在学员到你的课程页面。

　　通过以上策略，你可以提高品牌知名度，吸引更多的潜在学员，并最终增加课程的销售量。

　　资料来源：根据网络资源编辑整理。

本章小结

　　网络营销策划并不单指网站推广，也并不单是一种网上销售，网络营销策划是指策划人员依据网络营销策划的基本方法及程序，对一定时间内企业的某项网络营销活动的目标、指导思想、实施方案与具体措施进行的预先安排与设计。

　　网络营销是以网络为工具的系统性的企业经营活动，它是在网络环境下对市场营销的信息流、商流、制造流、物流、资金流和服务流进行管理的。因此，网络营销方案的策划，是一项复杂的系统工程。策划人员必须以系统论为指导，对企业网络营销活动的各种要素进行整合和优化，使"六流"皆备，相得益彰。网络营销策划书是企业网络营销项目运营的前提和方向，也是规范企业网络营销管理的重要方面，营销人员要明确网络营销策划书对于企业经营和网络营销管理的重要性。

　　本章介绍了网络营销策划的定义、动因、作用、原则及类型，介绍了网络营销策划的一般步骤，介绍了网络营销策划书的基本要求及主要内容。

习　题

根据本章内容的特殊性，习题部分选用网络营销策划书展示。选用的是副主编张婵讲师指导武昌首义学院2019级本科生林煜旻、叶卓、韦春颖、李雨欣、龙念、罗晓婉等六位同学合作完成的《Tomorrow自媒体工作室短视频账号网络营销策划案》。希望有助于学习者通过对网络营销策划方案的学习和理解，提高网络营销策划能力。教材编写组对指导教师和学生的工作表示感谢。

10-4
Tomorrow自媒体工作室短视频账号
网络营销策划案

参考文献

[1] 雷蒙德·弗罗斯特,亚历克萨·福克斯,朱迪·斯特劳斯. 网络营销[M]. 8版. 时启亮,陈育君,黄青青,译. 北京:中国人民大学出版社,2021.

[2] 朱迪·斯特劳斯,雷蒙德·弗罗斯特. 网络营销(工商管理经典译丛·市场营销系列)[M]. 7版. 时启亮,陈育君,译. 北京:中国人民大学出版社,2015.

[3] 戴夫·查菲,菲奥纳·埃利斯-查德威克. 网络营销:战略、实施与实践[M]. 5版. 马连福,高楠,等,译. 北京:机械工业出版社,2015.

[4] 黄敏学. 网络营销[M]. 4版. 武汉:武汉大学出版社,2020.

[5] 李东进,秦勇,陈爽. 网络营销:理论、工具与方法(微课版第2版)[M]. 北京:人民邮电出版社,2021.

[6] 杨韵. 网络营销:定位、推广与策划[M]. 北京:人民邮电出版社,2021.

[7] 潘勇. 网络营销[M]. 北京:清华大学出版社,2022.

[8] 华迎. 网络营销[M]. 北京:高等教育出版社,2020.

[9] 于家臻,赵雨. 网络营销实务[M]. 北京:中国财政经济出版社,2021.

[10] 渠成. 智慧营销:5G时代营销升级实战[M]. 北京:清华大学出版社,2021.

[11] 魏兆连,杨文红. 网络营销[M]. 北京:机械工业出版社,2021.

[12] 喻国民,陈永. 中国互联网营销发展报告[M]. 北京:人民日报出版社,2021.

[13] 吴俭,柯繁,江丽. 网络营销[M]. 北京:中国工信出版集团.2022.

[14] 秦勇,陈爽. 网络营销:理论、工具与方法[M]. 北京:人民邮电出版社,2018.

[15] 张启明,杨志龙. 市场营销[M]. 北京:机械工业出版社.2022.

[16] 孔锐,高孝伟,等. 市场营销——大数据背景下的营销决策与管理[M]. 2版. 北京:清华大学出版社,2020.

[17] 何晓兵,何杨平,王雅丽. 网络营销——基础、策略与工具[M]. 2版. 北京:人民邮电出版社,2022.

[18] 尚德峰,王世胜. 网络营销[M]. 2版. 北京:中国人民大学出版社,2020.

[19] 白东蕊. 电子商务基础与实务(双色版)[M]. 北京:人民邮电出版社,2020.

[20] 纳雷希·马尔霍特拉. 营销调研:应用导向[M]. 6版. 熊伟,郭晓凌,译. 北京:中国人民大学出版社,2020.

[21] 菲利普·科特勒,加里·阿姆斯特朗. 市场营销原理(亚洲版·原书第4版)[M]. 赵占波,姚凯,等,译. 北京:机械工业出版社. 2021.

[22] 邱明峰,黄晓玲. 基于社交媒体的网络营销策划研究[J]. 电子商务研究,2019(7):25-29.

[23] 胡建华,李泽民. 基于消费者洞察的网络营销策划模型构建[J]. 管理工程学报,2019(2):150-155.

[24] 谢文勇,潘瑞琳. 基于竞品分析的网络营销策划研究[J]. 价值工程,2020(4):115-117.

[25] 刘建明,孙楠,王倩. 以大数据为基础的网络营销策划研究[J]. 商业经济,2021(1):75-80.

[26] 樊燕,高彦军. 基于品牌文化的网络营销策划实践[J]. 现代商业,2020(5):159-161.

[27] 周勇,刘俊. 基于情感分析的网络营销策划研究[J]. 电子商务导刊,2021(5):103-105.

[28] 张昕蔚. 数字经济条件下的创新模式演化研究[J]. 经济学家,2019(7):32-39.

[29] 张超,陈凯华,穆荣平. 数字创新生态系统:理论构建与未来研究[J]. 科研管理,2021,42(3):1-11.

[30] 解学梅,余佳惠. 用户参与产品创新的国外研究热点与演进脉络分析——基于文献计量学视角[J]. 南开管理评论,2021,24(5):4-17.

[31] 焦媛媛,付轼辉,周密. 社会化媒体情境下用户参与创新研究综述[J]. 研究与发展管理,2018,30(3):121-132.

[32] 牟立新,焦高乐. 互联网商业环境下创业企业技术创新与商业模式创新的迭代式共演研究[J]. 管理学刊,2021,34(3):89-104.

[33] 李全升,苏秦. 市场导向、迭代式创新与新产品开发[J]. 管理学报,2019,(12):1790-1799.

[34] 张腾,张玉利. 迭代式创新关键维度、机制与理论模型构建——基于海尔创业"小微"的多案例研究[J]. 河南大学学报(社会科学版),2017,(3):46-54.

[35] 刘翠萍. 网络营销工具及其利用与管理研究[D]. 南京:河海大学. 2006

[36] 王月. 电子商务的引擎——搜索营销模型研究[D]. 北京:北京交通大学. 2011.

[37] 高振宇. 互联网营销指导 行业大咖带你玩转营销圈[M]. 北京:人民邮电出版社,2018.

[38] 明学海. 信息流广告实战 [M]. 北京：清华大学出版社，2020.

[39] 丹尼斯·J. 哈普特利. 打造真正的新产品 [M]. 杭州：浙江教育出版社，2021.

[40] 焦胜利，朱李明. 市场营销学：迈向数字化的中国营销 [M]. 北京：清华大学出版社，2021.

[41] 钱旭潮，王龙. 市场营销管理——需求的创造与传递 [M]. 5版. 北京：机械工业出版社，2021.

与本书配套的二维码资源使用说明

本书配套的数字资源均可利用手机扫描二维码链接的形式呈现,具体操作流程图如下。

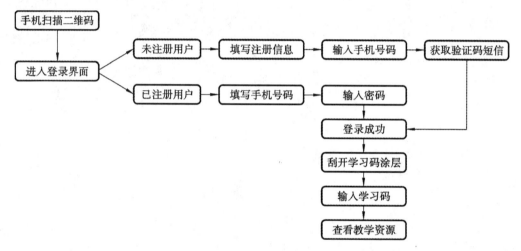

封底数字资源＝ppt课件＋两份期末考试卷及答案＋数字资源使用说明